"十三五"职

国家职业教育市场营销专业教学资源库配套教材

 高等职业教育在线开放课程新形态一体化教材

国家级精品资源共享课配套教材

 浙江省普通高校"十三五"第一批新形态教材

营销策划

（第二版）

主　编　章金萍　方志坚

高等教育出版社·北京

内容提要

本书是"十三五"职业教育国家规划教材，也是国家职业教育市场营销专业教学资源库配套教材，还是国家级精品资源共享课"营销策划技术"配套教材。

国家职业教育市场营销专业教学资源库建设项目是教育部、财政部为深化高职教育教学改革，加强专业与课程建设，推动优质教学资源共建共享，提高人才培养质量而启动的国家级高职教育建设项目。

本次修订增加了"互联网+"时代下营销策划领域发生的最新变化，在遵循营销策划知识体系的基础上，结合实际的项目和案例学习，按照实际工作岗位的操作程序、步骤、内容和要求，主要阐述了营销策划认知、项目前期调研、战略性营销策划、企业形象识别系统（CIS）策划、产品上市及品牌策划、促销策划六个方面的内容。在教学组织安排上，突出知识、方法、技能和实践体验过程的融合，通过团队实战训练，培养学生勤于观察和思考的能力、乐于学习和探究的态度、善于合作和创新的精神。

本书既可作为高职高专院校市场营销专业及相关专业群的核心课程教材，也可作为其他财经类专业学习者以及企业营销人员职业培训的教材。

本书在"智慧职教"平台（www.icve.com.cn）上建有配套的数字课程，包括微课、动画、图片等丰富的数字资源，精选优质资源做成二维码在书中进行了标注，供学习者即扫即用。此外本书配有PPT、习题答案等数字化学习资源，具体获取方式请见书后"郑重声明"页的资源服务提示。

图书在版编目（C I P）数据

营销策划 / 章金萍，方志坚主编. -- 2版. -- 北京：高等教育出版社，2019.11（2021.8 重印）
ISBN 978-7-04-052725-4

Ⅰ. ①营… Ⅱ. ①章… ②方… Ⅲ. ①营销策划-高等职业教育-教材 Ⅳ. ①F713.50

中国版本图书馆CIP数据核字(2019)第207469号

营销策划（第二版）
YINGXIAO CEHUA

策划编辑	杨 莉	责任编辑	杨 莉	封面设计	张 志	版式设计	于 婕
插图绘制	于 博	责任校对	胡美萍	责任印制	韩 刚		

出版发行	高等教育出版社	网　址	http://www.hep.edu.cn
社　址	北京市西城区德外大街 4 号		http://www.hep.com.cn
邮政编码	100120	网上订购	http://www.hepmall.com.cn
印　刷	北京印刷集团有限责任公司		http://www.hepmall.com
开　本	787mm×1092mm　1/16		http://www.hepmall.cn
印　张	18.25	版　次	2016 年 2 月第 1 版
字　数	340 千字		2019 年 11 月第 2 版
购书热线	010-58581118	印　次	2021 年 8 月第 3 次印刷
咨询电话	400-810-0598	定　价	45.80 元

本书如有缺页、倒页、脱页等质量问题，请到所购图书销售部门联系调换
版权所有　侵权必究
物 料 号　52725-A0

"智慧职教"服务指南

"智慧职教"是由高等教育出版社建设和运营的职业教育数字教学资源共建共享平台和在线课程教学服务平台，包括职业教育数字化学习中心平台（www.icve.com.cn）、职教云平台（zjy2.icve.com.cn）和云课堂智慧职教App。用户在以下任一平台注册账号，均可登录并使用各个平台。

● 职业教育数字化学习中心平台（www.icve.com.cn）：为学习者提供本教材配套课程及资源的浏览服务。

登录中心平台，在首页搜索框中搜索"营销策划"，找到对应作者主持的课程，加入课程参加学习，即可浏览课程资源。

● 职教云（zjy2.icve.com.cn）：帮助任课教师对本教材配套课程进行引用、修改，再发布为个性化课程（SPOC）。

1. 登录职教云，在首页单击"申请教材配套课程服务"按钮，在弹出的申请页面填写相关真实信息，申请开通教材配套课程的调用权限。

2. 开通权限后，单击"新增课程"按钮，根据提示设置要构建的个性化课程的基本信息。

3. 进入个性化课程编辑页面，在"课程设计"中"导入"教材配套课程，并根据教学需要进行修改，再发布为个性化课程。

● 云课堂智慧职教App：帮助任课教师和学生基于新构建的个性化课程开展线上线下混合式、智能化教与学。

1. 在安卓或苹果应用市场，搜索"云课堂智慧职教"App，下载安装。

2. 登录App，任课教师指导学生加入个性化课程，并利用App提供的各类功能，开展课前、课中、课后的教学互动，构建智慧课堂。

"智慧职教"使用帮助及常见问题解答请访问help.icve.com.cn。

国家职业教育市场营销专业教学资源库配套教材共有6种数字资源标注形式，当教材中出现相应图标时，可在在线开放课程中获取该种类型的资源。

"营销策划"在线开放课程

国家职业教育市场营销专业教学资源库建设项目委员会 <<<<<<<<

顾　问：邸建凯　凌沛学

主　任：马广水

常务副主任：王茹芹　宋文官

副主任（按姓氏笔画排序）：

　　　　王　方　王　鑫　毕思勇　孙晓燕　杨紫元　杨群祥

　　　　郑承志　夏学文　徐汉文　徐盈群　崔　平　章金萍

　　　　窦志铭

委　员（按姓氏笔画排序）：

　　　　王　鹏　王　瑶　王　慧　王娜玲　王晓莉　王培才

　　　　王婷婷　王慧丰　方　芳　方志坚　孔繁正　平　怡

　　　　卢金凤　叶雉鸠　白　雪　冯　臻　冯一娜　冯开红

　　　　邢　伟　巩象忠　朱　捷　乔　哲　任东红　全　盼

　　　　刘　丽　刘　萌　刘　超　刘　然　衣　鹁　许建民

　　　　孙参运　苏永伟　李冬芹　李法春　李联卫　李煜琳

　　　　杨　洁　杨叶飞　杨秉强　肖永红　肖涧松　邹　玉

I

张　莉　张　琳　张云河　张长学　张凤英　张兆英

陈　律　陈　亮　陈　哲　陈小红　陈文玲　范方舟

郁小芳　易　能　罗怀中　罗建文　周井娟　周珊红

周惠娟　郑晓明　赵　雨　赵　辉　赵艳俐　胡　革

胡　娜　袁玉玲　徐　翔　徐夷冶　郭凤兰　席　波

姬爱国　黄　芳　黄义兵　曹永芬　崔　毅　崔子龙

崔景茂　梁　筱　梁　羲　彭德辉　覃　聪　程传荣

舒　莉　曾美芬　霍瑞红　戴海容

市场营销是当今企业生存发展的命脉，影响着企业经营的方方面面。从纵深角度看，市场营销贯穿企业产品设计、生产、销售、售后反馈、售后服务的整个经营链条；从覆盖广度看，市场营销涉及特定人群销售、市场战略、品牌管理、整合沟通，甚至竞争策略。可以说，小到最基本的"卖东西"，大到企业未来的发展方向，都需要市场营销专门人才。

市场营销专业的普适性也非常强。其一，市场营销及相关专业的从业人数以千万计，且市场营销专业人才需求量一直较大。据相关在线人才需求信息统计，市场营销类人才缺口一直较大，招聘量占各专业总招聘量的25%，其中销售类职位占近15%；全国每年新增市场营销类相关职位上百万个，全国从业人数逾千万人。其二，我国有1200多所高职院校，市场营销类专业设置点有1053个，遍布全国31个省市自治区，目前在校生近24万人。建设技能与素质并重、人人可学、时时可学、处处可学的国家职业教育市场营销专业教学资源库，对于营销专业职业教育和终身教育的建设具有重要意义，功在当代、利在千秋。

《国家中长期教育改革和发展规划纲要（2010—2020年）》指出，我国正处在改革发展的关键阶段，提高国民素质、培养创新人才迫在眉睫。中国的未来发展，关键靠人才，基础在教育。国家职业教育专业教学资源库建设目的是促进优质教学资源开发共享、推动高等职业教育专业教学改革、提高高等职业教育人才培养质量、增强社会服务能力。2013年，国家职业教育市场营销专业教学资源库建设项目通过教育部评审，获立项资助。

两年以来，在国家商务部流通业发展司、市场运行与消费促进司的指导下，在全国商业职业教育教学指导委员会和中国商业联合会的合作参与下，按照教育部提出的"由国家示范高职院校牵头组建开发团队，吸引行业企业参与，整合社会资源，在集成全国相关专业优质课程建设成果的基础上，采用整体顶层设计、先进技术支持、开放式管理、网络运行的方法进行建设"的建设方针，确定了山东商业职业技术学院、深圳职业技术学院、浙江金融职业学院、无锡职业技术学院、山西省财政税务专科学校、淄博职业学院、无锡商业职业技术学院、商丘职业技术学院、安徽商贸职业技术学院、黄冈职业技术学院、广东农工商职业技术学院、浙江工商职业技术学院、北京财贸职业学院、昆明冶金高等专科学校、中国科技大学（台湾）、北京联合大学、上海商学院信息与计算机学院、北京市商业学校这18所院校和山东省现代服务业职业教育集团、山东鲁商学院、鲁商教育集团、中教畅享（北京）科技有限公司、青岛啤酒股份有限公司、统一企业公司（台湾）、雨润控股集团有限公司、上海美特斯邦威服饰股份有限公司等10多家企事业单位作为联合建设单位，同时以课程和项目为单位吸收全国60余所高职院校的200余名骨干教师共同承担了2类资源、4大平台和2个素材库共15个子项目建设工作，形成了一支学校、企业、行业紧密结合的项目建设团队。两年以来，项目建设团队先后召开了多次资源库建设研讨会，以学生、教师、企业、社会自学者的学习需求为出发点和诉求点展开资源库建设工作：以市场营销关键职业岗位及岗位任务为逻辑起点开发了包括从业基础、业务技能和提升发展3大类13门课程，以先进的信息化技术为支撑建设了各课程系列教学资源，包括教学大纲、教学活动设计、案例、试题、实训、网络课程、理实一体化教材等；搭建了4大专业资源平台：营销综合实训平台、科研与社会服务平台、时时调研平台、门户网站综合平台；建设了包括视频库、动画库、图片库等在内的媒体类型子库，以及教学应用、专业应用等应用类型子库；理清了共性需求和个性需求，为4大用户主体设计了符合需求的多层次需求清单，提供了多维度资源检索功能，以灵活地满足个性需求。

在上述工作的基础上，项目组推出了国家职业教育市场营销专业教学资源库系列配套教材。本系列教材是国家职业教育市场营销专业教学资源库建设项目的重要成果之一，也是资源库课程开发成果和资源整合应用的实践和重要载体。项目组多次召开课程开发与教材编写会议，组织各门课程负责人及参编人员认真学习职业教育与课程开发理论，深入进行市场营销岗位及岗位任务的调研与分析，根据教学需求对知识和技能进行解构与重组，形成教材体系，力求做到理论知识学习和实践技能训练的融合贯通，实现"教学做"一体化。教材采用大量案例、图片，使其更加生动、形象。

根据资源库建设顶层设计要求，在编写本系列教材的同时，各门课程也同时开发了课程大纲、教学设计、电子课件、交互实训、动画、音频、视频等大量教学资源，可与教材配合使用，方便教师教学使用，这是本系列教材的突出特点。在教材中，为了帮助读者使用资源，教材增加了辅助教学资源标注，使读者一目了然。明晰配备的教学资源类型、内容和用途，提高了教材使用效果，提高了学习者的学习质量。可以说，本系列教材是资源库使用者的最佳指南，是教学资源库庞大资源的智慧整合之结晶，是资源库建设的最突出成就。这套由名校名企携手合作打造的教材，是一套真正意义上的理实一体化、数字化、自主学习型教材，对于国家职业教育市场营销专业教学资源库的推广应用、对于专业建设和人才培养均将起到极其重要的作用。

国家职业教育市场营销专业教学资源库项目组

第二版前言 <<<<<<<<

本书是"十三五"职业教育国家规划教材，也是国家职业教育市场营销专业教学资源库配套教材，还是国家级精品资源共享课"营销策划技术"配套教材，适合高职高专院校商科类专业教学使用。

本次修订更加突出体现当前我国高职教育中教学及人才培养模式改革发展方向。在内容上，删除了过时的内容，增补了"互联网＋"时代下营销策划领域发生变化的教学内容并更新了案例。在教学组织安排上突出知识、方法技能和实践体验的过程融合，把学生的职业思维观念和实操能力的培养作为教学的重心，紧密结合当前企业实际岗位的工作内容、程序和要求，围绕"工学结合，教、学、做合一"的人才培养模式，以团队化、模块化为教学和实训的过程载体，以学生为主体，教师全程指导，通过全方位、全过程、实战化、课内外结合的教学和训练，培养学生强烈的团队意识、良好的工作态度和敢于创新的精神，切实训练学生会做事，更会做人的实际岗位适应能力。

在遵循营销策划知识体系的基础上，结合实际的项目和案例学习，按照实际工作岗位的操作程序、步骤、内容和要求，本书分为6个模块。每个模块由导入案例、正文知识、融会贯通、照猫画虎、稳扎稳打、能力测评六大任务组成，以团队为教学组织形式，以每个团队所选择的具体项目为教学和训练的载体。从开始至课程结束，每个教学单元通过团队化的教学，将知识、方法、过程与具体的任务活动联系起来，让学生学中做、做中学，加强学生过程体验，切实调动学生的积极性、主动性，激发学生的团队合作精神和协作能力。

在新版教材中，对"融会贯通"和"照猫画虎"两个重要任务进行较大的改进与提升，加入了新媒体营销策划等"互联网＋"时代下的全新内容；删除了"课程实训室"相关的实训平台操作步骤，显著提升实训的可操作性。

本教材由章金萍、方志坚担任主编。参加编写的有：方志坚（模块一、模块二、模块三），章金萍（模块四），罗怀中（模块五），胡娜、戴海容、陈亮（模块六）。最后由章金萍对全书进行统稿及定稿。

本书在编写过程中，得到了浙江理工大学翁旨远先生、华语之声传媒（杭州）有限公司徐志清先生、杭州蓝骑士文化创意有限公司林凯先生的全面指导和支持，在此深表感谢！

本书在编写过程中，还参考了许多著述和资料，在此向相关作者表示感谢。

由于编者水平所限，书中不足之处在所难免，敬请批评指正。

编者

二〇一九年十月

本教材是根据国家职业教育市场营销专业教学资源库配套教材编写的指导思想和要求，并结合国家级精品资源共享课立项项目"营销策划技术"建设而编写的高等职业教育实用教材，适合高职高专院校商科类专业教学使用。

本教材力求体现当前我国高职教育中教学及人才培养模式改革发展方向。在内容和教学组织安排上突出知识、方法技能和实践体验的过程融合，把学生的职业思维观念和实操能力的培养作为教学的重心，紧密结合当前企业实际岗位的工作内容、程序和要求，围绕"工学结合，教、学、做合一"的人才培养模式，以团队化、模块化为教学和实训的过程载体，学生为主体，教师全程指导，通过全方位、全过程、实战化、课内外结合的教学和训练，培养学生强烈的团队意识、良好的工作态度和敢于创新的精神，切实训练学生会做事，更会做人的实际岗位适应能力。

在遵循营销策划知识体系的基础上，结合实际的项目和案例学习，按照实际工作岗位的操作程序、步骤、内容和要求，本教材分为6个模块单元。每个模块单元由导入案例、正文知识、小试牛刀、融会贯通、照猫画虎、稳扎稳打、能力测评七个大任务组成，以团队为教学组织形式，以每个团队所选择的具体项目为教学和训练的载体。从开始至课程结束，每个教学单元通过团队化的教学，将知识、方法、过程与具体的任务活动联系起来，让学生学中做、做中学，加强学生过程体验，切实调动学生的积极性、主动性，激发学生的团队合作精神和协作能力。

为了达到比较好的教学效果，本教材在实际教学中建议总课时设置为54课时。各模块的具体参考课时如下：

模块序号	教学模块	参考课时
1	营销策划认知	6
2	项目前期调研	9
3	战略性营销策划	9
4	企业形象识别系统（CIS）策划	9
5	产品上市及品牌策划	9
6	促销策划	12
总 计		54

本教材由章金萍、方志坚担任主编。参加编写的有：方志坚（模块一、模块二、模块三），章金萍（模块四），罗怀中(模块五)，胡娜、戴海容、陈亮(模块六)。最后由章金萍对全书进行统稿及定稿。

本教材在编写过程中，得到了杭州时信网络传播有限公司徐志清先生、杭州蓝骑士文化创意有限公司林凯先生的全面指导和支持，在此深表感谢！

本教材在编写过程中，还参考了许多著述和资料，在此向相关作者表示感谢。

由于编写时间仓促，编者水平有限，书中不足之处在所难免，敬请批评指正。

编者

二〇一五年十一月

目录 <<<<<<<<

模块一 营销策划认知 / 001

导入案例 / 002

1.1 理解策划与营销策划 / 003

1.2 营销策划的方法与创意 / 010

1.3 营销策划的基本流程和框架内容 / 019

1.4 营销策划书的编制及撰写 / 029

融会贯通 / 035

照猫画虎 / 041

稳扎稳打 / 044

能力测评 / 046

模块二 项目前期调研 / 047

导入案例 / 048

2.1 制定项目整体调研方案 / 049

2.2 制定调研执行计划并实施调研 / 061

2.3 整理分析调研资料并撰写调研报告 / 066

融会贯通 / 070

照猫画虎 / 077

稳扎稳打 / 079

能力测评 / 081

模块三 战略性营销策划 / 083

导入案例 / 084

3.1 战略营销及战略性营销策划过程 / 086

3.2 战略性营销策划的具体内容 / 090

3.3 战略性营销策划书编制 / 117

融会贯通 / 123

照猫画虎 / 139

稳扎稳打 / 142

能力测评 / 143

模块四　企业形象识别系统（CIS）策划　/ 145

导入案例　/ 146

4.1　感知企业形象识别系统　/ 147

4.2　企业 CIS 的规划与导入步骤及原则　/ 152

4.3　CIS 策划的程序及内容　/ 154

4.4　设计与开发企业 CIS　/ 160

融会贯通　/ 175

照猫画虎　/ 180

稳扎稳打　/ 182

能力测评　/ 184

模块五　产品上市及品牌策划　/ 185

导入案例　/ 186

5.1　产品上市准备　/ 188

5.2　产品上市步骤　/ 191

5.3　产品上市推广策划的内容和程序　/ 196

5.4　上市产品的品牌策划　/ 202

5.5　产品上市推广策划文案　/ 207

融会贯通　/ 212

照猫画虎　/ 218

稳扎稳打　/ 220

能力测评　/ 222

模块六　促销策划　/ 225

导入案例　/ 226

6.1　促销工具与促销策划　/ 228

6.2　产品营销广告策划　/ 231

6.3　营业推广策划　/ 240

6.4　策划产品营销公关方案　/ 247

融会贯通　/ 257

照猫画虎　/ 270

稳扎稳打　/ 272

能力测评　/ 273

参考文献　/ 275

【知识目标】

通过本模块的学习，深入理解营销策划的整体概念、重点和难点，初步掌握营销策划的程序、步骤、方法，营销策划创意的技巧和策划书编写的基本格式内容。

【技能目标】

通过本模块的训练，在教师指导下能组建项目团队，能选择适合本团队的实训项目，能模拟注册一家公司，能策划团队名称、理念、口号，在此基础上能进行项目运作和营销策划思路的设计。

【素养目标】

通过本模块的学习与训练，培养勤于观察和思考的能力、乐于学习和探究的态度、善于合作和创新的精神。

【思维导图】

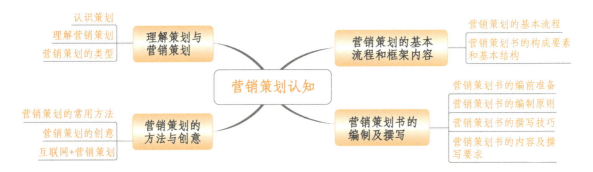

营销策划认知

- 认识策划
- 理解营销策划
- 营销策划的类型

理解策划与营销策划

营销策划的基本流程和框架内容

- 营销策划的基本流程
- 营销策划书的构成要素和基本结构

- 营销策划的常用方法
- 营销策划的创意
- 互联网+营销策划

营销策划的方法与创意

营销策划书的编制及撰写

- 营销策划书的编前准备
- 营销策划书的编制原则
- 营销策划书的撰写技巧
- 营销策划书的内容及撰写要求

导 入案例 **褚橙成就互联网时代的营销传奇**

2002年，在经历人生的辉煌与沉沦之后，75岁的褚时健来到哀牢山承包了2 000亩的荒山种起了橙子，开始了他人生中的又一次创业。

褚橙最开始并不叫"褚橙"，而叫"云冠冰糖橙"。但是当褚时健用"云冠"这个称呼去卖橙子时，却并不顺利。云南当地卖橙子的大户一般只卖省内外知名的橙子，根本没人搭理"云冠冰糖橙"。后来，褚时健的妻子马静芬想到：可以打出一个"褚时健种的冰糖橙"的横幅，结果，横幅一打出来，橙子很快被销售一空，"褚橙"的名字也很快被叫开了，"云冠冰糖橙"的名字反倒被渐渐淡忘。

2010年，褚橙开始风靡昆明大街小巷，成为人们津津乐道的传奇。2012年褚橙通过"本来生活"的网络平台正式踏上互联网营销的征程，开启了褚橙的网络营销模式。

褚橙作为近些年来成功打造的"爆款"产品，可以说是无人不知，它成功地借助了年轻人的营销影响力，利用互联网，把营销推向高峰。借助电商的翅膀，褚橙不断研发新产品，正在向中国橙子第一品牌高歌猛进。

（资料来源：本来生活网。）

想一想：

1. 褚橙品牌名称被市场认可的原因有哪些？

2. 褚橙营销成功的关键因素有哪些？

1.1　理解策划与营销策划

1.1.1　认识策划

1. 策划的概念

策划，是指人们为了达到某种预期的目标，借助科学思维方法和系统分析方法，对策划对象的环境因素进行分析，对资源进行重新组合和优化配置以及围绕这些活动所进行的调查、分析、创意设计并制定行动方案的行为。凡是有决策、计划的领域就有策划，只要有管理就存在策划活动。策划的范围如图1-1所示。

策划

策划是一种非常复杂的活动，它不同于一般的建议，也不是单纯的点子，它其实是一种包含创造性的策划。因此，策划是为了解决现存的问题，为实现特定的目标，提出新颖的思路对策，并制定出具体可行的方案，达到预期效果的一种综合性创新活动。

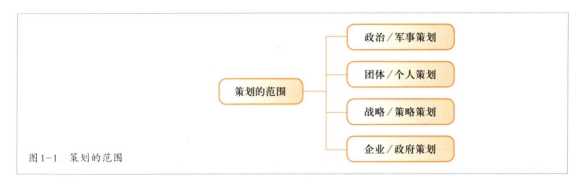

图 1-1　策划的范围

2. 策划的要素构成

从策划的定义中，我们可以看出策划包括以下几个要素，如图 1-2 所示。

第一，必须有明确的主题目标。如果没有主题目标，策划就成了一些无目的构思的拼凑，根本没有成功可言，更不用说解决问题了。

第二，必须有崭新的创意。策划的内容及手段必须新颖、奇特、扣人心弦，使人观后印象深刻，能打动人心。

第三，必须有实现的可能性。应当在现有人力、财力、物力及技术条件下有实现的可能性，否则再好的策划也是空谈。

图 1-2　策划的要素构成

3. 策划与计划的区别

策划不同于计划。策划近似英文 strategy 加 plan，而计划则是英文的 plan。策划是研究"去做什么"，是一种围绕已定目标而开展的具有崭新创意的设计。计划是研究"怎样去做"，是一种围绕已有设计而组织实施的具体安排。策划与计划的区别如表 1-1 所示。

表 1-1　策划与计划的区别

比较的角度	策　划	计　划
创意要求	必须有创意	不一定有创意
内容	自由，无限制	范围一定，按部就班
工作要求	掌握原则与方向	处理程序与细节

续表

比较的角度	策　划	计　划
任务内容	what to do（做些什么）	how to do（怎么去做）
解决问题的方法	灵活，变化多端	灵活性小
思维模式	开放性	保守性
挑战性	挑战性大	挑战性小

1.1.2　理解营销策划

1. 营销策划的概念

营销策划，就是策划人员围绕企业目标，根据企业现有的资源状况，在充分调查、分析市场营销环境的基础上，激发创意、制定企业具体市场营销目标和确定可能实现的解决问题的一套策略规划的活动过程。营销策划针对特定的营销对象和市场机会，在环境预期和市场分析的基础上，围绕企业的市场目标及绩效要求，对企业可控的经营资源和营销手段进行事先的和系统的设计、整合、规划和安排。进行营销策划，必须具有以下几方面的要素：① 营销策划目标；② 营销策划主体；③ 营销策划信息；④ 营销策划物质技术手段。

营销策划的概念

2. 营销策划的核心

创意设计是营销策划中的又一重要环节，可以说是营销策划的核心。从一定程度上讲，创意设计是否新颖合理，是营销策划能否取得成功的关键。策划的目标和任务不同，创意设计的内容也不同。在产品和市场的开发中，新产品的创意发明，或赋予老产品以新的功能及意义，都是至关重要的，关

营销策划的核心

深圳唐僧乞讨 1
亿元

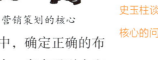

史玉柱谈营销最
核心的问题

键在于如何给消费者提供一种新的满足。在市场布局的策划中，确定正确的布局方针和有效的措施可能是创意的核心；在市场拓展的策划中，富有吸引力和刺激度的促销活动则是创意设计的中心内容。总之，没有创意就没有真正的营销策划。

策划智慧：创意
之本

3. 营销策划的原则

（1）目标性原则。目标明确是营销策划的关键。在营销策划中，目标是首要的、关键的问题。没有正确的目标，就谈不上整个策划活动的开展。好的营销策划目标，必须有利于企业整体经营目标的实现。

（2）计划性原则。计划是对目标的丰富与发展，它是策划者在充分考察事物内外环境的条件后，对其中可以利用的资源进行合理有效的配置后在进程上的表现。它是目标的具体化、现实化与对象化。

理解营销策划

（3）系统性原则。营销策划是一个系统工程，它不同于点子。点子是不容易想到，但容易做到，而策划则是不容易想到，也不容易做到。营销策划一切都要从系统的概念出发，注意每一个因素的变化所引起的其他因素的变化及产生的影响。坚持系统性原则，就是要把策划作为一个整体来考察，从系统整体与部分之间的相互依赖、相互制约的关系中进行系统综合分析，抉择最优方案，以实现决策目标。强调系统性原则，就是强调营销策划活动的整体性、全局性、效益性。系统性原则要求对系统中各个部分的策略做统筹安排，确定最优目标。系统是个有机整体，整体大于部分之和，具有其中各要素简单相加所起不到的作用。要在市场调研和营运管理等各环节都策划到位，必须对系统中各组成要素进行全盘考虑，并且要与外部环境协调起来。

（4）创新性原则。营销策划一定要创新，不创新就没有特色，没有特色就没有生命力。如果营销策划缺少创新，那就不叫策划，而应该叫营销操作。营销策划创新主要是对营销策略的创新和营销理念的创新。

创新适用于人类的一切自觉活动，是人类赖以生存和发展的主要手段，没有创新就没有人类社会的发展与进步。在激烈的商战中，没有新意的营销策划只会使企业销声匿迹。只有独辟蹊径、创新出奇，方能成功。

（5）可行性原则。营销策划是企业在市场调研基础上通过科学分析，为实现企业战略目标而制定的一种整体谋划和策略。它在实际工作中必须具有可行性。即一要能够操作，无法操作的策划方案，其创意再新奇也毫无价值可言；二要易于操作，企业资源都是有限的，操作过程耗费大量的人力、物力和财力，或投入大于收益，企业便难以承受。

营销策划是一个综合性的活动，是对资源的整合，涉及的范围非常广泛。因此，在考虑营销策划方案的时候，必须考虑执行的可行性。同时，要充分考虑策划的各个环节，确保策划的到位。

（6）灵活性原则。策划不能一成不变，要有灵活性。灵活就是随机应变，就是要在策划过程中及时、准确地掌握策划的目标、对象及其环境变化的信息，以动态的调研预测为依据，调整策划目标并修正策划方案。

（7）科学性原则。营销策划的科学性是指营销策划必须遵循事物因果联系的法则，尽可能使主观认识与事物的客观进程相一致。

（8）客观性原则。营销策划是对企业将要发生的营销行为进行的超前决策，是对未来环境的判断和对未来营销行为的计划安排，属于一种超前性行为。营销策划应尽可能考虑到影响营销的诸多因素，避免出现营销策划方案与现实脱节的情形。故对于营销策划者来说，要重视并善于进行市场调研工作，掌握充分的客观资料，切不可从主观想象出发，进行脱离客观营销环境的策划。任何脱离实际、脱离客观环境的策划最终必定是失败的。

（9）整体性原则。整体性原则即要有全局性观念，这就要求局部服从全局，以全局带动局部。整体性原则还要求具有层次性和长期性的观念。所谓层次性，是强调策划的全局的范围是有大小之分的。任何一个系统都可以被看作一个全局。而系统是有层次的，有大系统、小系统、母系统、子系统，对于不同层次的系统，就应有不同层次的策划。所谓长期性，是指策划整体性原则的着眼点不是当前，而是未来，要以长远的眼光来看待策划。

（10）经济性原则。经济性原则是指营销策划必须以最小的投入产生最大的收益。营销策划的直接目的就是获取经济效益，如果投入太大，就必然利润太低，就有悖策划的初衷。首先，经济性原则要求节约。节约是减少不必要的开支，而不是降低必要的开支。必要开支不足反而会使营销效果降低，这恰恰是一种浪费。其次，经济性原则要求有详尽的预算。有预算才能使资金的投入最小化，效果最优化，只有每一分钱都发挥了它最大的功能，营销投入才是最经济的。最后，经济性原则要求营销策划必须产生经济效益。营销策划不同于重在沟通的公益策划，营销策划实施之后必须产生直接的经济效益，没有经济效果的营销策划，就是失败的策划。经济效果，是检验营销策划方案优劣的根本标准。

1.1.3　营销策划的类型

营销策划的类型如图 1-3 所示。

图 1-3　营销策划的类型

1. 营销战略策划

战略是指从高处纵观各种要素及其变化，从大局和长远的方向考虑和分析问题，利用科学的方法进行谋略活动。因此营销战略策划就是在经过科学决策确定了企业目标的情况下，从企业的目标市场定位、竞争策略、形象设计等方面，围绕实现该目标而进行的方案的构思和设计。所以说，营销战略策划是营销策划中至关重要的带方向性和大局性的谋划。其内容如图 1-4 所示。

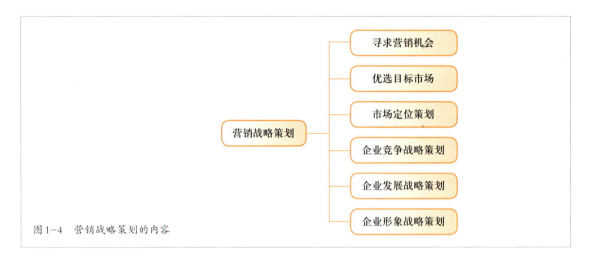

图 1-4　营销战略策划的内容

2. 营销战术策划

一般来说，营销策划分为战略策划与战术策划，长期的、广阔的、综合的、连续的谓之战略，短期的、局部的、个别的、具体的谓之战术。实施营销策划时，二者应在同一个目标下进行。企业营销的战术策划主要有以下几个方面，如图 1-5 所示。

图 1-5　营销战术策划的内容

3. 营销创新策划

差异化营销

营销创新策划是指企业用新观念、新技术、新方法对企业营销活动（目标市场、定位、产品、价格、渠道、促销等某一方面）的战略与策略组合进行重新设计、选择、实施与评价，以促进企业市场竞争能力不断提高的方案与措施。

进入 21 世纪以来，随着国际营销理论与实践的深刻变化，出现了大市场营销、关系营销、知识营销、CS 营销、CIS 营销、特许加盟、服务营销、整合传播营销、绿色营销、网络营销等新的营销理念，这些都属于营销创新的范畴。

4. 营销总体策划

营销总体策划是指对企业整体营销过程的全面规划。换句话说，就是企业全面构思如何去寻找目标市场、如何开发产品、如何定价、如何分销及如何促销，最终使产品以最快的速度、最好的效益实现其转移过程，从而实现企业的战略目标。具体来说，主要包括以下几个方面。

（1）总体产品营销策划。企业生产或经营的产品是多元化的，该策划就是针对企业目前生产经营的全部产品进行营销策划。主要是分清产品的主次，分别制定出不同的营销方案，以便企业产品能实现最佳组合，实现最佳效益。

（2）总体市场营销策划。企业面对的市场是纷繁复杂的，企业在选定其目标市场后，针对该市场进行总体策划，研究以什么样的产品，如何进入该市场，尽快实现产品的转移。

（3）整个时期营销策划。企业的成长计划一般分为短期、中期和长期。整个时期策划是指企业在确定成长计划阶段后，分别对每个阶段的营销方案进行整合策划，以期顺利实现企业的长期战略目标。

5. 营销单项策划

营销单项策划是指企业为实施总体营销策划战略而进行的某项具体营销活动的策划。这一具体营销策划活动可以是企业的某一产品、某一市场、某一时期、单项活动等。其内容主要包括：

（1）单项产品营销策划。单项产品营销策划是指在生产多元化的企业里，对每个产品的营销进行的策划。不同产品有不同的营销方案，产品越多，营销方案越多。

（2）单项活动营销策划。单项活动营销策划是指企业在某一时期内，为达到某特定目的而开展的一项有特定内容的营销活动策划。单项活动营销有公关活动、开业庆典、新产品推广、有奖销售、社区公益活动、广告活动、服装表演、新闻发布会等。

（3）单个区域营销策划。单个区域营销策划是指针对不同的区域市场，分别策划不同的营销方案。换句话说，就是企业为了把产品打入某区域市场，而针对该市场规划的营销方案。

（4）单个时期营销策划。单个时期营销策划是指企业为了实现某一时期的营销目标而规划的此时期内的营销行动方案。

6. 综合营销策划

综合营销策划指依据一定的市场营销目的或任务所进行的全过程式的策划活动。它大致可分为以下三类：

（1）以产品推广为思路的市场营销策划；

（2）以顾客管理为思路的市场营销策划；

（3）以市场竞争为思路的市场营销策划。

7. 专项营销策划

专项营销策划具有阶段性的特点，其内容往往是一个较完整的市场营销过程的组成部分，如公司在某地的一次促销活动策划。

小试牛刀1-1：列举知名企业或品牌的营销策划事件或案例

背景资料：小李是某高校市场营销专业的学生，这学期开始学习"营销策划"这门专业课。第一堂课上老师不仅介绍了营销策划的基本知识，还给大家分享了老师自己给某企业策划的成功案例。小李对营销策划有了更深的理解和认识，并且产生了浓厚的兴趣和期待。课堂上老师给大家布置了一个任务：列举出5个国内外知名企业或品牌的产品或服务及其营销策划事件或案例的主要内容。

分析与执行：小李首先选择、确定了自己比较熟悉的五个知名品牌，并上网查找这五个知名品牌的企业网站，确认每家企业经营的产品或服务。然后在企业网站上寻找企业营销活动的记录和介绍，同时通过互联网搜索与每家企业有关的营销事件或案例。

操练记录：

企业或品牌名称	产品或服务	列举此事件或案例的主旨

雪碧自动售卖机
绝佳体验营销

营销策划的主题

1.2 营销策划的方法与创意

1.2.1 营销策划的常用方法

1. 主题法

在某些营销策划实践活动中，策划实际上是一个概念挖掘、主题开发的过程。在营销策划过程中，策划人需要学会如何进行概念挖掘和进行营销策划主题的开发。

　　营销策划主题是营销策划活动的中心内容，是营销策划书所要表达的中心思想，是企业进行营销策划的指向。营销策划主题是指策划为达到某个目的而要说明的基本观念。

　　营销策划主题是多级、多层面的。它表达的可能是企业发展战略的大主题，也可能是企业实施某方面活动、推进某种营销策略和具体举措的小主题。一个综合性的大型策划活动所体现的主题可能是单一的，更多的则是多层次的。

麦当劳"年轻人回来了"

　　完整的策划主题具有三要素，如图1-6所示。

图1-6　策划主题三要素

　　主题的开发要在概念的基础上进行，其过程和概念的挖掘过程类似，即首先运用创造性思维，发挥丰富的想象力，得到多个构思，然后运用分析性思维进行筛选，依据主题的特点来确定主题。

营销策划的方法

2. 点子法

　　一般来说，点子法就是指出个主意，想个办法，搞个发明或设计规划。点子是智慧的内核，点子需要的是创新的欲望、超人的胆识和勇气及个性等。从现代营销角度来说，点子是指有丰富市场经验的营销策划人员经过深思熟虑，为营销方案的具体实施所想出的主意与方法。一个点子往往展现整个营销策划的精华。比如，海尔的销售人员在农村看到有人用洗衣机来清洗刚挖出来的土豆，受到启发，发现了一个新的市场机会，很快想出洗衣机改成土豆机的点子并开发上市，新产品一上市就受到了普遍欢迎。

台湾可爱营销

3. 造势法

　　造势法是指营销策划方案在实施前和实施过程中，企业通过对外宣传造势来扩大影响，以提升企业形象、改善公共关系的一种方法。

4. 谋略法

　　谋略是关于某个事物、事情的决策和领导实施方案。谋略的中心是一个"术"字，战术、策略、手段和方法在谋略中发挥着核心作用。谋略起初在战争中广泛运用，成为古代兵法中的重要内容。现代的谋略则含有组织、管理、规划、运筹、目标、行为等多方面的内容，既有全局性、根本性，又有艺术性、方向性。

"娜允红珍"红茶的竞争谋略

娜允红珍茶业有限公司是云南一家规模比较小的茶叶生产商,该公司开发了一款外形独特、香醇四溢的高品质生态红茶。从茶叶的种植环境、加工工艺、味道、口感方面来说,"娜允红珍"红茶在国内属于茶中上品,但国内已有很多规模大、实力强、品牌知名度很高的茶叶生产企业,市场已形成相对比较稳定的竞争格局,"娜允红珍"红茶要打开国内市场可以说困难重重,更无法与众多知名品牌竞争。于是该公司将先期的目标市场定位为欧洲这个传统的高端红茶市场。经过两年多的努力和准备,"娜允红珍"红茶顺利通过了要求极为严格的欧盟认证,一举打开了欧洲市场,从此畅销德国、英国、丹麦和波兰等国。

随着"娜允红珍"红茶在国际市场上的知名度越来越高、口碑越来越好,国内市场也有越来越多的高端客户慕名上门预订、购买"娜允红珍"红茶,"娜允红珍"红茶已成为深受国内消费者喜爱的高端红茶,在国内市场上连续多年出现了供不应求的局面。"娜允红珍"红茶以打开国际市场作为突破口,从而打开并占领国内市场,实现了国内市场营销上的弯道超车。

5. 创意法

创意

创意是指在市场调研前提下,以市场策略为依据,经过独特的心智训练后,有意识地运用新的方法组合旧的要素的过程。创意其实就是不断寻找各种事物间存在的一般或不一般的关系,然后把这些关系重新组合、搭配,使其产生奇妙、变幻的结果。

可口可乐情人节
创意

创意方法是营销策划的核心和精髓,许多营销策划的成功之处往往来源于一个绝妙而大胆的创意。比如,农夫山泉的广告语"农夫山泉有点甜",一个简单的"甜"字体现了农夫山泉的自然、纯净、甘洌的口感,达到了良好的沟通效果,使其成为国内数一数二的饮用水品牌。

1.2.2 营销策划的创意

雀巢闹铃瓶盖
唤醒每一天

创意是灵感的结果。一般认为灵感是纯粹的归纳性结果,它重视经验性的观察,把握被观察到的现象深处潜在的东西,理解与观察对象之间的相互关系。灵感是与分析和思考相对应的东西。事实上,灵感是与科学共存的。然而,创意必须是合理的,新颖并非异想天开、不着边际,而应当具有现实可操作性。其效果的产生是符合规律的,而不仅仅是一种主观臆想。这在创意设计中必须引起充分的注意。

在营销策划过程中，创意只是提出一种思路和想法，它还需要转化为具体的营销方案。从创意设计到营销方案的制定，是一个由抽象到具体、由感性到理性的过程。营销方案通常是由一系列相互连贯的营销活动计划组合而成的，所以，营销方案的制定往往表现为一个个具体营销活动的设计和安排。譬如，将产品打入新的市场，可能就需要通过一系列前期、中期、后期的广告宣传活动，各种展示、展销和推广活动，富有影响力的新闻宣传和公共关系活动，以及分销网络和中间商渠道的建立来实现进入市场之目的。所有活动，都必须体现和贯彻创意设计的基本思想，并使基本思想具体化和现实化。正因为营销方案的制定是一项十分具体的工作，因而，在这一环节中，需要考虑的问题应当比较全面。诸如，实施策划方案的人员落实、经费落实、时间安排与衔接、特殊情况的应变措施等都必须考虑到、安排好。在有些情况下，某一创意设计也可能在制定营销方案的过程中被否定。因为构思往往仅从效果出发追求创意的独特和新颖，不会对实施的细节做过多的考虑。但营销方案的制定，则更强调实施的可能性，要对每一个实施环节和实施细节做出安排。于是，创意有可能通过具体方案的制定而转化为现实可行的解决方案。

1. 营销策划创意的指导思想

营销策划创意是一种复杂、高级的思维活动。常用的基本指导思想或者思维方法有：

（1）综合择优原则。要选择最易操作又最能实现意图的创意；在策划的过程中，选择无时不有、无处不在；只有通过综合而择优，才能使策划的整体功能最优化。

（2）移植原则。他山之石，可以攻玉。客观事物中存在大量的相似现象，在相似的基础上加以适当改变，就容易产生新的创意。

孩子去哪儿

（3）组合原则。思维过程中把系统要素、方法等加以重新组合，也容易产生新的创意。

（4）逆反原则。通常人们习惯于按照事物间存在的对应性、对称性去构思。要产生与众不同的创意，创出自己的特色，就要走自己的路，这需要逆向思维，不能亦步亦趋。

在策划产生创意的活动中，以上思维方法往往相互渗透、相辅相成，在实际运作中灵活应变。

2. 营销策划创意的基本步骤

创意既是思维创新，也是行为创新。创意本质上应该是丰富多彩、灵活多变、不受拘束的。它不应该墨守成规和固定某种模式。但为了便于初学者领会创意过程，学者还是归纳了若干步骤。以下介绍营销策划创意的基本步骤，如图 1-7 所示。

图1-7 营销策划创意的步骤

（1）界定问题。将问题弄明白，并界定清楚，使问题突出显露于众；主要任务是发现创意对象、选出创意对象、具体化明确认识创意对象、设立创意目标及通过调查掌握创意对象。

（2）通过调查获取相关资料。

① 间接调查。即从自媒体、企业网站、新闻报道、政府相关文件、行业资讯中获取信息。

② 直接调查：问卷调查等。步骤为：先整理资料，再对资料进行分析、加工，使其转换为情报，进而形成创意的基础。

主要任务是：探求创意的出发点，形成创意素材，描绘创意的轮廓。

（3）产生创意。在对各种资料进行分析的基础上，触发灵感、深入思索，形成符合实际的创意。整理创意方案，预测结果，选出创意方案。

（4）形成创意提案，提交提案，付诸实施，总结。

3. 营销策划创意的一般方法

（1）移植创意法。移植创意法是指将某一领域的原理、方法、技术或构思移植到另一领域而形成新创意的方法。它是人们思维领域的一种嫁接现象。生物领域的嫁接或杂交可以产生新的物种，科技领域的移植、嫁接可以产生新的科技成果。同样，企业营销策划可通过对不同领域、不同行业的企业的某些方面进行移植、嫁接，从而形成新的营销策划创意。

（2）改良创意法。改良创意法是利用符合自身营销策划目的、已经公开的信息，进行修改、提升、加工，从而转化为新的策划创意。这种方法简便而实用。由于这一方法是以现成的情报或策划案加上或减掉一些内容而提出的，因此，这些情报和原策划方案应是公开的、允许采用的，如果未经对方允许则不应该使用。比如，拟订赴日本旅游的策划方案，就可以在其他公司已有方案的基础上作某些改变，取长补短，推陈出新，作出本公司的新的策划案。如可增减旅游内容，可改变组团对象，或集中加强某方面的特色，这样同样可以产生新的策划创意。

（3）分解创意法。分解创意法就是把一个整体的策划过程分解成若干个步骤或相对独立的策划子过程，或把一个整体的策划内容分解成若干个相对独

营销策划的移植
创意法

移植创意法

改良创意法

分解创意法

立的策划子内容。

（4）组合创意法。**组合创意法就是将积累的各种信息进行有机组合而产生新的创意。**例如，要制定一个新产品市场开发的策划方案，可以从以下各种渠道的信息组合中得到启示，产生新的创意：专业图书、杂志，企业刊物、企业微信公众号；有关市场开发成功的策划方案、活动方案、建议方案；有关专家、学者、研究人员拥有的市场开发知识与情报；国内外同行或其他业界所拥有的关于市场开发的策划与情报；等等。

（5）重点创意法。**重点创意法就是抓住重点，从核心点关键处进行突破的创意方法。**重点创意法是策划工作的重要创意方法与思路之一，其核心是解决问题要善于从一点突破，不要眉毛胡子一把抓。策划人在面对复杂的策划问题和策划对象时，首先要努力寻求突出某一环节、某项业务等个别线索，主动地缩小策划对象，使策划的对象简单化、明了化，通过重点突破，进而把局部策划产生的功效传递给整个原策划对象，最终解决整体策划问题。

（6）模拟创意法。模拟创意法是指通过模拟、仿制已知事物来创意构造未知事物的方法。模拟创意法又分为仿生创意法和仿形创意法。仿生创意法是指模仿我们熟知的某种生物而进行模仿创意的方法。仿形创意法是指仅仅模仿已知事物的形状而进行模仿创意的方法。

（7）转换创意法。转换创意法就是转换、制造或寻找更加有利于策划行为展开的外界背景，使策划行为效果更加显著的创意方法。

（8）联想创意法。联想创意法是由此及彼的扩散性思维创意方式。把联想转化为创意进而成为策划方案是较常用的方法。

（9）逆向创意法。逆向创意法是指按常规思维去解决问题而不见效时，即反其道而行之进行逆向思维以获得意想不到的效果的策划创意方法。

（10）激荡创意法。激荡创意法是一种刺激大脑、激发思考能力而产生创意的方法。大脑的功能在于思考，这种功能的发挥只有不断训练才能达到最佳状态，安逸懈怠，思考能力就会下降。因此，应保持用脑习惯，使自己的思路朝各种方向扩展，不断提高用脑能力。激荡创意法还常常用于多人一起相互启发、激发思维火花，以达到思潮澎湃、创意涌动的境界。

小试牛刀1-2：智取红葡萄酒瓶软木塞创新思维训练

背景资料：课堂上讲到营销策划的方法和创意时，老师向学生特别强调营销策划最重要的是要有创意，所以创新思维是营销策划的核心。为了让学生感受并建立创新思维意识，老师将全班学生按5~8人一组分成若干组，以团队为单位进行创新思维的训练。老师准备了一个将酒瓶的软木塞推进酒瓶里的空葡萄酒瓶，要求每个团队思考并提出在不破坏酒瓶的前提下，完整取出瓶塞

组合创意法

重点创意法

模拟创意法

转换创意法

联想创意法

逆向创意法

营销策划的方法——激荡创意法

的思路方法。

分析与执行：小李作为团队负责人，召集本团队成员坐在一起讨论解决方案。首先要求每个人根据自己的经验和想法提出一个解决思路，在此基础上小组进行初步评估并选择比较可行的几种思路方法，然后大家集思广益改进每一种思路方法，并排列出本团队的最佳解决方案。

操练记录：

小　　组	最佳解决方案	小组其他解决思路
第　　组： 小组名称：		
……		
……		

1.2.3　互联网+营销策划

随着科学技术和电子商务的迅猛发展，"互联网+"时代已经到来。在"互联网+"时代，消费者的需求变得日益多样化、个性化，网购已经成为消费者消费的主要途径，竞争也越来越强烈，企业必须顺势而为。互联网的发展给各行各业的发展均带来了一系列影响，比如营销环境的改变和消费者行为的改变等，很多企业在转型经营模式，不断创新产品，体验式营销模式、互动营销模式、共享营销模式、大数据精准营销模式等出现了。营销渠道也变得多样化、丰富化，企业越来越注重构建自己的品牌理念等，这就使营销策划逐步向"互联网+"下的整合新媒体营销策划、精准营销策划转变。

1. "互联网+"的产生及概念内涵

所谓互联网，是指由一些使用公用语言互相通信的计算机连接而成的网络，在此基础上发展出的覆盖全世界的全球性互联网络。如今互联网技术已融入各行各业中，并形成了一种新型经济形态，是大众创业、万众创新的基本工具，是提升我国经济的重要引擎。2012年11月的第五届移动互联网博览会上，最早提出了"互联网+"的理念。"互联网+"代表一种新的经济形态，它指的是依托互联网信息技术实现互联网与传统产业的联合，以优化生产要素、更新业务体系、重构商业模式等途径来完成经济转型和升级。"互联网+"计划的目的在于充分发挥互联网的优势，将互联网与传统产业深入融合，以产业升级提升经济生产力，最后实现社会财富的增加。"互联网+"是将行业内的产品和服务、多种互联网平台技术、场景等深度融合的新经济形态。企业应该按照自己的思路，在"互联网+"这个平台上思考企业的战略发展和营销规划。"互联

网 +"也是利用互联网的平台、信息通信技术把互联网和包括传统行业在内的各行各业结合起来，从而在新领域创造一种新生态。"互联网 +"目前已成为我国的国家战略之一，也成为我国企业发展和今后产品营销的思路基石。

2. 互联网的特征及优势

（1）互联网的主要特征就是方便快捷、资源共享。互联网上具有庞大的用户群体，信息量非常大。用户获取信息和传递信息不再受时空限制，这为用户的信息交流和企业的商贸活动提供了快速的通道。用户可以节约人力、物力、财力、精力等，企业也可以使自己的经营形式多样化。

（2）互联网具有交互性优势。交互性是互联网媒体的最大优势，它不同于传统媒体的信息单向传播，而是信息互动传播，用户可以获取他们认为有用的信息，企业也可以随时得到宝贵的用户反馈信息。互联网比其他任何媒介更具有赋予消费者更多的直接与广告主进行互动活动、进而建立未来关系的能力。网络广告可以做到一对一的发布以及一对一的信息回馈。对网络广告感兴趣的网民不再被动地接受广告，而是可以及时地作出反应。这种优势使网络广告可以与电子商务紧密结合，马上实现一个交易的过程。

（3）互联网丰富了企业的经营策略。随着互联网的发展，企业不再局限于线下经营，传统零售业都进行了经营模式的转型，形成线上线下结合的经营模式。该模式不仅增加了企业的盈利渠道，也更容易获得用户的反馈意见，为企业及时作出策略调整提供了很好的平台。而且，互联网的发展增加了支付手段，为企业和用户交易提供了便利。

3. "互联网 +"营销与传统营销的关键不同点

在"互联网 +"时代，企业的营销模式转型为线上线下相结合的模式，营销手段也日益多样。"互联网 +"营销与传统营销策略的区别主要在以下几个方面：

（1）目标不同：传统营销考虑营销中的"4P"理论：产品、价格、渠道、促销；而"互联网 +"营销考虑的是满足用户需求。

（2）方式不同：传统营销方式主要有横幅、报纸、杂志、电视等广告，以及直销、会销等；而"互联网 +"营销方式更加多样化，有搜索引擎优化、平台广告、视频广告、社交平台、自媒体营销，等等，通过大数据分析平台更容易对效果监控、分析优化，营销策略更加精准。

（3）媒介不同：传统营销通过电视、报纸或销售人员直接接触；"互联网 +"营销则覆盖了网站、平台、APP、新媒体等多种媒介，注重与用户的互动。

（4）营销决策信息化：传统营销从策略制定到决策确定，除了依靠市场资讯外，主要靠人的主观及经验判断；而"互联网 +"时代，也是大数据来临时代，市场营销逐渐与大数据相融合，从营销决策到效果监控，都需要大数据分析来支持，营销战略、策略的制定更加科学、高效、精准。

4. "互联网+"时代，用互联网思维策划营销策略

（1）产品策略。随着互联网的发展，消费者的需求变得日益多样化、个性化，传统的产品设计已经不能满足消费者的需求。所以，在进行产品设计时需要考虑更多的消费者个性需求特征。一方面，可以采用顾客参与产品设计的形式，从而增加顾客满意度和忠诚度。当顾客参与产品设计过程时，顾客的个性、需求特征就会表现出来。另一方面，也可以做好市场调查，根据调查结果来调整产品的设计理念。把某种理念融入产品设计中，赋予产品某种特性，建立自己的品牌理念。由于互联网背景下，互联网的发展改变了企业产品的生命周期，企业不仅要适应互联网的快速发展，也要不断更新自己的产品，不断创新。

（2）价格策略。在制定产品价格时，企业应当依据互联网时代下企业的生产经营模式来制定科学合理的价格。不仅考虑产品的生产成本，还要考虑企业的目标利润、竞争对手的定价等，综合考虑后制定价格。同时，企业可以根据产品特性，进行产品组合，也可以在不同时期制定不同价格。

（3）渠道策略。互联网的发展使企业的营销渠道不再局限于线下销售，企业的营销渠道策略要考虑线下线上相结合的营销策略。在互联网快速发展的背景下，社会化媒体得到了快速发展。企业的营销渠道可以通过网络营销、微信营销、微博营销及口碑营销等进行产品销售。而且在社会化媒体的发展下，微博、微信等用户群体庞大，企业采取这些营销渠道可以使产品得到很好的宣传。口碑营销不仅能够很好地宣传企业，而且说服力更强，更具有信服力，能够帮助企业打造一个良好形象，提高产品满意度。而且口碑营销借助互联网的发展形成的网络口碑营销为企业发展提供了更有利的宣传平台，互联网可以加快口碑的传播，传播群体更广泛，企业也能从中获得反馈，及时作出调整，把口碑营销的价值发挥到最大化。除此之外，企业还可以建立自己的网站，建立与顾客的互动平台，及时与顾客沟通，建立亲密联系，也可以更好地进行客户关系管理。

（4）促销策略。互联网的发展增加了企业的促销手段，企业不仅可以通过电视、线下的广告宣传，更多可以借助互联网平台进行网络广告宣传。网络广告不受时间、空间的限制，受众群体也更具有针对性，可以依据消费者的上网习惯推送企业广告。而且网络广告的形式具有多样性，可以是文本、图画、视频等，可以更加生动形象地展示产品特征。近年来，在各大网购平台上有许多大型促销活动，比如"双11"、周年庆等，借助互联网，企业可以更好地销售、促销。互联网的发展改变着人们的生活方式，人们更愿意在购买之前进行体验，所以企业可以依据自身产品，采取体验营销策略。

（5）品牌策略。在互联网快速发展下，各种各样的产品出现在消费者眼前，如何在众多产品中脱颖而出，关键是建立自己的品牌。品牌策略的关键是建立品牌理念，根据产品特征和消费者需求特性进行品牌理念构建，且品牌策略可以加快产品定位，有助于市场细分，树立企业形象。同时，企业也应该注重开拓新市场，发掘潜在客户，重视品牌营销，构建和完善自己的营销网络体系。

互联网的发展使企业迎来了机遇和挑战，企业应该积极地面对。营销是一个企业的核心竞争力，在互联网助力环境下，消费者、竞争、技术、经济力量等迅速发展和快速繁殖，企业必须具有完善的营销体系。在营销模式上，采用线上线下相结合的营销模式；在产品上，更多地考虑消费者的个性需求特征，不断进行创新；在营销渠道上，推广渠道应该多样化，促销策略多样化，服务渠道不断完善；注重体验营销策略；构建和完善品牌理念等。

企业应充分利用"互联网+"时代带来的机遇，制定符合本企业的营销策略，运用全新的营销理念带领企业健康平稳地发展。

1.3　营销策划的基本流程和框架内容

1.3.1　营销策划的基本流程

市场营销策划是一个较复杂而又科学的运作过程。它需要由一定的操作程序来保证，通过做好事先准备、时间的安排、调研分析、创意筛选等一系列过程，来确保营销策划的成功。营销策划的基本流程如图1-8所示。

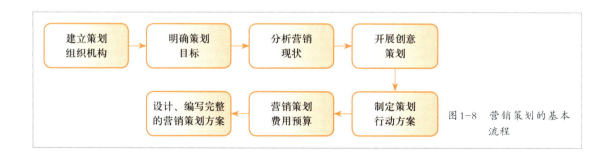

图1-8　营销策划的基本流程

1. 建立策划组织机构

市场营销策划组织机构是保证营销策划工作实现的组织手段，是企业为了实现营销策划目标、发挥市场营销策划功能，由有关部门和人员协作配合的有机的科学体系。企业的所有市场营销策划活动都应该由市场营销策划组织机构来完成。要使市场营销活动的策划科学化，确保营销策划的实施达到预期目标，必须建立市场营销策划组织机构，并对市场营销策划组织机构进行策划和安排。

2. 明确策划目标

设定策划目标是制作策划方案的前提。具体步骤是：

（1）设定问题。应选择最重要的问题进行设定。如果认为件件重要，结果没有一件事成为重要。正如要在同一时间内完成多个目标，其结果往往一事无成。追逐两兔，不如择一。对于问题的设定就好比射击时要瞄准枪的准星一样，一定要慎重对待。

（2）确立目标。企业要将自己的产品或品牌打出去，必须有得力的措施，制定切实可行的计划和目标。能否制定一个切合实际的目标是营销策划成败的关键。

（3）量化目标。目标的量化处理，可以使策划方案在实施过程中用数量标准加以衡量，因而为许多企业所采用。

3. 分析营销现状

（1）掌握现状。为了能做符合实际的策划，在拟定策划方案之前，还应围绕目标有针对性地了解营销现状。了解营销现状不仅包括对市场情况、消费者需求进行深入调查，还包括对市场上竞争产品的了解以及对经销商情况的了解。

（2）收集资料。

① 直接资料的收集，通过观察、访问以及实验等方式获得第一手资料。

② 间接资料的收集，可以查阅书籍与报纸杂志、现成的企业内部资料、政府部门资料等。

（3）分析市场。在市场调查和预测的基础上，根据策划目的，分析市场环境，寻找市场机会。营销策划是对市场机会的把握和利用，因此，正确地分析市场机会，就成了营销策划的关键。找准了市场机会，营销策划就成功了一半。

（4）了解企业。企业的营销策划必须量力而行，只求策划方案本身的亮丽而忽视企业的实力，将导致失败。因此，对企业实力进行分析是不可或缺的重要一环。

4. 开展创意策划

（1）创意策划的内涵。创意即创新、创造或创造物。创意作为策划的专业性词汇，可以理解为企业形象设计，广告、艺术创作，市场营销技巧以及现代文化娱乐活动等创作中的构思。创意策划是指通过非凡的构思来体现策划的战略目标。

（2）创意的基本原理。营销整体策划的创意就是通过对其基本理论的探索与把握，并采用某种特殊的心理活动、意识活动去寻找策划创意的契机。因

小米的"期货式
营销"

此，研究营销策划创意，离不开对心理学范畴的探索。

① 创意的表象。创意是天才所为，但不是天生所具。创意的第一步是迈进想象的空间，表象就是想象之源。所谓表象，一般可理解为显露在表层的征象。表象是通过知觉所形成的最表层的感性形象。

表象可分为两种：记忆表象与想象表象。记忆表象是感知过的事物在记忆中再现的形象；想象表象是人们记忆中并不存在的形象，是由记忆表象和知觉形象想象出来的形象。

② 创意的意象。"意"就是心，"象"则为心中之想象。意象是主观营造出来的形象。意象思维具有极大的创造性。意象与表象的区别在于：表象是外化的感性形象，意象则具有理智的思维，是带有一定意向的感性形象。如毕加索笔下的"和平鸽"明显带有理性化的色彩，是信仰与心态的表现，是"似与不似之中"的意象。

③ 创意的意念。意念是意向、意志、念头，含有明确的意志倾向意思。在策划创意时将更多地体现主观的意愿和明确的意志行动。要表现策划创意的意念，应强化挑战性、自觉性、坚持性和自制性等基本品格。所以有人称"创意是伟大的意念"。

④ 创意的意境。意境即境界，是情景交融的艺术境界。

⑤ 创意的印象。印象就是感觉过的事物在人的头脑里所留下的迹象，主要包括图形印象、语言印象、形式印象。

（3）营销策划创意的步骤。营销策划工作是一项复杂的系统工程，必须有一个路线图。从策划工作的背景、问题点、策划实效，探寻我们策划的运行途径、作业流程，明确应该如何推进，如何走，最终能带来什么效果。营销策划的创意没有固定的步骤可寻，一般包括以下内容，如图1-9所示。

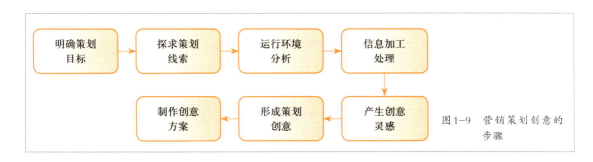

图1-9 营销策划创意的步骤

① 明确策划目标。营销创意者必须弄清委托者的本意、要求并从中提炼出主题，把有限的时间与合作者的智慧汇集其中，避免产生歧义或南辕北辙。

② 探求策划线索。策划线索的寻找大致可从两方面进行.

第一，从现有的知识、情报中获得。发表于报刊、书籍、多媒体资源中的知识或信息能够启发策划人员，给他们以暗示或启迪。策划者运用智慧对这些信息进行选择、加工、整理和组合，就可以获得策划线索。

第二，通过个人或集体的智慧产生。每个人的先天智商与后天积累聚合成为智能。思维火花的激发，凭借个人的智能，可能产生新奇的点子，或者依靠众人产生真知灼见，最后成为策划的线索。

③ 运行环境分析。企业的内外部环境是进行创意的依据，因而要对企业的内外部环境分析透彻，以引发合乎环境的正确创意。一般来说，企业的外部环境包括政治环境、社会环境、经济环境和文化环境等；企业的内部环境包括生产状况、经营状况、管理状况等。

④ 信息加工处理。创意者要对企业提供的二手资料和自身深入企业各方面所取得的一手资料进行认真分析，要借助人脑与计算机的合作，借助计算机对信息的量化分析和人脑对企业实态的感性分析进行整理加工，去粗取精，去伪存真。在反复的调研、探究、切磋的过程中，创意者不仅对情况把握要十分清楚，而且要产生出强烈的创意冲动，这才可以进入下一步骤。

⑤ 产生创意灵感。创意既是创意者灵感闪现的过程，也是一种可以引发，并需要催生的系统工作。引发创意一般要具备以下条件：即刻反应的灵敏反应能力、卓越的图形感觉、丰富的情报信息量、清晰的系统概念和思路、娴熟的战略构思和控制能力、高度的抽象化提炼能力、敏锐的关联性反应能力、丰富的想象力；广博的阅历与深入的感性体验、多角度思考问题的灵活性以及同时进行多种工作的能力；等等。

⑥ 形成策划创意。策划创意是将暗示、灵感、突发念头等初级层次的想法，经过整理、琢磨而形成有结构层次的可能实现的构思。换句话说，单纯的念头只能算一种想法，而不能当做策划创意。在诸多想法中，能发展成策划创意的，则少之又少。

星巴克瑞士火车
营销案例

⑦ 制作创意方案。

创意方案或称创意报告，包括以下几个部分。

A. 命名。命名要简洁明了、立意新颖、蕴涵深远、画龙点睛。

B. 创意者。说明创意人的单位及主创人简况。注意智谋地体现创意者的名气与信誉，使人产生信赖感。

C. 创意目标。突出创意的创新性、适用性，目标概述的用语力求准确、肯定、明朗，避免概念不清和表达模糊。

D. 创意内容。说明创意者的创意依据、对创意内容的表述、创意者赋予的内涵及创意的表现特色。

E. 费用预算。列出并说明创意计划实施所需的各项费用及可能收到的效益，以及围绕效益进行的可行性分析。

F. 参考资料。列出完成创意的主要参考资料。

G. 备注。说明创意实施要注意的事项。

5. 制定策划方案

有了好的策划创意，关键是要将其具体化，把它发展成行动方案。其具体步骤是：

（1）设计方案。全面分析市场环境因素和企业资源，明确企业的优势，找出企业的市场机会，设定具体的市场营销目标，在此基础上结合创意，制定可行的营销战略思路（包括战略思想、市场定位）和4P的实施策略及具体实施步骤。

（2）方案优化。方案优化主要是对以下各项内容加以明确：营销目标、实现营销目标所需要的条件、营销战略与战术、营销方案策划的步骤与时间、营销方案策划的人员与经费、营销策划方案的效果与评估、营销策划方案实施的附加条件等。

（3）确定进程。行动方案应注意时间性。各项任务何时开始、何时结束，都要十分具体，应有行动日程表。

6. 营销策划费用预算

在营销策划中，还必须对营销方案实施的预期效益进行分析，论证营销方案的优劣和可行性。营销策划经费预算是企业综合预算中的重要内容，预期效益分析主要涉及两方面的问题：一是策划的营销方案可能带来的经济效益。如预期销量、目标利润、市场占有率等。二是实施营销方案所可能花费的成本，如产品开发费用、广告宣传费用、促销推广费用以及商品分销费用等。在一些情况下，还应当对实施某种营销方案所可能产生的机会成本加以说明，通过对不同方案的机会成本的比较来证明该方案的经济可行性。

营销策划对营销方案费用预算的影响很大。当进行精心的营销策划后，各方面的费用都进行了科学安排，因而可以节省营销费用投入。而没有经过策划的自由型产品销售，必然导致一定程度的浪费。经过系统策划的产品营销，对营销各部分的费用安排都进行了最优组合，费用投入可以发挥综合相加效应，因而总额大大节省。

（1）营销策划经费预算的基本原则。营销策划的经费预算是企业综合预算的重要内容，是调节和控制经营活动的重要工具，也是营销策划方案顺利实施的具体保障。经费预算应尽可能详尽周密，各项费用应尽可能细化，尽可能真实反映策划方案实施的投入大小，力争将各项费用控制在最低成本上，以求获得最优的经济效益。企业营销策划工作经费的预算必须合理、科学。经费预算要遵循以下基本原则，如图1-10所示。

图 1-10 营销策划经费预算的原则

① 效益性原则。效益性原则是指以最少的经费投入而产生最大的营销效益。也就是说，低营销效益或者没有营销效益的营销策划经费投入应当在预算中尽量避免产生。

② 充足性原则。充足性原则是指投入的营销策划经费要能足够保证营销策划方案的全面实施。营销策划经费是企业投入的营销成本，直接影响企业利润的高低。营销策划经费高了会造成资源浪费，低了又影响营销效果，保证不了策划方案实施，甚至会使策划方案夭折。因此，企业应通过边际收益理论来对营销策划经费投入的充足性做出测算、评估。

③ 经济性原则。经济性原则是指在营销策划方案实施中，必须保证足够的营销经费，同时要尽可能节省不必要的费用开支。营销活动是一项经济活动，在活动开展过程中，必然考核其投入与产出比，要想取得好的经济效益，必须遵循经济性原则。

④ 弹性原则。弹性原则是指对营销策划经费的预算要能根据未来环境的动态变化而表现出灵活机动性。企业营销活动受到营销环境变化的影响，当营销环境发生变化，原有的策划经费也应相应调整，与环境变化相适应，做出弹性安排。只有这样，才能保证营销目标实现。

（2）营销策划经费预算的内容。营销策划经费预算包括两大方面：策划活动本身发生的经费和营销活动需要发生的经费。内容不同，计算方法也不一样。

① 策划活动本身发生的经费。策划活动本身发生的经费指企业为策划活动所支付的费用。其主要项目为：

A. 市场调研费用。市场调研通常要委托专业调查公司或雇用专业调查人员进行。所以，市场调研费用是一项重要费用，资金不足会造成调研资料失真，调研结果有误差。因此，要根据市场调研的规模大小和难易程度来准确预算所需费用。

B. 信息收集费。主要指信息检索、资料购置及复印费、信息咨询费、信息处理费。主要是对二手材料和信息的收集，也是依据信息收集的规模和难易程度来确定。

C. 人力投入费。为了完成不同的分工，要投入一定的人力。这一费用比较容易计算。

D. 策划报酬。分两种情况：一是企业营销策划人员自行策划，可以奖金形式发放，开支较低；二是委托外脑策划，则要在事先商定策划费的多少和支付细则，然后据此发放。

② 营销策划方案费用。营销策划方案费用是指按照营销策划方案执行所要发生的费用。营销策划方案预算一般运用目标任务法进行。目标任务法就是将营销方案所要实现的目标分解成具体的任务，再计算完成这些任务所需要的资金投入，然后将其作为实现营销方案的费用预算。

（3）营销策划费用预算的方法。

① 目标任务法计算。目标任务法是指完成单个营销方案设定的任务所需的所有费用总和的预算方法。目标任务法是单个营销方案费用预算的主要方法。

目标任务法预算费用

某公司准备在杭州市场实现年销3万部电子书的任务。根据在其他市场的经验，他们计划进行为期两个月的广告宣传，广告暴露频次50次，共需费用10万元；组织体验式促销活动10场次，共需费用3万元；组织推销机构和促销活动2万元；共计15万元。这15万元就是该公司的电子书打开杭州市场，达到年销3万部目标的营销费用预算。

② 销量百分比法。销量百分比法是以年度产品销售额的一定比例作为营销费用的方法。比例依据的年度有两种：一是上年度销售额；二是本年度预计销售额。

某公司销量百分比法预算费用

某公司上年度全年销售额为100万元，总共用5万元营销费用，那么本年度参照上年度的标准，也用5万元，即全年销售额的5%用于营销。但考虑到企业的发展，预计本年度销量将实现200万元，这时营销费用按5%的比例，预算应为10万元。

销量百分比法是一种简单易行的方法，目前绝大多数企业都采用此法来确定营销费用。当遇上市场环境变动时，根据实际情况，进行适当调整，就可以继续推行。

③ 力所能及法。力所能及法是指首先除去其他不可避免的费用支出后，再来确定营销预算的方法。

力所能及法预算费用

　　某一小企业在2018年的销售净值为1 000万元，其中有成本800万元，利润100万元，营销费用100万元。那么，在确定下一年的营销费用时，就可以以此为据：假若企业要实现2 000万元的销售收入，按上年的标准，再加上本年原材料的涨价情况，可能要投入成本1 650万元，预计提留利润150万元。那么尚余200万元。这200万元就是用于本年营销的全部预算费用。

④ 竞争平位法。竞争平位法就是用同行竞争对手的营销预算作为本企业预算标准的方法。竞争平位法主要有两种形式：

A. 领袖表同法。领袖表同法就是以竞争对手中或同行业中处于领先地位的、具有良好营销效益的领袖企业的营销投入作为本企业营销预算标准的方法。

B. 行业平均额法。行业平均额法就是参照本行业平均营销预算额，以平均营销费用投入作为本企业预算标准的方法。

⑤ 市场份额法。市场份额法的基本思想是：企业要保持现有市场份额和扩大其在市场中的份额，就必须使其营销投入份额高于该企业所占有的市场份额。如果是企业只希望以新产品来占有市场份额，其所付出的营销费用应该两倍于所希望达到的份额标准。

策划预算既是策划实施的保证，又是策划方向的原动力。检查企业运行状况，经常看一下预算就知道其问题所在，策划费用是影响策划结果的关键因素。

7. 设计、编写完整的营销策划方案

策划的全过程，就是制作针对公司营销中存在的问题和所发现的市场机会，提出具体解决问题的战略方案和战术性方案，并实施日程设计的过程。编写策划方案的过程，实际上与策划的过程是重叠的。策划方案不可能凭空而来，也不可能一挥而就。随着策划人在市场调查与研究的基础上，对最初的策划行动方案不断修改、完善，策划方案也逐渐成形，逐渐接近它的最终形式。策划活动结束后，就要把策划的全部行动方案编写成完整的营销策划方案文

案。完整的文案应包括标题、封面、目录、正文和附件资料。

1.3.2　营销策划书的构成要素和基本结构

1. 营销策划书的构成要素

策划书，又称为策划报告，是对创意后形成的概要方案加以充实、编辑，用文字和图表等形式表达所形成的系统性、科学性的书面策划文件。策划书大体上包括以下八大要件：

（1）何事，即企业策划的目的与内容；

（2）何人，即策划团队与相关人员；

（3）何时，即策划操作起止时间；

（4）何处，即策划实施环境场所；

（5）何因，即策划的缘由与背景；

（6）何法，即策划的方法与措施；

（7）预算，即人、财、物与进度的预算；

（8）预测，即策划实施效果的预测。

以上这八个方面，是构成策划书的八个基本因素，其中何法、预算和预测是策划书区别于计划书和其他报告的三个最显著的特征。

2. 营销策划书的基本结构

（1）策划基础部分。主要是对企业营销背景、市场环境进行分析。具体视策划内容而异，具有共性的内容有以下方面：

① 宏观环境分析，包括政策法律因素分析、经济因素分析、技术因素分析、社会文化因素分析等；

② 微观环境分析，包括竞争对手营销战略及状态分析，企业内部优劣势分析等；

③ 企业概况分析，包括企业的历史情况、现实生存状况及未来发展设想等；

④ 对调查材料的分析，包括企业目标市场需求行为调查，购买者购买力调查，购买行为方式调查，企业适应市场需求状况的调查，企业的影响力、知名度、满意度的调查等。

（2）行动方案部分。主要对企业营销活动的范围、目标、战略、策略、步骤、实施程序和安排等的设计。就策划的指导思想而言，主要谋划两个方面的内容：

① 如何确定目标市场，包括市场细分、市场定位（含对产品的市场定位和对企业的市场定位）、目标市场的选择与确定等；

② 如何占领目标市场，包括产品策略（新产品开发、产品改良、品牌包

装等策略），价格策略（价格制定、价格变动策略），渠道策略（分销渠道的选择），促销策略（商业广告、人员推广、营业推广、公关活动等方面的策略）。

营销策划文案构成的这两个部分是相辅相成、前因后果的关系。策划基础部分为行动方案部分作铺垫，行动方案部分的内容不能脱离策划基础部分提供的前提，否则就成了无源之水、无本之木。

对营销策划文案基础部分的要求是：分析准确，材料厚实。对原始材料的处理必须实事求是，不能任意编造或夸大、缩小。同时选用的素材要充分，要为行动方案的形成提供充足的、必要的条件。

对营销策划文案行动方案部分的要求是：明确的针对性，强烈的创新意识，切实的可行性。没有针对性或针对性不强的行动方案是无益于企业的。那种靠某种模式、某种套路去套各类不同企业的所谓策划行为是不负责的行为，是欺诈行为。任何方案的提出必须根据不同企业的不同情况，不论企业情况如何而一味用固有的、陈腐的、唯一的套路去套用的策划，只不过是在制造信息垃圾，不仅不利于企业的发展，有的还会带来负面效应，企业应拒绝这类策划。

策划成果的价值贵在创新，只有体现创新意识，具有创新精神的成果才最可贵。策划的创新重在策划人思路的创新，运用的知识创新，营销的内容与技巧、手段的创新。成功的策划文案要给人耳目一新、眼前一亮的感觉，给人智慧的启迪和精神的振奋。

策划文案的可行性主要体现在适合企业的实际上，即这些方案不是无中生有，不是供欣赏，而是为了推动企业的发展，为了付诸行动有所收益。文案中的目标一定是通过努力可以达到的，文案中的措施一定是企业可以且有能力实施的。

小试牛刀 1-3：制定车载婴孩安全座椅营销策划流程

背景资料：小陈的父亲专业经营婴幼儿用品12年。今年通过谈判取得了深圳某企业车载婴孩安全座椅H市场的销售代理权。这种车载婴孩安全座椅几年前一直销往国际市场，国内还从来没有销售过。小陈的父亲希望学习市场营销专业的小陈能学以致用，为车载婴孩安全座椅全面推向H市场做一份可行的市场推广方案。

分析与执行：小陈打算先期准备针对H地区的高校教师进行市场推广，成功后再逐步向整个H地区全面推广。在推广之前，小陈必须策划、制定一份针对H地区高校教师市场的营销策划方案。于是小陈先明确了该营销策划方案的策划流程步骤及其内容，又梳理了每一步的策划关键点。

操练记录：

策划流程步骤	步 骤 内 容	关 键 点
第一步		
……		
……		
……		
……		
……		
……		

1.4 营销策划书的编制及撰写

1.4.1 营销策划书的编前准备

营销策划书撰写前的准备工作包括以下内容和步骤:

1. 明确目的

营销策划要达到什么目的? 这是开展市场营销策划工作的第一步, 也是很重要的一步。目的不明确, 策划工作便不能有的放矢, 正常展开。因此, 在进行营销策划时, 首选就要弄清目的, 判断策划类型, 据此开展以后的各项工作。

2. 环境评估与分析

市场营销环境对企业营销活动的开展具有十分重要的作用, 关系企业的生存和发展。市场营销环境的变化, 既可以给企业带来环境威胁, 也可以给企业带来市场机会。企业营销人员应通过对环境的评估、分析, 最大限度地减少因环境变化造成的市场威胁, 增加新的市场机会。

3. 营销调研

营销调研即市场调查。在制定、撰写营销策划书之前, 还必须专门开展营销调研活动, 为科学地制定策划方案提供可靠的依据。

1.4.2 营销策划书的编制原则

1. 实事求是

由于策划案是一份执行手册, 如果说策划书还能运用高深的理论和各种模型去深入论述的话, 策划案就必须务实, 使方案更符合企业条件的实际、员工操作能力的实际、环境变化和竞争格局的实际等。这就要求在设计策划案时坚持实事求是的科学态度, 在制定指标、选择方法、划分步骤的时候, 从主客观条件出发, 尊重员工和他人的意见, 克服设计中自以为是和先入为主的主观主义，用全面的、本质的、发展的观点观察和认识事物。

2. 严肃规范

严肃规范就是要求人们在设计策划案时严格按照策划书的意图和科学程序办事。策划案是为策划书的开发利用寻找方法、安排步骤、制定规划的。它的出台，是策划人依据策划的内在规律，遵循操作的必然程序，严肃认真，一丝不苟，精心编制而成的。所以，在拟定策划案的过程中，要避免粗制滥造。严肃性原则还表现在，一个科学、合理的策划案被采纳之后，在实际操作过程中，任何人不得违背或擅自更改。

3. 简单易行

简单易行就是要求人们在设计策划案时做到简单明了、通俗易懂、便于推广、便于操作。任何一个方案的提出，都是为了在现实中能够容易操作，并通过操作过程达到预定的目的。为此，我们在策划案各要素的安排和操作程序的编制上，要依据主客观条件，尽量化繁为简、化难为易，做到既简便易行，又不失其效用。

4. 灵活弹性

灵活弹性就是要求人们在设计策划案时留有回旋余地，不可定得太死。当今是高速发展的时代，策划案虽然具有科学预见性的特点，但它毕竟与现实和未来存有较大的差距，所以它在实施过程中难免会遇到突如其来的矛盾、意想不到的困难。如资金未到位、人员没配齐、物资不齐全、时间更改、地点转移、环境变化等。这些因素我们必须估计到，提出应变措施，并能浸透到方案的各环节之中。一旦情况出现，便可及时对已定方案进行修改、调整。这样既保证了原有意图在不同程度上得以实现，又避免了因策划案的夭折而造成重大损失。

5. 逻辑思维原则

营销策划的目的在于解决企业营销中出现的问题，制定解决方案，按照逻辑性思维的构思来编制策划书。首先是了解企业的现实状况，描述进行该策划的背景，分析当前市场状况以及目标市场，再把策划中心目的全盘托出；其次详细阐述策划内容；再次明确提出解决问题的对策；最后预测实施该策划方案的效果。

6. 创意新颖原则

营销策划方案应该是一个"金点子"，也就是说要求策划的点子（创意）与众不同、内容新颖别致，表现手段也要别出心裁，给人以全新的感受。新颖、奇特、与众不同的创意是策划书的核心内容。

1.4.3 营销策划书的撰写技巧

营销策划书和一般的报告文章有所不同，它对可信性、可操作性以及说服力的要求特别高，因此，运用撰写技巧提高可信性、可操作性以及说服力。这也是策划书撰写追求的目标。

1. 寻找一定的理论依据

欲提高策划内容的可信性，并使阅读者接受，就要为策划者的观点寻找理论依据。事实证明，这是一个事半功倍的有效办法。但是，理论依据要有对应关系，纯粹的理论堆砌不仅不能提高可信性，反而会给人脱离实际的感觉。

2. 适当举例

这里的举例是指通过正、反两方面的例子来证明自己的观点。在策划报告书中，适当地加入成功与失败的例子既能起调节结构的作用，又能增强说服力，可谓一举两得。这里要指出的是，举例以多举成功的例子为宜，选择一些国内外先进的经验与做法，以印证自己的观点是非常有效的。

3. 利用数字说明问题

策划报告书是一份指导企业实践的文件，其可靠程度如何是决策者首先要考虑的。报告书的内容不能留下查无凭据之嫌，任何一个论点均要有依据，而数字就是最好的依据。在报告书中利用各种绝对数和相对数来进行比照是绝对不可少的。要注意的是，数字需有出处，以证明其可靠性。

4. 运用图表帮助理解

运用图表能有助于阅读者理解策划的内容，同时图表能提高页面的美观性。图表的主要优点在于有着强烈的直观效果，因此，用其进行比较分析、概括归纳、辅助说明等非常有效。图表的另一优点是能调节阅读者的情绪，从而有利于对策划书的深刻理解。

5. 合理利用版面安排

策划书的视觉效果的优劣在一定程度上影响着策划效果的发挥。有效利用版面安排也是策划书撰写的技巧之一。版面安排包括打印的字体、字号、字距、行距以及插图和颜色等。如果整篇策划书的字体、字号完全一样，没有层次、主辅，那么这份策划书就会显得呆板，缺少生气。总之，良好的版面可以使策划书重点突出、层次分明。

应该说，随着文字处理的计算机化，这些工作是不难完成的。策划者可以先设计几种版面安排，通过比较分析，确定一种最好效果的设计，然后正式打印。

6. 注意细节、消灭差错

细节往往会被人忽视，但是对于策划书来说却是十分重要的。可以想象得出一份策划书中错字、漏字连续出现的话，读者怎么可能对策划者抱有好的印象呢？因此，对打印好的策划书要反复仔细地检查，特别是对于企业的名称、专业术语等更应仔细检查。另外，纸张的好坏、打印的质量等都会对策划书本身产生影响，所以也绝不能掉以轻心。

1.4.4 营销策划书的内容及撰写要求

1. 前言

南方黑芝麻实物
派发营销策划

前言的作用在于引起阅读者的注意和兴趣。前言的文字不能过长，一般不要超过一页，字数应控制在 1 000 字以内。其内容可以集中在以下几个方面：首先，可以简单介绍一下接受营销策划委托的情况。如 ×× 公司接受 ×× 公司的委托，就 ×× 年度的营业推广计划进行具体策划。其次要重点叙述为什么要进行这样一个策划，即把此策划的重要性和必要性表达清楚，这样就能吸引读者进一步去阅读正文。如果这个目的达到了，那么前言的作用也就被充分发挥出来了。最后部分可以就策划的概略情况，即策划的过程，以及策划实施后要达到的理想状态作简要的说明。

2. 目录

目录的作用是使营销策划书的结构一目了然，同时使阅读者能方便地查询营销策划书的内容。因此，营销策划书中的目录不宜省略。

如果营销策划书的内容篇幅不是很多的话，目录可以和前言同列一页。列目录时要注意的是：目录中所标页码不能和正文的页码有出入，否则会增加阅读者的麻烦。

因此，尽管目录位于策划书中的前列，但实际的操作往往是等策划书全部完成后，再根据策划书的内容与页码来编写目录。

3. 概要提示

为了使阅读者对营销策划内容有一个非常清晰的概念，使阅读者立刻对策划者的意图与观点予以理解，作为总结性的概要提示是必不可少的。换句话说，阅读者通过概要提示，可以大致理解策划内容的要点。

概要提示的撰写同样要求简明扼要，篇幅不能过长，可以控制在一页以内。另外，概要提示不是简单地把策划内容予以列举，而是要单独成一个系统，因此，遣词造句等都要仔细斟酌，要起到一滴水见大海的效果。

概要提示的撰写一般有两种方法，即在制作营销策划书正文前确定和在营销策划书正文结束后确定。这两种方法各有利弊。一般来说，前者可以使策划内容的正文撰写有条不紊地进行，从而能有效地防止正文撰写的离题或无中心化；后者简单易行，只要把策划书内容进行归纳、提炼就行。采用哪一种方法可由撰写者根据自己的情况来定。

4. 环境分析

这是营销策划的依据与基础，所有营销策划都是以环境分析为出发点。环境分析一般应在外部环境与内部环境中抓重点，描绘环境变化的轨迹，形成令人信服的依据资料。环境分析的整理要点是明了性和准确性。

明了性是指列举的数据和事实要有条理，使人能抓住重点。在具体做环境分析时，往往要收集大量的资料，但所收集资料并不一定都要放到策划书的环境分析中去，因为过于庞大、复杂的资料往往会减弱阅读者的阅读兴趣。如果确实需要列入大量资料，可以用"参考资料"的名义列在最后的附录里。因此，做到分析的明了性是策划者必须牢记的一个原则。

准确性是指分析要符合客观实际，不能有太多的主观臆断。任何一个带有结论性的说明或观点都必须建立在客观事实基础上，这也是衡量策划者水平高低的标准之一。

5. 机会分析

可以把这一部分和前面的环境分析看作一个整体。实际上，在很多场合，一些营销策划书也确实是如此处理的。营销策划人员要从上面的环境分析中归纳出企业的机会与威胁、优势与劣势，然后找出企业存在的真正问题与潜力，为后面的方案制定打下基础。企业的机会与威胁一般通过外部环境的分析来把握；企业的优势与劣势一般通过内部环境的分析来把握。在确定了机会与威胁、优势与劣势之后，再根据对市场运动轨迹的预测，就可以大致找到企业问题所在了。

6. 战略及行动方案

这是策划书中最主要的部分。在撰写这部分内容时，必须非常清楚地提出营销目标、营销战略与具体行动方案。这里可以用医生为病人诊断的例子来说明。医生在询问病情、查看脸色、把脉以及进行各种常规检查后（这可以看作进行环境分析和机会分析），必须对病人提出治疗的方案。医生要根据病人的具体情况为其设定理想的健康目标（如同营销目标）、依据健康目标制定具体的治疗方案（如同营销战略与行动方案）。因此，对症下药及因人制宜是治疗的基本原则。因人制宜是指要根据病人的健康状况即承受能力下药，药下得太猛，病人承受不了，则适得其反。在制定营销战略及行动方案时，同样要遵循上述两个基本原则。常言道："欲速则不达。"在这里特别要注意的是避免人为提高营销目标以及制定脱离实际难以施行的行动方案。可操作性是衡量此部分内容的主要标准。在制定营销方案的同时，必须制定出一个时间表作为补充，以使行动方案更具可操作性。此举还可提高策划的可信度。

7. 营销成本

营销费用的测算不能马虎，要有根据。像电台广告、报纸广告的费用等最好列出具体价目表，以示准确。如价目表过细，可作为附录列在最后。在列成本时要区分不同的项目费用，既不能太粗，又不能太细。用列表的方法标出营销费用也是经常被运用的，其优点是醒目。

8. 行动方案控制

此部分的内容不用写得太详细，只要写清楚对方案的实施过程的管理方法与措施即可。另外，由谁实施也要在这里提出意见。总之，对行动方案控制的设计要有利于决策的组织与施行。

9. 结束语

结束语主要起到与前言的呼应作用，使策划书有一个圆满的结束，而不致使人感到太突然。结束语中再重复一下主要观点并突出要点是常见的。

10. 附录

附录的作用在于提供策划客观性的证明。因此，凡是有助于阅读者对策划内容的理解、信任的资料都可以考虑列入附录。但是，为了突出重点，可列可不列的资料还是不列为宜。作为附录的另一种形式是提供原始资料，如消费者问卷的样本、座谈会原始照片等图像资料等。作为附录也要标明顺序，以便查找。

小试牛刀1-4：制定车载婴孩安全座椅营销策划初步方案

背景资料：小陈向父亲说明了他的总体思路步骤，即先做H地区高校教师市场，成功后再全面推向整个H地区，并将自己制定的策划工作步骤流程内容和每一步策划的关键点与父亲进行了充分交流、沟通。父亲赞同小陈的总体思路，并且认同小陈的初步策划内容。确定了明确的前期准备工作步骤思路后，接下来小陈打算正式开展营销策划工作。

分析与执行：小陈首先对整个H地区高校教师市场进行了全面的市场调研，在此基础上进行了市场环境、行业环境、竞争情况、消费者、产品卖点和SWOT的初步分析，然后设定了推广的目标，提出了推广的指导思想、推广的主要区域、对象和初步的市场定位，同时提出了推广中4P组合的策划及主要的营销主题活动。小陈将这一份提纲式的营销策划初步方案给父亲审阅，等与父亲讨论认可后再进行整个方案的细化、修改和完善。

操练记录：

××车载婴孩安全椅H地区高校教师市场推广策划方案

阅读下面的案例，完成案例后的分析任务。

新媒体营销策划方案

随着时代的发展，传统的宣传与营销手段已经无法满足企业巨大的发展需求，而新兴网络媒介的涌现为企业的发展提供了新的契机，也为新媒体营销手段提出更高的要求。

新媒体营销扮演什么角色？如何定目标，做预算，写推广方案？

一、新媒体运营的系统化理解

首先对运营应有系统化了解，参考图1-11。

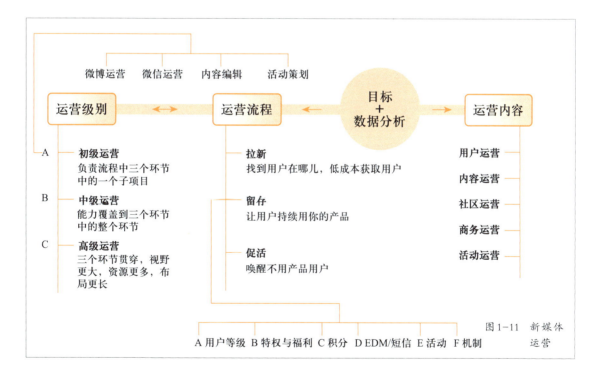

图1-11 新媒体运营

新媒体运营就是利用微信、微博、贴吧等新兴媒体平台进行品牌推广、产品营销的运营方式。通过策划与品牌相关的优质、具有高度传播性的内容和线上活动，向客户广泛或者精准推送消息，提高用户参与度和品牌知名度，从而充分利用粉丝经济，达到相应营销目的。

微博、微信、贴吧等平台运营只是新媒体运营中的一个子集，而新媒体运营又是整个系统运营中另外一个子集，明白这个关系可以更好地理解新媒体运营到底扮演什么角色。

新媒体运营根据运营级别可划分为：初级运营、中级运营、高级运营。

初级运营负责流程中三个环节中的一个子项目，如微博运营、微信运营、内容编辑、活动策划等。

中级运营能力覆盖到三个环节中的整个环节。

高级运营在三个环节中贯穿，视野更大，资源更多，布局更长。

新媒体运营根据运营流程可划分为：拉新（找到用户在哪儿，低成本获取用户），留存（让用户持续用你的产品），促活（唤醒不用产品用户）。

新媒体运营根据运营内容可划分为：用户运营、内容运营、社区运营、商务运营、活动运营等。

二、制定目标

一般来说，制定目标参考以下几个原则：

（1）如果能直接从第三方平台上获取数据作为目标，就直接以后台目标数据值为参考，比如微信、微博。不要使用太多数据定义或计算公式，这样省事又直观，也可以避免因对数据定义理解偏差而产生误会。

（2）第三方平台无法给你呈现数据作为目标引导，可以交付给技术部门去做统计报表系统来做监控。可先从日指标下手，再延伸到周、月、季、年去做统计。比如服务号的注册用户、订单量、订单转化率、客单价等。

（3）团队需要有一个终极目标。比如对于O2O的项目来讲，团队的终极目标就是日订单量；比如对于一个工具型App，团队的终极目标是日活跃率。

（4）各部门对目标进行分解。目标可以分为两种：第一是事务目标，如每周若干篇内容，其中2~3篇做原创。第二是结果目标，如微博曝光量、粉丝较上月的增长比例（早期基数低，可以设定每月50%~100%增长的目标，后期可以适当减少到10%~20%）；微信的文章打开率约为15%，转发率约为5%（这是大部分公号的平均高值）。

（5）目标设置不能太宽范，要有具体数字，比如：设置当月目标为日均新增激活8 000人左右，注册转化率40%（建议略高于原本的期望值，效果会更好），对那种"提高了品牌曝光度""增加了用户黏性"这种陈述性语句最好不要采用。提高品牌曝光度改为百度指数上升多少？增加用户黏性改为产品活跃度提高多少？

这里以一个O2O生活服务号为案例制定推广目标：

注册用户：日新增注册用户，总注册用户

活跃用户：日活跃率 = 当天活动用户 / 总用户

日订单量：日订单转化率 = 订单成交量 / 总访问用户（保底8%）

日客单价 = 日总成交价格 / 总成交单数

三、费用预算

根据推广方案做预算，根据每个推广周期涉及的推广细项做预算，预算最好越精细越好，从而使可控性更强，执行效果更明显，如表1-2所示。

表1-2　不同推广周期推广细项预算表

	渠　道	费　用
种子用户期	注册消费券	
	推荐消费券	
	充值即送	
	活动推广	
	活动奖品	
	DM宣传单	
	广告衫	
	帆布袋	
	地推卡	
初始用户期	微信红包	
	注册消费券	
	推荐消费券	
	充值即送	
	微博转发	
	本地社区投放	
	微信转发	
	活动策划	
品牌推广期	地面推广	
	本地O2O及App合作推广	
	参加展会	
	加入联盟	

另外，新媒体运营是为达到所设定目标而做的高效、系统的协调工作，所以建议关注、学习、钻研与之相关的体系，来建设自己的系统；而不是只把关注点放在预算、刊例、性价比这些公司、老板关心的问题上。

四、撰写方案

下面以本地生活服务号为案例展开描述，其中涉及一些具体的实操手段，其他类型应用可以借鉴参考。

1. 推广整体策略（方法 + 执行力）

团队以总目标为主线，分解到各部门。

测试最有效推广方法，集中优势资源在一个可能爆发的点上，不断放大，不断分析，直到引爆。

目标消费者集中出现在哪里，市场推广就集中在哪里出现。

2. 种子用户期

1 000 名种子粉丝，为期一个月，区域内可控。

（1）种子用户特征：经常互动，帮你在朋友圈转发，帮你主动在 QQ 群、微信群推广公众号，种子用户会经常对你的公众号提供有效意见和建议。

（2）推广方法。邀请行业内朋友、同事和合作伙伴参与推广，在商圈、小区、学校、写字楼发放广告；同时请行业内朋友、同事和合作伙伴发动身边的同事、朋友和合作伙伴参加体验活动。

（3）活动邀请。策划"大家来找茬"游戏，设计产品体验调查问卷融入游戏中，注册就送 10 元优惠券，推荐也送 10 元优惠券，评选出最佳粉丝，粉丝截止到 1 000 名，为期 1 个月。

微信群管理：建立两个 500 人微信群，管理种子用户，收集产品用户意见。

3. 初始用户期

50 000 名种子粉丝，为期 3 个月。

初始用户期要去尝试各种推广渠道，找到最擅长的渠道，让粉丝每天自然增长，最终完成目标。

拥有渠道的好处是，每天都能获得稳定的粉丝，而不是一天进 500 名粉丝，再过 3 天就没有粉丝关注。

以下方法是团队实战的一些总结，可以借鉴操作：

（1）微博引流。由于市场定位在本地，所以前期推广时应尽可能收集所有本地热门微博，通过推广官方微博，与这些本地微博建立互动合作，活动期间就可转发引流。

由于微博的媒体属性比较强，是以点到面推广，不属于微信生态圈内，效果也比较弱。当然，前期已经有一定粉丝基础的微博，从微博到微信的引流已经获得了很大红利。

（2）加群引流。每个号加 500 个本地微信群，群内不直接推广告，只是加强互动。

推广告的时候，发群内红包。

在活动时期，群内群发，并加红包。

具体操作技巧如下：

第一，发动你身边朋友、同事和合作伙伴，让他们拉你入群。

第二，当积累了一定的微信群后，可以与本地运营商互换群。

第三，筛选出活跃度较高的群置顶，下沉广告群，群内经常互动，与群主经常沟通，质量高的微信群可以考虑商务合作。

（3）小号引流。注册 10 个小号（共可加 50 000 名私人粉丝），针对本地区域加粉丝，每天每个小号加粉丝 50 名，3 个月内完成，团队分 3 组，每个人负责 3 个。

具体操作技巧如下：

第一，可赋予小号一定的标签：如你是 1992 年出生的未婚女生，从事互联网行业客服工作，居住地为厦门某处等。

第二，不要有广告嫌疑，每加一人，要作自我介绍。

第三，在朋友圈定时分享生活趣事。必要时插入服务号广告活动，每周定时在朋友圈进行互动交流。

第四，对于传播力比较强的粉丝，可以私聊互动。

第五，从所加群内添加粉丝引流，加人前先在群内进行互动交流，找主题，特别是活跃度高的群，加粉成功率更高。

（4）自建官方微信群。每个号自建 100 个官方群，对每个群自定义标签，如种子用户群、活动群、产品试用群等。

步骤一：明确建群的目的，建立群规章制度。

步骤二：配官方客服，围绕群主题定期互动，解决问题。

步骤三：发展一些意见领袖做帮手，共同发展群，必要时给与物质上激励。

（5）活动策划。活动按一周一次频率来执行，加强用户的记忆习惯，以利于传播分享。执行以下活动时，团队要参与进来。

活动礼品：优惠券、大礼包（消费券＋帆布袋＋记事本＋广告衫等）、活动奖品、微信红包。

活动一：派发微信红包，将粉丝拉入微信小号，建立微信群，开始发红包。

活动二：注册就送 10 元优惠券，推荐就送 10 元优惠券，充值 100 元送 20 元。

活动三：关注赢好礼，扫扫送礼品，微信预定享折扣。

活动四：微信答题。提出的问题最好和服务号相关，让用户在你网站上找相关答案，加深对服务号的印象，加强服务号品牌的认知度。这个可以参考一号店的一些微信活动的做法。

活动五：转发有奖。可在微博微信发起转发活动，转发就送礼。

（6）本地公众号、微博、社区、网站等渠道投放。活动执行时，可以在本地公众号、微博、社区等渠道投放，随时监控投放效果。如厦门地方社区小鱼网，在活动开始时，其 BD 会负责洽谈网站、微信、微博三个媒体的广告合作或联合推广事宜。

4. 品牌推广期

10 万名种子粉丝，为期 3 个月。

（1）继续"初始用户期"推广方法稳定获取每天流量。

（2）与本地 O2O 服务号或 APP 合作。经过初期推广后，已经积累了一定粉丝量，可以与本地 O2O 或 APP 一起合作推广。

（3）地面推广。可以有针对性地与商场、学校、社区等商圈合作，进行线下活动策划推广。

（4）参加行业性会议展览，可以通过参加一些行业性会议展览，带上二维码，做好微信营销方案，到展会或者会议上与客户和合作伙伴交流，推荐微信公众号。

（5）加入联盟。加入本地电商企业联盟、行业联盟、O2O 联盟等，进行产品分享，提高服务号在本地品牌中的知名度。

5. 公共关系

把公共关系独立出来，是因为项目从立项开始，公共关系就已经在预热了，在推广的每个阶段都需要公共关系的渗透。

作为初创公司，实施公共关系时需要把公司每一个阶段的方向都了解透彻，然后学会向市场、投资人、用户传递一个有力的声音，这个声音并不是生硬的广而告之，而是抛出一个话题让大家对你的故事感兴趣，并带动大家把兴趣引到产品上，最好形成行业的热议话题。关于公共关系的实施有以下几个策略：

1. 用日常稿件保持稳定的曝光

定期做一张传播规划表，每个月要根据公司和产品的变化来决定该向外界传递什么声音，恰当的表达和持续的内容产出会让公司的曝光度及行业的关注度逐步提升。

2. 维护好已有的媒体资源，积极扩展新资源

对于自己原来熟识的记者和媒体，要保持沟通和交流，告诉他们，我们的团队在做什么事。只有反复的沟通，才会让故事的闪光点抓住人心。而作为公共关系人员也更能及时察觉媒体关注的兴趣点，为下一次的报道做好充分的准备工作。

在创业公司对公共关系的经费并不是非常充足的情况下，需要仔细去分析，在什么样的发展阶段，需要利用什么样的途径和资源去支撑公司的发展战略。所以对自己的要求是每周都有计划地去拓展一些新的媒体资源，这样能为之后做事件输出时能有合适的渠道来支撑。

3. 选择的渠道决定了传播的效果

讲什么故事，用哪种方式呈现传播效果会最佳？这对于传播渠道的选择十分重要。比如对于公司创始人的一些采访，可能更倾向于行业及财经相关的权重高的纸媒，有利于大面积的带动传播；对于产品的发声，更倾向于科技类的新媒体，在行业内能引起更快速的关注力；而对于事件话题性的新闻，则适合选择大型门户类网站。

对于自媒体领域，实力参差不齐，选择有中立观点和实力派的自媒体发声，不失为好的选择。但是对创业公司来说，并不是性价比最高的。而对于电视媒体，选择对和你潜在用户相吻合的节目，是一个能快速让产品知晓度呈爆发式增长的途径。

4. 要做好对营销传播效果的评估

这些可能包括人群的覆盖率、点击量、阅读量和点赞量等。每一次的数据，都会告诉你下一次的内容应该怎样做得更好。而公共关系作为连接内外的桥梁，最好也要藏身于用户中间，在深度沟通中强调品牌的个性。

（资料来源：趣营销网。）

问题：

根据所学知识，结合本案例请梳理新媒体营销策划的新媒体运营、目标确定、费用预算、推广方案策划及撰写思路。

分析步骤：

第一步：分析新媒体运营的概念内容：_____。

第二步：新媒体营销策划目标设定的方法：_____。

第三步：新媒体营销策划费用预算的方法：_____。

第四步：新媒体营销策划方案撰写的内容：_____。

照 猫画虎 <<<<<<<<<<<<<<<<<<<<<<<<<<<<<<<<<<<<<<<<<<

团队项目公司组建和项目选择

一、实训目标

1. 能组建项目团队；

2. 能选择适合本团队的实训项目；

3. 能注册一家模拟公司、创意策划公司的 LOGO；

4. 能策划团队名称、理念口号；

5. 能进行项目运作和营销策划的思路设计。

二、环境要求

1. 具有上网功能的计算机；
2. 多媒体教室。

三、实训背景

小张是营销专业的高职学生，进大学以来就一直想参与创业活动，听说本学期的"营销策划"课以团队项目的形式开展实战性实训，小张很高兴，认为借助课程的实训可以结合自己的创业梦想。于是按照老师的要求，与几个志趣相投的同学组建了项目团队，选择了自己一直想创业的产品项目，并注册了团队项目模拟公司，打算真枪实战地开展产品项目的市场营销工作。

四、实训要求

按照教师设定的原则、条件组建项目团队，各项目团队在教师指导下从服装、快消品、奢侈品、家电、医药保健品五个领域内或教师规定的具体项目中选择本团队的策划项目，并注册一家与本团队项目相匹配的模拟公司，为本课程一系列的实训做好全面的准备工作。为此，本实训需要完成下列任务：

1. 组建项目团队；
2. 选举团队负责人（小组长）；
3. 策划本团队名称、理念口号；
4. 选择适合本团队的实训项目；
5. 注册一家模拟公司及创意策划公司的 LOGO；
6. 介绍本团队组队情况、团队名称、团队理念口号和所选项目；
7. 分享团队项目运作和初步的营销策划思路。

五、实训步骤

步骤一：组建项目团队

在教师的指导下全班学生组建 5~8 人的项目团队，具体组建方法选择以下方法之一。

1. 随机组队。

教师课前根据全班学生人数确定需要组建的项目团队总数，将团队逐一编号，课堂上让每个学生抽签，所抽到的号码就是学生对应的项目团队编号。

2. 教师分配组队。

由任课教师在课前直接安排组建团队。

3. 自由组队。

根据教师规定的项目团队人数，课堂上学生自行组建团队，最后不能组建团队的学生，或人数未能达到要求的团队，由老师沟通、协调安排或重组团队。

步骤二：选举项目团队组长

各项目团队在 10 分钟内进行沟通，并选举出本团队的组长。

步骤三：策划团队名称和团队口号

团队组长召集团队成员一起充分沟通、商讨，策划一个团队名称和一句团队口号。

步骤四：选择团队项目

各项目团队从服装、快消品、奢侈品、家电、医药保健品五个领域内选择教师事先给定的具体团队实训项目，各项目团队也可在教师指导下在以上五个领域内寻找并确定一个适合本团队的具体实训项目。

步骤五：创立团队模拟公司

各项目团队通过网络查询有限公司注册成立的相关条件、程序内容后，商量策划5个公司名称（例如"杭州万有电子商务有限公司"），公司名称要与所选的团队项目在行业特点或经营业务方面相匹配，并在网上查询确认公司名称的唯一性，最后由教师审核确定团队最终的模拟公司名称。

步骤六：策划本团队模拟公司 LOGO

团队组长召集团队成员一起充分沟通、商讨、创意策划模拟公司的LOGO，并在课后制作完成 LOGO。

步骤七：团队誓师分享

以团队为单位，以组长为主，其他人可补充，上讲台展示团队情况（团队口号、公司名称和 LOGO 等），分享和介绍团队项目情况、团队的思路和打算等。教师总结点评，其他团队随机点评。

六、注意事项

1. 各小组成员应熟练掌握营销策划的思维、原则、内容、步骤、程序、方法，充分了解创立有限责任公司的条件、程序和要求；并熟悉所选项目的行业情况。

2. 各小组应充分交流合作、合理分工、互相讨论、互相启发，整合思路，探索完成团队组建、模拟公司注册和团队项目选择。

七、实训报告

1. 各团队完成并提交以下实训报告的打印稿和电子稿。

实 训 报 告

团队名称：
团队口号：

续表

团队组长： 团队成员：
团队项目名称： 项目情况说明：
团队模拟公司名称：
其他说明：

2. 各团队完成并提交本团队模拟公司的 LOGO 创意草图和打印图。

八、评价与总结

1. 小组自评；

2. 小组成果展示介绍；

3. 组间互评；

4. 教师对团队总评（根据各组成果的优缺点，有针对性地点评，启发学生的创新思维；对各组普遍存在的问题进行重点分析；针对各团队具体项目的策划提出重点要注意的问题）。

<<<<<<<<<<<<<  <<<<<<<<<<<<<<<<<<<<<<<<<<<<<<<<<<<<<<<<<

（一）单选题

1. 市场营销策划的一般过程中首先实施的是（　　　）。

　　A. 制定营销战略　　　　B. 制定行动方案

　　C. 市场调查　　　　　　D. 预测效益

2. 营销策划创新主要是对（　　　）的创新。

A. 产品　　　　　　　　　　B. 营销策略和营销理念

C. 技术　　　　　　　　　　D. 企业管理

3.（　　　）是指营销策划必须以最小的投入产生最大的收益。

A. 经济性原则　　　　　　　B. 系统性原则

C. 创新性原则　　　　　　　D. 可行性原则

4.（　　　）是一种刺激大脑、激发思考能力而且是产生创意的方法。

A. 转换创意法　　　　　　　B. 激荡创意法

C. 组合创意法　　　　　　　D. 移植创意法

5.（　　　）是营销策划书中的最主要部分。

A. 战略及行动方案　　　　　B. 费用预算

C. SWOT 分析　　　　　　　D. 营销目标

（二）多选题

1. 营销策划的基本特点是（　　　　　）。

A. 营销策划是创新思维的科学

B. 营销策划是市场营销系统工程

C. 营销策划是具有可操作性的实践科学

D. 营销策划是一种经营哲学，是市场营销的方法论

2. 下列属于市场营销策划方法的是（　　　　　）。

A. 点子法　　　　　　　　　B. 创意法

C. 谋略法　　　　　　　　　D. 运筹学法

3. 市场营销策划的基本原则是（　　　　　）。

A. 战略性与系统性原则　　　B. 信息性与创新性原则

C. 时机性与权变性原则　　　D. 可操作性与效益性原则

4. 营销创新策划是指企业用（　　　　　）对企业营销活动的战略与策略组合进行重新设计、选择、实施与评价。

A. 新资源　　　　　　　　　B. 新观念

C. 新技术　　　　　　　　　D. 新方法

E. 新材料

5. 营销策划创意的基本原理包括（　　　　　）。

A. 创意的表象　　　　　　　B. 创意的意念

C. 创意的意象　　　　　　　D. 创意的意境

E. 创意的印象

（三）简答题

1. 策划的要素构成有哪些？

2. 简述营销策划的特点。

3. 简述营销战略策划的内容。

4. 简述营销策划的常用方法。

能力测评

📋 专业能力自评

	能/否掌握	专 业 能 力
通过学习本模块，你		营销策划的内容
		营销策划的常用方法
		营销策划创意设计
		营销策划书的框架内容
通过学习本模块，你还		

注："能/否"栏填"能"或"否"。

🔍 核心能力与商业文化素养自评

	核 心 能 力	有 无 提 高
通过学习本模块，你的	观察思考能力	
	表达能力	
	学习能力	
	团队合作能力	
	创新能力	
通过学习本模块，你认识到的商业文化与素养	诚信	
自评人（签名）：　　　　　年　　月　　日		教师（签名）　　　　　年　　月　　日

注："有无提高"栏可填写"明显提高""有所提高""没有提高"。

【知识目标】

通过本模块的学习，深入理解调研策划，调研执行，调研结果归纳、梳理和分析的重点、难点和关键点；初步掌握具体项目的调研策划、调研执行、调研结果分析、撰写调研报告的程序步骤、方法和技巧；掌握撰写调研策划文案和调研报告的技巧。

【技能目标】

通过本模块的训练，能够策划、撰写完整的项目市场调研策划方案（包括问卷和访谈提纲设计）；能够制定详细可行的市场调研执行计划并以团队合作为基础实施调研。在此基础上，能够梳理、归纳、分析调研资料并撰写调研报告。

【素养目标】

通过本模块的学习与训练，培养做事认真、负责、积极、主动，能吃苦耐劳，善于合作和创新的精神。

【思维导图】

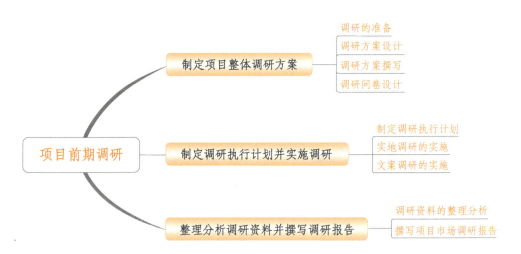

项目前期调研

- 制定项目整体调研方案
  - 调研的准备
  - 调研方案设计
  - 调研方案撰写
  - 调研问卷设计
- 制定调研执行计划并实施调研
  - 制定调研执行计划
  - 实地调研的实施
  - 文案调研的实施
- 整理分析调研资料并撰写调研报告
  - 调研资料的整理分析
  - 撰写项目市场调研报告

导入案例　楼外楼如何进行市场调研？

　　杭州楼外楼餐馆，位于杭州市西湖孤山路30号，是杭州市区最有特色的传统名菜馆之一。该餐馆紧邻西湖，与中山公园、西泠印社相邻。相传创建于清朝道光二十八年（1848年），为杭州最具特色的著名菜馆之一。楼外楼被原国内贸易部评定为"中华老字号"。

　　楼外楼不仅菜肴做得有名，其生产的中秋月饼在华东市场也十分畅销。但近年来随着市场竞争的加剧，再加上消费者的消费观念、口味的变化比较快，所以每年中秋节之前，楼外楼必须开展一次有针对性的市场调研，作为推出月饼新产品的重要决策依据之一。

　　想一想：

　　1. 楼外楼市场调研的主要目标对象有：_____、_____、_____、_____、_____。

　　2. 采用的调研方法有：_____、_____、_____、_____。

　　3. 对消费者的调研中，应以男士为主还是以女士为主？为什么？

2.1　制定项目整体调研方案

2.1.1　调研的准备

1. 确定调研的必要性

并非每一项调研都有执行的必要。因此，进行市场调研策划的首要环节就是确定调研是否有必要。首先，弄清楚收集信息的原因；其次，明确企业是否已经拥有所需信息，是否有充裕的时间进行调研，资金是否充足并权衡收益与成本的关系；最后，分析信息可获得程度的高低。

2. 确定调研主题

在分析调研的必要性后就要对调研的问题及主题加以确定。确定市场调研主题包括确定营销管理决策问题和具体的市场调研问题这两个既不相同但又密切联系的层面。营销管理决策问题是企业决策者在企业经营管理中面临的问题，它所要解决的是"什么是决策者所要做的"问题。市场调研问题所要解决

楼外楼如何进行

市场调研？

的是"什么信息是所需要的，如何获取这些信息"的问题，它以信息为导向，包括判断需要获得什么信息，以及如何获得最大效益和效率。

3. 确定调研目标

调研问题确定过程的最终结果就是形成调研目标，所有为调研项目投入的时间及成本都是为了实现既定的调研目标。调研目标是调研项目进展的指导方针，是评价调研质量的尺度。因此，调研目标必须尽可能准确、具体并切实可行。为了保证调研结果的实用性和正确性，必须确定具体的调研目标。

2.1.2 调研方案设计

市场调研方案的设计是市场调研的第一步实质性工作。它的正确与否，直接影响调研问卷的设计是否合理，调研执行是否顺利、高效，进而影响最后调研的结果是否正确、有效，能否为企业制定营销策略提供正确的市场信息。所以说，正确地编制调研方案和调研计划是整个调研活动取得成功的基础。

1. 调研方案设计的步骤内容

调研方案设计的步骤内容如图 2-1 所示。

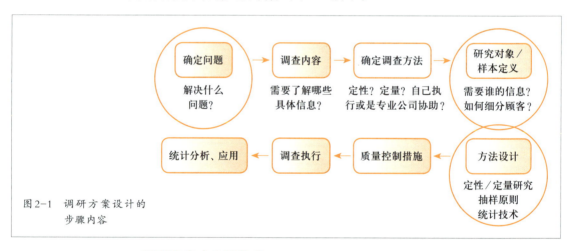

图 2-1 调研方案设计的步骤内容

2. 调研方案内容的构成

一个完善而系统的调研方案一般包括调研背景、调研目的、调研内容、调研对象和调研区域的选择、抽样方法与样本量设计、调研方法选择、费用预算和日程安排。如图 2-2 所示。

图 2-2 调研方案内容的构成

（1）调研背景。调研背景是对本次调研工作开展的原因、必要性的大致介绍和总体概括。内容要点包括：简要描述行业大背景，阐明行业历史、现状及发展趋势。

另外，还需分析本企业（产品）市场现状、有利因素和不利因素，导出市场分析研究的必要性和目的。

（2）调研目的。调研目的部分主要是针对特定市场或特定产品而进行的，它包括调研涉及的各个细节点。简而言之，即为什么要做调研。

研究的目的一般先是针对企业目前所面临的内部环境和外部环境进行科学、系统、细致的分析，找出存在的主要问题，同时寻求解决问题的突破口；其次是在第一步的基础上，运用现代市场营销理论和策划经验，为企业下一步的营销策略提供总体思路和具体建议。以下是更加具体化的调研目的：

① 全面了解本行业市场基本状况、本品牌市场现状，为公司制定宏观决策提供科学依据和技术支持。

② 全面了解本产品的营销现状，以及相对于竞争者的市场优势与市场障碍。

③ 全面把握本品牌在消费者心中的知名度、渗透率、美誉度和忠诚度；了解不同层次消费者的消费观念、消费行为和消费心理，以及影响他们购买决策行为的各因素，为调整品牌营销策略及进行品牌延伸提供科学依据。

④ 全面了解目标地区产品经销商尤其是本品牌经销商以及对本产品、品牌、营销方式、营销策略的看法、意见与建议。同时，查清本产品的销售网络状态、销售政策、销售管理状态。

⑤ 了解目标市场零售层面状况，主要包括零售商对其所销售产品及品牌的看法，消费者对产品及品牌的偏好，过去几年里市场的转变以及对市场前景的预测。同时对当地市场价格结构、各品牌的信用政策、促销手段有感性认识，为制定适应零售市场的销售政策及强化营销管理打好基础。

⑥ 全面了解企业内部营销人员、各阶层管理人员、普通员工对本产品、品牌、营销战略、营销策略、营销方式、企业管理等方面的看法、意见与建议。

⑦ 了解媒体发布的相关情况。主要内容包括媒体选择、栏目选择、发布时间、相应费用、覆盖范围及效果测试等内容。

在实现以上目标的基础上，总结出对本产品的市场营销建议，为公司革新营销策略、提高竞争能力、扩大市场占有率提供决策支持。

（3）调研内容。

① 消费者调查。主要调研：消费心理、消费动机、消费决策及行为特性；消费观念、消费者的媒介喜好状态；消费者对行业、产品了解程度（包括功

案例
调研策划案例
2：飞毛腿跑腿
业务杭州市场需
求情况调研策划
方案

调研方案内容构
成

能、特点、价格、包装等）；消费者对品牌的意识、对本品牌及竞争品牌的观念及行为差异；消费者（尤其是本产品消费者）分布及特性（地域、年龄、收入、职业）；等等。

杭州正大青春宝永真片项目消费者调研

正大青春宝永真片为保健品，目标消费者为中老年人，调研实施地点为杭州。在问卷的设计上，就要结合产品和地域的特点，灵活设计。问题应包括以下内容：调研对象的年龄、家庭成员情况、收入状况、学历、职业等个人资料；用过哪些保健品、在哪里买、由谁买、有哪些影响因素和选择因素；消费者对保健品的价格承受情况、消费者的期望价格、消费者对包装和促销等因素的喜好程度等。对某些问题还可以进一步展开，以便了解到更加全面、完整、细致的信息。

② 经销商调查。主要调研：经销商对本行业及几大主要品牌的看法；经销商对本产品、品牌、营销方式、营销策略的看法、意见和建议；本产品的经销网络状态；本产品主要竞争者的经销网络状态；等等。

千年舟装饰材料调研项目

千年舟装饰材料主要包括细木工板、贴面板、指接板等装饰材料，对经销商的调研就应包括：经销商对贴面板行业及几个大型贴面板厂家的认识，对千年舟装饰材料的产品、企业、销售政策、营销策略等各个方面的看法、意见和建议，经销商的覆盖区域、销售网络的建设，主要竞争对手的各项情况。

③ 零售店调查。主要调研：各品牌销售对象、销售业绩；各品牌进货渠道、方式；各品牌 POP 广告认知和态度；消费者的购买行为，品牌偏好；各品牌促销认知和态度；等等。

千年舟装饰材料调研

千年舟装饰材料项目要对零售商了解以下情况：某店销售贴面板的主要

品牌、品种及销售份额，各品牌的进货渠道、方式、价格，各品牌的广告和促销情况，消费者的构成情况（性别、年龄、收入、学历、职业）、购买行为的决策和影响因素，对广告和促销活动的认知情况，以及购买情况。

④ 媒体调查。包括相关栏目播放内容、时间、相应费用；媒体覆盖范围、消费对象；收视率等效果测试。

A. 广告效果调查。主要调查：受众对广告内容的意见、广告内容的反应、广告内容的信任程度、广告文案的记忆、广告标题与商标的记忆、广告图案的记忆等。

B. 电视收视率调查。主要调查：电视机拥有者的家庭收入、成员开机率；籍贯及地区开机率；各台各节目收视率；性别、年龄的收视率；职业、教育的收视率；等等。

C. 媒体接触率调查。主要调查：受众对各媒体的接触率、各媒体的接触动机、各媒体的接触时间、各媒体的接触阶层、各媒体的内容反应、各媒体的信任程度等。

D. 报纸、杂志阅读率调查。主要调查：读者阅读的注意率、阅读的联想率、阅读的精读率、读者对产品厂牌了解程度、标题引句了解程度、文句图案了解程度。

⑤ 宏观背景调查。

A. 市场容量与潜力；

B. 行业营销特点；

C. 行业竞争状况；

D. 市场的品种优劣势及品种发展趋势；

E. 市场的经济及人文环境。

⑥ 竞争者调查。

A. 主要竞争者的产品与品牌优劣势；

B. 主要竞争者的营销方式与营销策略；

C. 主要竞争者的市场概况；

D. 主要竞争企业的管理模式；

E. 主要竞争对手的促销手段和内容，从中吸取成功的经验和失败的教训。

⑦ 特殊对象。像一些半制成品，如钢材、装饰板材，以及一些特殊商品，如药品、汽车、房地产等，它们往往要面对一些特殊渠道和涉及一些特殊对象，如医院、政府相关管理部门。在对这些产品进行市场调研时，这些特殊对象必须予以考虑。

（4）调研对象和调研区域的选择。在市场调研的过程中，对于调研对象的选择非常关键。因为调研对象的选择，直接关系到调研结果的合理性。市场调研对象的选择首先应该注意多元化。多元化是市场调研对象选择过程中一个很重要的原则。也就是说，在我们选择调研对象的时候，应尽可能选择那些具有不同特点的调研对象类别，然后在每一类当中选择合适数量的对象。

选择、确定市场调研对象时还应该注意所选调研对象的态度，因为很多调研对象往往会抱着一颗应付的心理完成调研，对调研的合理性会产生非常大的影响。所以调研所获得的数据是否可取，很大的程度上取决于调研对象是否抱着一种认真的态度完成调研。

调研区域的选择一般以所选定的调研对象分布的区域为主。调研区域的选择在很大程度上决定了调研结果的代表性，更会影响宏观决策的准确性，必须给予慎重考虑。一般研究区域的选定是与客户的产品销售市场策略紧密相连的，在选择研究区域的考虑中，我们要参考以下原则进行：

① 在公司当前所管辖的销售范围内选择。

② 选择不同省份、不同层次的消费群体和市场区域来研究。

③ 参考本产品在各地区的市场表现来选择。譬如选择一些本产品表现好的地区，也选择一些表现一般或不好的地区；选择一些销售较稳定的地区，也选择一些销售状况越发严峻的地区。总之，要了解导致不同市场表现的原因，以及对不同市场区域可以采用的不同策略。

④ 综合各城市的经济、社会、文化水平差异，来选择能代表不同层次的研究地区。

（5）抽样方法与样本量设计。抽样调查就是从研究对象的整体中选出一部分代表加以调查研究，然后用所得结果推论和说明总体的特性。

抽样调查分概率抽样和非概率抽样两种类型。概率抽样包括简单随机抽样、分层抽样、整群抽样、系统抽样、多阶段抽样等。非概率抽样包括滚雪球抽样、偶遇抽样、主观抽样、配额抽样、空间抽样等。

① 设计原则和依据。对于抽样调查而言，调查结果在样本总体中的代表性是非常重要的。实际上，抽样调查结果的代表性取决于抽样方法和样本量（或样本规模）两个方面。在同样的样本量下，抽样方法或样本选取越随机，调查结果的代表性就越好，反之就越差；同样，在抽样方法确定后，样本量越大，调查结果的代表性就越好，反之就越差。在现实的市场调研项目中，理想的随机抽样是不可能的，目前在市场研究行业中的随机抽样是指等距抽样或系统抽样，是一种简化了的随机抽样。对于样本量，由于与调研费用直接相关，所以在预算范围内，样本量也不是可任意增大的。因此，通常一种比较可行的方案是既要能满足数据对准确性的要求，又要合乎预算要求。表 2-1 是在随机抽样条件下的数据准确性（即抽样误差）在 95% 的置信度下与样本量的关系。

表2-1 随机抽样条件下的数据准确性与样本量的关系比较

样 本 量	抽 样 误 差
50	±13.9%
80	±11.0%
100	±9.8%
150	±8.0%
200	±6.9%
250	±6.2%
300	±5.7%
350	±5.2%
400	±4.9%

由此可见，一般来讲，每个区域的样本量在200~300，常能比较准确地反映该地区的市场状况。但对于大范围、多区域、纵深化的研究，可以将多个区域合并研究，单个区域的样本量可以为100个甚至50个。

② 具体抽样方法。在入户访问中，一般采用等距抽样方法来代替随机抽样。等距抽样的步骤如下：

A. 将调查区域在地图上按地理位置划成若干片小区域（设为N），按照地理位置将各小片编号；或者以各地区现成的居委会、村委会为抽样区域。

B. 根据该区域要完成的样本量，确定要抽取的小片数量，通常每小片的成功样本数限制在一定的范围，以避免被访者集中在某个小片。

C. 按照编号顺序采用隔几抽一的办法选取被调查的若干小片做抽样单位。

D. 在小片内选择主要街道作为抽样范围，设置西北角为抽样起点，画好楼栋的排列次序图，按右手原则画好行走路线。

E. 由抽样员从起点开始，按照右手原则隔规定的间隔户数抽1户，记录被抽中的家庭的详细地址；有门牌的写明门牌号，没有门牌的写明$K.R(n)$，表示K楼右手边的第n户。

F. 收集地址表连同该地范围的道路示意图，以便访问员使用。

配额抽样尽量安排在受访者容易出现的相关场合进行，可按不同类型、不同层次和不同场合安排一定的比例数量。另外，在此基础上，可按年龄、性别等变量进行具体配额。

正大青春宝永真片调研项目

　　正大青春宝公司的永真片产品为保健品，总样本量为100例，主要消费者为中老年人，其次为青年人。在样本的配额上，选取中年人30例，老年人20例，青年妇女20例，其他30例；在调研地点的配额上，选择医院5例，药店7例，商场的医药专柜5例，超市3例。这样的双重配额，可以使调研工作在数量和质量上得到保证。

　　深度访谈属于定性调研，对样本的随机性要求不是太高。但为了获得代表性较高的资料，一般可采用配额抽样的原则，即通过熟人介绍或电话预约，再按照配额要求（详情见下面的样本量设计）选取被访对象。

　　③ 样本量（或样本规模）设计及分配。根据调研的目标，样本量（或样本规模）设计按表2-2的栏目内容进行。

表2-2　调研项目的总样本量设计分配表

地区	消费者面访	消费者座谈会	经销商深度访谈	零售店深度访谈	竞争对手访问	媒体深度访谈
样本量/个						
地区1						
地区2						
地区3						
地区4						
地区5						
地区6						
……						
地区n						

　　（6）调研方法选择。对于不同的调研对象，所要求的条件和所采用的调研方法应有所不同。尤其在当今移动互联网环境下，在市场调研中搜集第一手资料的方法发生了巨大的变化，除了采用传统的入户访问、自填问卷、街头拦截访问、座谈会、深度访谈的方式外，越来越多的市场调研采用网站发布问

卷，以微信、QQ、电子邮件发布问卷，以微信公众号、小程序，抖音为代表的自媒体推送二维码或印刷二维码载体来发布互动性问卷，以及以互联网平台为基础的观察法、实验法来获取全方位的大数据，等等。如表2-3所示。

表2-3 不同调研对象采用的调研方法

调查对象	被访者条件	调查方法
消费者	1. 年龄 2. 在当地连续居住__年以上 3. 对产品的互动行为	1. 微信公众号、小程序二维码互动问卷 2. 基于互联网平台的观察法、实验法 3. 网站、QQ发布问卷 4. 入户面访 5. 座谈会 6. 街头拦截访问
经销商	1. 营业时间 2. 部门负责人以上职务 3. 行业从业经验__年以上 4. 选择不同层次的经销商 5. 经销特定品种所占比例	1. 微信公众号、小程序二维码互动问卷 2. 网站问卷 3. 座谈会 4. 深度访谈
零售店	1. 营业时间 2. 经营品种数量 3. 销售特定品种比例 4. 店面负责人 5. 零售店的地理分布均匀 6. 选择不同类型的零售店	1. 微信公众号、小程序二维码互动问卷 2. 网站问卷 3. 结构性问卷访问 4. 深度访谈
竞争对手内部人员	1. 在竞争企业工作时间 2. 负责/熟悉企业的营销策略	1. 微信、二维码 2. 基于互联网平台的观察法、实验法 3. 深度访谈
媒体	1. 广告部门负责人以上职务 2. 从业时间 3. 选择不同类型的媒体	1. 微信、QQ访问 2. 二维码访问 3. 基于互联网平台的观察法、实验法 4. 深度访谈

（7）费用预算和日程安排。调研费用大致包括以下几部分，可根据具体情况调整。

① 调研方案、网络开发及问卷设计费（含调研方案、消费者问卷、经销商问卷、网站开发与维护、二维码和小程序开发、公众号维护、终端问卷、媒体问卷）；

② 消费者调研费（含问卷印刷费、调研礼品费、访员招聘费、访员培训费、访员人工费、督导费、问卷复核费、问卷编码费、问卷录入费、数据统计

费）；

③ 其他专项调研费（含问卷印刷费、调研礼品费、访员人工费、督导费、问卷复核费、问卷编码费、问卷录入费、数据统计费）；

④ 调研报告撰写费（含数据报告和调研分析报告）。

（8）日程安排。确认调研项目后，就要有计划地安排调研工作的各项日程，用以规范和保证调研工作的顺利实施。调研日程主要针对各阶段主要工作来安排（见表2-4）。

表2-4 调研日程安排表

项　目	时　间　安　排
问卷、大纲的设计	
问卷、大纲的确认、修改	
网络及移动终端发布及推送	
项目准备阶段（包括联络、人员安排）	
实地访问阶段	
数据预处理阶段（编码、输入）	
数据统计阶段	
调研问卷的撰写	

2.1.3　调研方案撰写

调研策划方案的撰写

1. 市场调研方案的格式内容

作为一个完整的市场调研方案，主要内容一般包括以下几个部分：

（1）前言部分。简明扼要地介绍整个调研课题出台的背景原因。

（2）调研目的和意义所在。应比前言部分更详细，应指出项目的背景、研究目标和备用决策，指明该项目的调研结果能给企业带来的决策价值、经济效益、社会效益以及在理论上的重大价值。

（3）调研的内容和范围界定。指明课题调研的主要内容，规定必需的信息资料，并列出主要的调研问题和相关的理论假说，明确界定此次调研的对象和范围。

（4）调研将采用的方法。指明所采用研究方法的主要特征、抽样方案的步骤和主要内容、所取样本大小要达到的精度指标、最终数据采集的方法和调研方式、调研问卷设计方面的考虑和问卷的形式以及数据处理和分析方法等。

（5）调研进度和有关经费开支预算。切记计划的设计应有一定的弹性和余地，以应付可能的意外事件的影响。

（6）附件部分。列出课题负责人及主要参与者的名单，并可简单介绍一下团队成员的专长和分工情况。列明抽样方案的技术说明和细节说明、调研问卷设计中有关的技术参数、数据处理方法和所采用的软件等。

2. 撰写市场调研方案时应注意的问题

（1）一份完整的市场调研方案策划报告，上述 6 个方面的内容均应涉及，不能有遗漏，否则就是不完整的。

（2）具体格式方面，比如编辑排版上，本模块提供的范本并不是唯一的。中间内容的适当合并或进一步细分亦可行。总之，应根据具体的案例背景加以灵活处理。

应该特别指出的是，市场调研策划报告方案设计的书面表达非常重要。一般来说，策划书的起草与撰写应由课题的负责人来完成。

3. 市场调研策划方案格式范例

市场调研策划方案格式范例如下。

×× 品牌地热板杭州市场需求情况调研策划方案

（1）调研背景。

（2）调研目的。

（3）调研内容。

（4）调研方法。

（5）调研对象选择、样本分配及相应的调研方法。

① 调研对象组成及抽样。

② 针对各种调研对象的具体线上线下的调研方法。

（6）调研区域及样本分配。

（7）市场调查程序、时间及项目进度计划安排。

（8）调研实施方案。

（9）项目小组主要成员分工及调研人员名单。

（10）经费预算。

（11）附调查问卷和相关表格。

附：调查问卷、访谈提纲。

2.1.4　调研问卷设计

1. 调研问题的界定

调研问题的界定，就是调研主题范围的界定。

在界定调研问题时必须遵循以下原则：

案例
调研策划：飞毛腿跑腿业务市场调查问卷

网络问卷设计

案例
调研策划：飞毛腿跑腿业务访谈提纲

杭州正大青春宝永真片消费者调研

（1）能够使调研人员获得解决管理决策问题所必需的全部问题。

（2）能指导调研人员顺利完成调研任务。

（3）要避免调研问题界定得过于狭窄或过于宽泛。

2. 调研问卷的构成

调研问卷主要由以下几部分组成：

（1）甄别部分。此类问题设计的目的是区分目前的被调查者是否为符合调查要求的调查对象，用以排除不在调查范围内的个体，保证调查活动的科学性和精确性。

通常情况下，首先需排除与行业相关的人群，如广告或调研公司、新闻媒体单位等；其次排除与本次调研行业相关的人群，如调查啤酒行业，就要排除与生产、销售啤酒及其相关行业的人群；最后，要排除此前一段时间曾经接受过类似调查的人群，按惯例时间一般定为半年。

（2）行业、产品部分。指调查对象对所调查地域和行业的了解及感受，包括行业和产品的历史、现状，消费场所的情况，（同类）产品的消费状况及感受，对（同类）产品的喜恶程度及要求，等等。

（3）品牌部分。包括调查对象的品牌意识、品牌要求、对现有品牌的认知和想法，及与品牌相关的问题。

（4）购买行为部分。包括顾客的购物习惯、消费观念、决策的影响因素等。

（5）媒体传播部分。指被调查者接触的各种媒体，通常包括报纸、杂志、电台、电视台、PC或手机网络、户外固定或移动媒体等，及各种媒体对被调查者的影响程度，通常包括接触关注度、干扰度、编辑环境、广告环境、相关性等。

（6）个人资料。主要指被调查者个人及其家庭的基本状况，如姓名、性别、年龄、职业、受教育程度、电话号码、个人收入、家庭人数和结构等，可根据具体情况适当增减。

小试牛刀 2-1：如何确定有机蔬菜市场调查的主要内容？

背景资料：小王是某高职院校市场营销专业二年级的学生。他父亲在乡下种了近2 500亩的有机蔬菜，是当地有名的蔬菜种植户。小王上大学以来一直想结合所学专业帮父亲做点事情，但大学第一年父亲不同意小王帮忙，认为刚上大学应该以学业为主。进入大二以后，父亲主动要求小王帮忙销售有机蔬菜。小王雄心勃勃，结合这学期所学的营销策划知识，打算将家里的有机蔬菜销往他上学的那个大城市。大城市对有机蔬菜需求很强烈，但要进入这个市场，小王必须进行全面的市场调研，小王的当务之急是明确调研的主题和内容。

分析与执行：小王认为要进行全面的市场调研，要做的事情非常繁杂，觉得千头万绪，无从下手。于是想起来先请教营销策划课的老师。根据老师的建议，小王列出了涉及市场调研需要解决的主要问题，然后从这些主要问题中评估、选择最重要、最需要解决的全局性问题作为这次市场调研的主题，并将所确定的调研主题进一步深化为本次市场调研的相关调研内容。

操练记录：

调研的主题：

序号	调 研 内 容
1	
2	
3	
4	
5	
6	

2.2 制定调研执行计划并实施调研

2.2.1 制定调研执行计划

1. 项目调研实施的工作重点

整个项目的调研步骤包括总体调研方案设计、访谈提纲和问卷设计、文案调研和实地访问执行与管理、数据处理和分析、撰写调研报告等几个部分。其中调研实施主要包括文案调研和实地调研两个方面，即二手资料收集和一手资料收集两个方面。文案调研的实施过程相对自由、简单，但对实施者的素质及技能要求较高；实地调研实施投入的人、财、物相对要多很多，技术要求、过程控制和质量要求也比较高，所以在调研的实施过程中这部分是重点。

2. 制定调研实施执行计划

在调研实施之前，根据调研策划方案制定一个具体的执行计划，将每项工作任务落实到人、落实到计划的时间内，保证调研工作的有序、高效、准确开展。如表2-5所示。

表2-5 调研执行计划表

调研实施阶段	主要工作内容点	负责人员	时间要求
总体调研方案设计	1. 确定调研主题 2. 确定调研内容 3. 确定调研对象和方法 4. 样本量设计和分配 5. 经费预算 6. 撰写全套调研策划方案		
访谈提纲和问卷设计	1. 设计访谈提纲 2. 问卷设计 3. 开发生成网站、公众号问卷及二维码		
文案调研	1. 网络资料搜索 2. 行业资料收集 3. 企业经营资料收集、整理 4. 专业机构资料收集 5. 图书、文献资料检索		
网络及移动终端调研执行	1. 针对调研目标人群发布网上问卷 2. 以公众号、微信、抖音推送问卷二维码		
实地访问执行与管理	1. 访员招聘 2. 基础培训 3. 项目培训及问卷讲解 4. 人员配置 5. 调研管理制度制定及宣讲 6. 设计、打印调研工具表格（调研分区表、抽样片区表、抽样地址表、抽样复核表、访问复核表、访员登记表、问卷收发登记表、原始问卷等） 7. 调研用工具、耗材（钢笔、铅笔、彩笔、纸、尺子、胶水、地图、文件夹、调研板、胸牌、调研礼品等）购买 8. 任务、人员分配与安排 9. 试调研 10. 正式实地调研 （1）按抽样方案进行抽样 （2）每天收发问卷、礼品的登记检查 （3）对所有当天收回问卷进行复核 （4）访员分组由督导负责监控每天问卷质量 11. 深度访谈的联系和组织		

续表

调研实施阶段	主要工作内容点	负责人员	时间要求
数据处理和分析	1. 编码 2. 数据录入 3. 数据统计分析 4. 制表、制图 5. 一手和二手资料的归纳、融合、分析		
撰写调研报告	1. 整理、归类原始数据报告、表格资料 2. 撰写调研报告		

2.2.2　实地调研的实施

实地调研实施的步骤内容如图2-3所示。

图2-3　实地调研实施的步骤内容

1. 人员的招聘与配置

（1）人员招聘渠道。抽样员、访员和复核员的招聘有四种渠道：第一种渠道是通过招聘广告面向社会招聘。第二种渠道是通过当地统计局的城市调查队，由其提供人员。由于这些人是专职的调查员，在身份和调查经验上都比较可靠。第三种渠道是与当地高校的学生会或校团委联系，在其帮助下招聘访员和兼职助理督导。第四种渠道是通过专业的调研公司、营销策划公司联系寻找或雇用。

（2）人员招聘条件。所招兼职人员必须符合以下条件：① 五官端正，身体健康；② 能吃苦耐劳，做事踏实；③ 衣着整齐，注重仪表；④ 有经验者优先录用。

（3）人员的基本配置。每个调查区域的人员配置如下：

督导：1名，由调研项目组成员担任。

助理督导：1名，协助督导收发和检查问卷、礼品。

抽样员：1名，抽出地址，以便访员对号入座，按随机要求访问。

访员：若干名，按培训要求进行访问。根据问卷的复杂程度和访员的访问技巧，每人能完成的日工作量会有所不同。一般每个访员每天大约可完成20份有效问卷。参照具体情况，可上下浮动5份。

复核员：1名，检查访员的正确率，减少人工误差，保证问卷的典型代表性。

2. 人员培训

（1）基础培训。每位新参加项目的访员必须接受约 3 小时的基础培训，学会入户技巧（拦截技巧）、发问技巧、记录技巧、离开技巧、处理意外事件技巧等。特别是帮助他们树立信心，掌握与人沟通的技巧。

对于抽样员和复核员，督导也要提供基础培训，使其掌握有效的抽样方法和复核方法。

（2）项目培训。主要是问卷讲解。为访员逐个讲解如何提问，如何追问，如何记录，如何注意与前后问题的逻辑关系等，确保访员能全面了解问卷内容和访问技巧。

对一些特殊行业（产品），还要讲解有关行业背景和相关的产品知识、市场知识。

3. 试调研

（1）模拟。将访员两两配对，模拟访员和被访者的问答，使其进一步掌握操作技巧。

（2）陪访。为亲自了解访问中可能出现的问题，增强访员自信心，督导和助理督导要陪伴一些访员到消费场所做试访，并记录在访问中出现的问题和特殊、意外情况。

（3）跟访。对于一些访员，在培训完成后应实地按要求去完成一个访问，督导要记录访问过程中出现的问题，帮助访员有效解决。

（4）小结。等所有访员完成试访后，督导要召集所有访员集中进行问卷检查和讨论，向每个人讲解出现的问题或者不足之处，同时对于共同的问题提供解决的办法。

4. 正式调研

（1）抽样。按照设计好的抽样方案抽样，抽样由专门的抽样员负责，采用指定起点，隔几抽一，以右手原则行走，避免重复和遗漏。

（2）访问。每天收发一次问卷、礼品，收到的问卷及时进行检查，对不合格的问卷要重新访问或作废，保证及时发现问题或处理违规者。同时注意及时补充和培训新访员。

（3）复核。实行 24 小时内复核制度，即在访员提交完成问卷后 24 小时内由复核员去被访者家或电话复核（两种方式可设置不同的比例），对作弊人员作开除和作废全部问卷处理。复核比例不能低于样本量的 30%。

5. 质量控制

市场调研的质量控制是由其操作系统来保证的。在整个访问过程中，可采取严格的手段来保证质量：

（1）实地访问前。每个参加调研项目的访员必须经过专业基础培训和该

网络调查的设计
和实施

项目的培训，每个访员均必须试访两次左右，某些访员还需要陪同试访。经督导确认，访员对问卷内容了解并掌握访问技巧后，才允许参加本项目。

对于每个抽样员提供的抽样地址表采用挖空复核法，复核量为 30% 左右。

（2）实地访问期间。

① 回收问卷均需经过两位督导质量审核，凡不符合要求的均作废卷处理。② 每位督导监控 3~5 位访员。

（3）实地访问后。督导随机抽取每位访员 30% 的完成问卷，由复核员在 24 小时内上门或致电被访者（其中实地入户复核量不少于总复核量的 50%，即占总问卷量的 15%），按照复核问卷询问被访者，以检查问卷完成的真实性。如发现访问有作弊现象，则作开除处理并作废其全部问卷。

（4）备用问卷。每个地区均有 10% 左右的额外问卷备用，以补充急需。

（5）人员独立配置。抽样员、访员、复核员独立运作，互不相识，保证样本的随机性、复核的准确性和公正性。

（6）座谈会和深度访谈一般由项目组成员或督导负责执行，保证访问质量可靠、全面。

6. 网络、微信、公众号推码调研

（1）将调研内容编制成问卷。

（2）问卷生成答题 ID。

（3）将答题 ID 生成二维码。

（4）将问卷二维码通过网站发布，或微信、公众号进行推送，或印刷在载体上。

（5）调研对象用二维码扫描工具扫描二维码参与调研。

（6）对调研对象答题后提交的信息进行回收、整理、存储，在回收信息基础上进行数据处理和统计。

2.2.3　文案调研的实施

获取二手资料的主要途径有：网络、企业经营资料、行业资料、专业机构资料、图书、杂志、报纸。

小试牛刀 2-2：如何进行深度访谈调研？

背景资料：小王就自家有机蔬菜的市场调研确定了调研主题和调研内容，并针对城市消费者设计了调查问卷。但仅对消费者进行问卷调查还不够，还有很多重要的问题，比如运输、销售渠道、批发、农业部门认证许可、国家政策、市场壁垒等方面的资讯还必须熟悉。所以必须进行访谈调研，但对谁访谈？访谈的主题内容是什么呢？

分析与执行：小王首先跑到该市最大的蔬菜瓜果批发市场管理办公室及市场里的工商执法办公室咨询相关蔬菜进场销售的事宜。根据工作人员的介绍，小王基本摸清了有机蔬菜销往城市的程序、要求、渠道和涉及的相关手续。小王先梳理需要访谈的事项和主线，然后根据这些事项和主线在网上查找、选择、确定合适的访谈对象，最后根据确定的访谈对象设计拟访谈的主题内容。

操练记录：

访 谈 对 象	拟访谈的主题内容	说　　明

2.3　整理分析调研资料并撰写调研报告

2.3.1　调研资料的整理分析

调研工作结束后，获得了许多宝贵的原始数据和二手资料。接着就需要将这些原始资料进行加工整理，以便于统计与分析，得出调研结论。

处理所得资料的方法包括：第一，整理。对所得资料进行筛选，剔除谬误、不实和含糊之处。第二，分类。根据调研目标对所得资料按一定标准归类，统一编号。第三，列表。将所得资料编制成各种图表，以便进一步分析。

资料整理分析的重点工作是原始资料的整理分析。整理分析的程序如图2-4所示。

图2-4　调研资料整理分析步骤内容　　问卷编码　→　录入　→　制表、数据统计分析　→　数据统计分析技术和说明　→　原始数据与二手资料的融合分析

1. 问卷编码

编码是将问卷中的开放题（如"为什么"的题目）的答案用标准代码表达出来，便于计算机统计。完成这项工作，首先要通过已完成的问卷建立答案

标准代码表（简称码表），然后由编码员对每份问卷进行编码。在收到全部问卷后就可以建立码表和编码了。

为了使原始码表趋于完善，尽可能选择不同地区不同层次的访问来建码表。对于可能出现的新码，要在原始码表上留有补充余地，从而灵活加码。

2. 录入

一旦问卷号码编好，就可以录入计算机。在数据录入中，还有两道程序对数据进行最后的检查：第一道程序是计算机逻辑查错，保证每份问卷的逻辑合理；第二道程序是数据输入，避免因输入疏忽而造成的误差。

3. 制表、数据统计分析

数据输入计算机后，一般需要以表格或图、线等形式统计并表达出来，便于研究分析。进行资料分析，可以使用的方法很多。从现有分析方法来看，数据分布的领域是宽广的。因此，必须选择合适的分析方法。

4. 数据统计分析技术和说明

一般用 Excel 工作表或统计软件 SPSS 来做数据统计分析。以下分析方法是目前市场调研统计分析中常用的方法：

（1）聚类分析。它可以将被访者从人口背景、消费习惯、生活方式、个性等方面进行分类，并将这些特性与消费习惯结合起来，是营销管理中"市场区隔划分"的主要手段。

（2）因子分析。影响消费者购买的原因有很多，但有些原因是相关的，有内在的必然性，只要深入了解这些内在的必然性，就可以将复杂问题简单化，在执行上变得轻而易举。还有在品牌差异性方面，通过因子分析，也可以发现各品牌内在的联系，从而不会为外表所迷惑，对于分析品牌地位有很大的帮助。因子分析就是从大量的数据中寻找内在的联系，减少决策的困难。

（3）相关分析。相关分析提供影响消费者消费、评价品牌、产品与品牌、产品特性之间的内在关系。通过相关分析，可以看到自己品牌和竞争品牌的市场驱动力和阻碍力，从而明确自身努力的方向。

（4）对应分析。对应分析是品牌形象分析最有效的工具，它可以将品牌形象非常直观地表现在二维平面上，清楚地看到自身品牌的形象以及各竞争品牌的关系。对应分析对于品牌定位和重定位，以及定位跟踪是非常合适的。

（5）象限分析。象限分析能揭示研究结果之间的内在关系，对于发现市场问题和机会有非常好的效果。象限分析需要研究人员有较强的营销基础和数据敏感度。

（6）目标群体指数（target group index）分析。它有助于明确目标市场，是设定目标群体时经常使用的主要工具。

（7）数据显著性（significance）分析。用于分析各目标群体之间在消费习惯和态度方面的差异，通常是决策的行动标准。

5. 原始资料与二手资料的融合分析

将原始资料分析出来的图、表、数据等资料结合二手资料分析的相应内容进行归类、贯通和融合，使调研的结果分析图文并茂，定性与定量结合，有理有据。

2.3.2　撰写项目市场调研报告

麦氏和雀巢的
调查

市场调研报告是调研工作的最终成果。调研报告的编写要客观完整、重点突出、紧扣主题、简明扼要、层次分明。

市场调研报告写作的一般程序是：确定标题，拟定写作提纲，取舍选择调查资料，撰写调查报告初稿，最后修改定稿。

1. 撰写市场调研报告的基本要求

（1）调研报告力求客观真实、实事求是。调研报告必须符合客观实际，引用的材料、数据必须是真实的、可靠的。反对弄虚作假，或迎合上级的意图来撰写。总之，要用事实来说话。

（2）调研报告要做到调查资料和观点相统一。市场调研报告是以调查资料为依据的，即调研报告中所有观点、结论都以大量的调查资料为根据。在撰写过程中，要善于用资料说明观点，用观点概括资料，二者相互统一。切忌调查资料与观点相分离。

（3）调研报告要突出市场调研的目的。撰写市场调研报告，必须目的明确、有的放矢。任何市场调研都是为了解决某一问题，或者为了说明某一问题。市场调研报告必须围绕市场调查的目的来进行论述。

（4）调研报告的语言要简明、准确、通俗易懂。调研报告是给人看的，无论是厂长、经理，还是其他一般的读者，他们大多不喜欢冗长、乏味、呆板的语言，也不精通调查的专业术语。因此，撰写调研报告语言力求简明、准确、通俗易懂。

2. 市场调研报告的写作要领

（1）要做好市场调研工作。写作前，要根据确定的调研目的，进行深入、细致的市场调研，掌握充分的材料和数据，并运用科学的方法，进行分析、研究、判断，为市场调研报告撰写打下良好的基础。

（2）要实事求是，尊重客观事实。市场调研报告一定要从实际出发，实事求是地反映出市场的真实情况，一是一，二是二，不夸大，不缩小，要用真实、可靠、典型的材料反映市场的本来面貌。

（3）要中心突出，条理清楚。运用多种方式进行市场调研，得到的材料往往是庞杂的，要善于根据主旨的需要对材料进行严格的鉴别和筛选，给材料归类，并分清材料的主次轻重，按照一定的条理，将有价值的材料组织到报告中去。

3. 市场调研报告的一般格式

从严格意义上说，市场调研报告没有固定不变的格式。不同的市场调研报告写作，主要依据调查的目的、内容、结果以及主要用途来决定。但一般来说，各种市场调研报告在结构上都包括标题、前言、主体部分和结论与建议几个部分，如图 2-5 所示。

图 2-5　调研报告的格式内容构成

（1）标题。市场调研报告的标题即市场调查的题目。标题必须准确揭示调研报告的主题思想。标题要简单明了、高度概括、题文相符。如《××市居民住宅消费需求调查报告》《关于××化妆品的市场调查报告》《××产品滞销的调查报告》等，这些标题都很简明，能吸引人。

生日蛋糕店市场调研

（2）前言。前言是市场调研报告的开头部分，一般说明市场调研的目的和意义，介绍市场调研工作基本概况，包括市场调研的时间、地点、内容和对象以及采用的调研方法、方式。这是比较常见的写法。也有一些调研报告在前言中先写调研的结论是什么，或直接提出问题等，这种写法能增强读者阅读报告的兴趣。

（3）主体部分。这是市场调研报告的主要内容，是表现调研报告主题的重要部分。这一部分的写作直接决定调研报告的质量高低和作用大小。主体部分要客观、全面地阐述市场调研所获得的材料、数据，用它们来说明有关问题，得出有关结论；对有些问题、现象要做深入分析、评论等。总之，主体部分要善于运用材料，来表现调查的主题。

（4）结论与建议。主要是形成市场调研的基本结论和建议，也就是对市场调研的结果作一个小结，同时调研报告要提出对策措施，供有关决策者参考。

有的市场调研报告还有附录。附录的内容一般是有关调研的统计图表、有关材料出处、参考文献等。

小试牛刀 2-3：分析小王家有机蔬菜的主要竞争者

背景资料：小王通过问卷调查和访谈调研，掌握了很多有机蔬菜市场的宝贵信息。在调研中，小王发现该城市已有多家有机蔬菜在销售，而且市场竞争比较激烈。小王同时发现该城市有机蔬菜的主要销售点在大型超市，在大型超市销售有机蔬菜的主要是专业的蔬菜种植企业。通过几天的超市蹲点观察和现场询问，小王了解到专业的蔬菜种植企业虽然实力强、规模大，但市民消费者对其生产的有机蔬菜还没有建立真正的信任。小王认为自家的蔬菜才是真正绿色的有机蔬菜，决定深入了解、分析这些主要竞争对手的情况，为自家的有机蔬菜在竞争中寻找突破口。

分析与执行：小王首先在各大超市的有机蔬菜专柜记下产地、生产企业、品牌和主要的蔬菜品种。其次在超市里访谈有机蔬菜专柜管理人员，并针对购买有机蔬菜的消费者进行现场随机访谈，收集主要竞争对手的第一手市场信息。再次上网查询这些蔬菜生产企业的网站内容和相关的报道。最后将所收集信息进行梳理、归纳分析并列出主要竞争对手的优势和劣势。

操练记录：

竞争对手（企业或品牌）	优 势 分 析	劣 势 分 析

融 会贯通

阅读下面的案例，完成案例后的分析任务。

飞毛腿跑腿业务杭州市场需求情况调研策划方案

一、前言

现代人的生活节奏变快，各种往来频繁，生存压力过大，缺少的就是时间和精力。所以，现在这个社会急切需要一批职业跑腿人和专业跑腿机构为这些"忙人、懒人"提供周到细致的、一对一的个性化和人性化的服务。

目前跑腿公司覆盖了中国东南部经济比较发达的大部分地区，且这些地区都同时存在几家跑腿公司。比如北京、上海、杭州等地，都各有4~5家跑腿公司存在。跑腿业务正从东部向西部、从大城市向小城市扩张，形成了星火燎原之势，其业务也越来越广泛。"跑腿"正成为现代生活中不可或缺的一分子。

二、调研目的

1. 了解杭州跑腿公司、家政公司、快递公司、送货上门等行业的经营状况，为进入该市场提供依据；

2. 了解跑腿公司的主要服务对象、主要服务项目，以及服务形式；

3. 了解消费者对跑腿公司业务的需求情况；

4. 了解跑腿业务的营销现状以及相对竞争者的市场优势与市场障碍；

5. 了解不同层次消费者对跑腿业务的看法，以及选择该业务的各种原因。

三、市场调研内容

（一）消费者（一般消费者、企业、批发商）

1. 一般消费者对跑腿公司业务的需求方面（服务内容、价格）；

2. 一般消费者对跑腿公司的消费态度（费用、态度）；

3. 一般消费者对跑腿公司的看法和认可度、信任度；

4. 企业所需服务类型、人员数量、工作时间；

5. 批发商所需服务范围等。

（二）市场状况

1. 杭州地区需要跑腿服务的主要人群；

2. 杭州地区跑腿服务的市场需求状况；

3. 杭州地区跑腿市场同种类型的占比、数量。

（三）服务内容和服务水平

1. 杭州地区市场上跑腿公司、家政公司、快递公司、送货上门服务等行业所提供的服务类型；

2. 杭州地区的消费者需要的主要服务内容；

3. 杭州地区的消费者对于跑腿公司、家政公司、快递公司、送货上门服务等行业的服务水平的评价（时间、态度、价格等）。

（四）竞争对手

1. 目前杭州地区已有的跑腿公司数量、规模、经营状况；

2. 杭州其他有关服务行业的数量、规模、经营状况（快递、家政、送货）；

3. 现有主要竞争对手的经营模式、客户来源、宣传方式。

四、调研方法及访员要求

调研方法：

（1）网络搜索；

（2）问卷调查（定点访问、拦截访问）；

（3）文案调研；

（4）实地勘察。

访员要求：

（1）了解行业背景和服务内容，以及必要的专业素质；

（2）开朗、大方、热情、善于沟通；

（3）能严格按照要求执行调研工作，吃苦耐劳；

（4）认真负责、积极的工作态度以及良好的团队精神。

五、调查对象

1. 企事业工作者；

2. 大学生；

3. 政府部门公务员；

4. 自由职业者；

5. 已有的跑腿公司；

6. 批发商；

7. 零售企业。

六、调研区域及样本分配

（一）街头拦截访问与定点访问：样本数 200

下沙：经济开发区各银行、高教东区、高教西区、物美等 50 份。

武林门、庆春路、文三路：100 份。

城站火车站、九堡客运中心：50 份。

（二）踏勘观察与访谈：样本数 3 家

1. 杭州快马跑腿服务有限公司：杭州新塘路 181-6-5。

2. 杭州小强跑腿有限公司：杭州市机场路 218 号。

3. 杭州罗兰跑腿公司：杭州玉皇山路阔石板 86 号。

七、市场调研程序、时间及项目进度计划安排

完成本次调研任务预计需要一个月的时间。具体时间安排如下：

第一阶段：初步市场调研		9 月 20—24 日
	收集一些必需的二手资料	4 天
	整理二手资料，分类放置	1 天
第二阶段：计划阶段		9 月 25—27 日
	制定计划	1 天
	审定计划	1 天
	确认修正计划	1 天
第三阶段：问卷阶段		9 月 28—30 日
	问卷设计	1 天
	问卷调整、确认	1 天
	问卷印刷	1 天
第四阶段：实施阶段		10 月 1—12 日

访员培训	2 天
实施执行	9 天
收集二手资料	2 天

第五阶段：研究分析　　　　　　　　　　10 月 13—16 日

二手资料归类整理	1 天
数据输入处理	2 天
数据研究、分析	1 天

第六阶段：报告阶段　　　　　　　　　　10 月 17—20 日

撰写调研报告	3 天
报告打印	1 天

调研实施自计划、问卷确认后第四天执行。

八、项目小组主要成员及调研人员名单

（一）项目小组主要成员

项目小组人数：6 人

组长：黄佳萍

组员：潘佳倩　何莎微　叶学丹　陈璐　吴亚阳

（二）分工合作

1. 撰写市场调研策划方案：3 人（黄佳萍、潘佳倩、吴亚阳）

2. 撰写调研问卷（初稿、修改）：3 人（陈璐、叶学丹、何莎微）

3. 文案调研、网络搜索：2 人（吴亚阳、叶学丹）

4. 实地调研：6 人

5. 数据统计整理、录入：4 人（潘佳倩、何莎微、陈璐、黄佳萍）

6. 撰写调研报告：2 人（潘佳倩、黄佳萍）

九、附件及资料

附件 1：调查问卷

跑腿业务杭州市场需求情况调查问卷

您好！我们是浙江金融职业学院的学生，为了了解现代跑腿业务的发展规模及市场需求，我们特此展开调查。谢谢您抽出时间予以配合！

1. 您听说过跑腿业务吗？

　　A. 没听说过

　　B. 听说过，但不了解

　　C. 听说过，并且找过跑腿公司

2. 您在什么样的情况下会考虑选择跑腿业务？（多选）

　　A. 很忙，没时间处理　　　　B. 懒，不想出门

C. 生病，身体不适　　　　　D. 其他（请注明）

3. 您觉得一次帮忙多少钱你能接受？

    A. 10 元以下　　　　　　　B. 10～30 元

    C. 30～50 元　　　　　　　D. 50 元以上

    E. 看具体情况

4. 如果有一家跑腿公司，您最想让其代办的业务有哪些（多选）？

    A. 订票　　　　　　　　　　B. 接送

    C. 缴费　　　　　　　　　　D. 排队

    E. 购物　　　　　　　　　　F. 其他（请注明）

5. 您选择跑腿公司一般通过什么途径？

    A. 朋友、亲戚介绍　　　　　B. 报纸、杂志

    C. 电视广告　　　　　　　　D. 电台广播

    E. 传单上介绍　　　　　　　F. 其他（请注明）

6. 您信任跑腿公司吗？

    A. 不信任，一般不会选择它

    B. 信任，可以选择

    C. 谈不上信任，但只有不得已的时候才会选择它

7. 您能接受什么样的结算方式？

    A. 提前支付　　　　　　　　B. 完成后支付

    C. 网上支付　　　　　　　　D. 其他（请注明）

8. 您在接受我们服务时最在乎哪方面？（请在相应分数下打钩）

项目内容	5分	4分	3分	2分	1分
效率					
安全					
佣金					
态度					
其他（请注明）					

9. 您对跑腿业务有什么意见或建议？

您的个人资料

1. 您的性别：

    A. 男　　　　　　　　　　　B. 女

2. 您的年龄：

A. 20—27 岁   B. 28—35 岁

C. 36—45 岁   D. 46—55 岁

E. 56 岁以上

3. 您每月可支配收入有多少?

A. 1 000 元以下   B. 1 000~2 500 元

C. 2 500~5 000 元   D. 5 000 元以上

4. 您的职业:

A. 学生   B. 个体工商

C. 企业单位职员   D. 其他_____

谢谢您的积极合作,再次感谢!

调查员_____ 调查地点_____ 调查时间_____

问卷编号_____

附件 2:

跑腿业务访谈提纲

访谈对象:杭州地区已有的跑腿公司、消费者(退休老人、白领阶层、学生、企业员工、批发商等)。

您好!我们是浙江金融职业学院的学生,为了了解现代跑腿业务的发展规模以及市场需求,我们特此展开访谈。谢谢您抽出时间予以配合!

采访纲目:

一、已有的跑腿公司

1. 贵公司一般在每天的什么时候最忙?

2. 贵公司一般的收费标准是什么?

3. 贵公司主要的消费群体是哪些?

4. 贵公司提供的跑腿服务类型一共有哪些?在这些服务类型中,消费者最需要什么样的跑腿服务?

5. 跑腿公司在经营时会遇到的问题以及解决方案是什么?

6. 消费者一般是通过什么途径联系贵公司的?

7. 贵公司是通过什么途径对公司进行宣传的?

二、消费者

1. 您是否了解跑腿业务?

2. 您一般在什么情况下需要跑腿公司的帮忙?

3. 您一般一次帮忙花多少钱能接受?

4. 您最需要什么样的跑腿业务？

5. 您一般通过什么途径来联系跑腿公司？

6. 您可以接受什么样的结算方式？

7. 您接受服务时最在乎哪方面？（效率、安全、佣金、服务态度或其他方面）

8. 对跑腿业务今后发展有什么意见或建议？

被调研单位_____ 职业_____ 月收入_____

被调研人性别：A. 男　B. 女

再次感谢您的合作！

访问人：_____ 日期：_____

资料来源：浙江金融职业学院。作者为方志坚、黄佳萍、潘佳倩、吴亚阳。

问题：

根据所学知识，结合本案例请梳理飞毛腿跑腿业务调研策划方案的步骤及每一步的关键点。

分析步骤：

确定调研的主题

提出调研的背景及理由

明确调研要达成的目的

根据主题确定调研的主要内容

确定调研的方法

确定调研的对象

确定调研区域及样本分配

设计问卷与访谈提纲

确定调研程序、时间及进度计划

确定人员的组织及安排

准备附件及资料

第一步，确定调研主题的关键点：_____。

第二步，提出调研背景及理由的关键点：_____。

第三步，明确调研目的的关键点：_____。

第四步，确定调研内容的关键点：_____。

第五步，确定调研方法的关键点：_____。

第六步，确定调研对象的关键点：_____。

第七步，确定调研区域及样本分配的关键点：_____。

第八步，设计问卷与访谈提纲的关键点：_____。

第九步，确定调研程序、时间及进度计划的关键点：_____。

第十步，确定人员的组织及安排的关键点：_____。

第十一步，准备附件及资料的关键点：_____。

照猫画虎 <<<<<<<<<<<<<<<<<<<<<<<<<<<<<<<<<<<<<<<<<<<<<<<<<<<<<<

团队项目市场调研

一、实训目标

1. 能确定调研主题；

2. 能设计调研方案；

3. 能制定调研执行计划；

4. 能撰写项目调研报告；

5. 能完成团队项目调研实训小结分享。

二、环境要求

1. 具有上网功能的计算机；

2. 课堂内外结合。

三、实训背景

小张的项目团队模拟公司选定了适合本公司的产品项目后，接下来要做的是开展产品项目的全面市场调研工作，因为项目的调研是公司启动产品市场营销工作的基础和前提。所以团队成员需要通过充分的交流合作、合理分工、互相讨论、互相启发，共同来探索完成有关本团队产品项目调研方案的设计、调研的开展实施和调研报告的撰写等一系列市场调研工作。

四、实训要求

在教师指导下，团队小组分工协作，就本团队实训项目进行全面分析，按步骤完成产品项目整体调研方案的策划、然后课内外结合实施项目市场调研、最后整理分析调研资料并完成一份产品项目的市场调研报告。为此，本实训需要完成下列任务：

1. 设计项目市场调研策划方案；

2. 设计问卷和访谈提纲；

3. 制定调研执行计划；

4. 实施市场调研；

5. 归纳整理调研资料并撰写调研报告；

6. 分享调研的过程和成果。

五、实训步骤

步骤一：确定调研的主题

各项目团队负责人召集本团队成员，根据本团队实训项目的具体情况，进行深入的沟通和分析，确定本团队项目市场调研的主题。

步骤二：调研方案设计

各项目团队根据教师的实训要求，在教师的指导下完成以下实训内容：

1. 市场调研策划方案（字数要求为 4 000 字左右）；

2. 市场调查问卷和访谈提纲

步骤三：制定调研执行计划表

制定详细的调研执行计划表，将工作事项、负责执行人、完成时间等落到实处。

步骤四：开展调研

各团队按照执行计划表开展全面市场调研，主要是二手资料收集与实地调研。

步骤五：撰写调研报告

1. 整理、归纳、分析调研资料；

2. 撰写调研报告（字数 8 000 字以上）

步骤六：团队项目实训小结分享

以团队为单位，以组长为主，其他人可补充，以 PPT 的形式展示团队项目策划方案思路内容、主要的创意等（每组 5~8 分钟）；

教师总结点评，其他团队随机点评。

六、注意事项

1. 各小组成员应了解、熟悉市场调研策划的原则、内容、步骤、程序、方法，掌握调研执行计划制定的内容及开展调研实施的方法，熟悉掌握撰写调研策划方案和调研报告的格式内容及技巧；

2. 各小组应充分交流合作、合理分工、互相讨论、互相启发，整合思路，探索完成本团队项目的市场调研任务。

七、实训报告

1. 在实训课中形成项目调研策划方案、调研报告框架内容和调研执行计划表；

2. 课后撰写详细的项目调研策划方案（包括问卷和访谈提纲，共 4 000 字左右）、调研报告（8 000 字左右）、调研执行计划表（3 000 字左右），并上交打印稿。

八、评价与总结

1. 小组自评；

2. 小组成果展示介绍；

3. 组间互评；

4. 教师对团队总评（根据各组成果的优缺点，有针对性地点评，启发学生的创新思维；对各组普遍存在的问题进行重点分析；针对各团队具体项目的策划提出重点要注意的问题）。

稳 扎稳打 <<<<<<<<<<<<<<<<<<<<<<<<<<<<<<<<<<<<<<<<<<<<<<<<<<<<<<<<<<<<<

（一）单选题

1. 市场营销策划的一般过程中，首先实施的是（　　　）。

　　A. 制定营销战略　　　　　　B. 制定行动方案

　　C. 市场调研　　　　　　　　D. 预测效益

2. 以下市场调研的方法中，收集到的资料是二手资料的是（　　　）。

　　A. 直接询问法　　　　　　　B. 观察法

　　C. 试验法　　　　　　　　　D. 查阅文献法

3. 调研产品的经销网络状态属于（　　　）。

　　A. 消费者调研　　　　　　　B. 经销商调研

　　C. 零售店调研　　　　　　　D. 媒体调查

4. 对经销商的调研可采用的调研方法为（　　　）。

　　A. 深度访谈　　　　　　　　B. 入户访问

　　C. 观察法　　　　　　　　　D. 街头拦截访问

5. 实施实地调研的第一步工作是（　　　）。

　　A. 人员培训　　　　　　　　B. 试调研

　　C. 正式调研　　　　　　　　D. 人员的招聘与配置

（二）多选题

1. 调研方法主要有（　　　　　）几种。

    A. 询问法　　　　　　　　B. 观察法

    C. 实验法　　　　　　　　D. 问卷调查法

    E. 德尔菲法

2. 调研报告的内容有（　　　　　）。

    A. 前言　　　　　　　　　B. 说明

    C. 正文　　　　　　　　　D. 结尾

    E. 附件

3. 调研的准备包括（　　　　　）。

    A. 确定调研的必要性

    B. 确定调研的方法

    C. 确定调研主题

    D. 确定调研的对象

    E. 确定调研目标

4. 市场调研的内容主要包括（　　　　　）。

    A. 消费者调查　　　　　　B. 经销商调查

    C. 媒体调查　　　　　　　D. 零售店调查

    E. 技术调查

5. 以下属于针对消费者的调研内容有（　　　　　）。

    A. 消费心理

    B. 消费观念

    C. 主要竞争者市场概况

    D. 主要竞争企业的管理模式

    E. 商标的记忆

（三）简答题

1. 市场调研方案主要包括哪些内容？

2. 如何撰写调研报告？

3. 简述市场调研方案的具体格式内容。

能 力测评 <<<<<<<<<<<<<<<<<<<<<<<<<<<<<<<<<<<<<<<<<<<<<<<<<<

📋 专业能力自评

	能/否掌握	专 业 能 力
通过学习本模块，你		调研策划方案设计
		问卷及访谈提纲设计
		制定调研执行计划表
		撰写调研报告
通过学习本模块，你还		

注："能/否"栏填"能"或"否"。

🔍 核心能力与商业文化素养自评

	核 心 能 力	有 无 提 高
通过学习本模块，你的	观察思考能力	
	表达能力	
	学习能力	
	团队合作能力	
	创新能力	
通过学习本模块，你认识到的商业文化与素养	诚信	

自评人（签名）:	年 月 日	教师（签名）	年 月 日

注："有无提高"栏可填写"明显提高""有所提高""没有提高"。

【知识目标】

通过本模块的学习，深入理解战略性营销策划的重要性与重点、难点；初步掌握战略性营销策划的程序、步骤、内容；掌握战略性营销策划的技巧和策划书编写的基本格式内容。

【技能目标】

通过本模块的训练，能够进行市场营销策划的宏观、行业、市场、企业、竞争和消费者等环境因素和营销SWOT全面分析；能确定战略目标和战略要点；能进行STP的分析与制定；能根据营销目标、战略要点，进行4P策略的组合与创意策划；能制定具体的行动方案和费用预算；能撰写战略性营销策划文案。

【素养目标】

通过本模块的学习与训练，培养勤于观察和思考的能力、乐于学习和探究的态度、善于合作和创新的精神。

【思维导图】

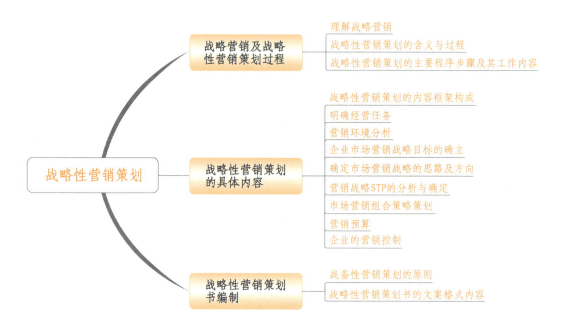

　　昭通位于云南省东北部，这里出产的天麻和苹果闻名于全国。昭通属于全国贫困地区，工业较为落后，居民经济收入较低。昭通是我国南方主要的苹果产区之一，其中的昭通丑苹果，近年来以天然品质和浓郁的味道吸引了越来越多的省内外消费者。

　　昭通丑苹果一般生长在平均海拔 2 500 米以上的高寒山区，这里日照充分、阴雨天少、昼夜温差大，特别适合苹果的种植和生长，很多地方至今生长着很多完全没有人工干预的野生苹果树，即使农家种植的苹果也是散种在野地山坡上。当地老百姓因用不起农药、化肥和果实防护套，一般不施任何化肥、不打农药、不用除草剂、不使用果套，施肥一般用农家有机肥。昭通丑苹果从开花到结果，以及整个生长过程，自然生长，任凭风吹、日晒、雨淋，都没有套袋，果实成熟摘下后也不用冷库、不打蜡保鲜、不做任何人工处理。

　　昭通得天独厚的地理气候条件给苹果带来了极好的生长环境，而原生苹果品种再加上当地农民传统的种植方法，成就了味道独特的原生态

丑苹果。这种苹果果味浓郁、酸甜适中、甜酥多汁，口感和味道可以说
是苹果中的佳品，初冬的苹果充分成熟后会有冰糖心出现，口感和味道
非常独特甜脆。

（资料来源：浙江金融职业学院市场营销教研室 方志坚）

昭通位于云南省东北部，昭通丑苹果近年来以天然品质和浓郁的味道受到喜爱。

昭通丑苹果一般生长在平均海拔2 500米以上的高寒山区，没有人工干预，全都靠其自然生长

昭通极好的生长环境和原生态种植方法成就了味道独特、口感更佳的丑苹果。

人们所称的野生是指摘下后不做任何人工处理这使丑苹果虽卖相不好却味道独特

讨论一下，昭通丑苹果上市如何定位？如何营销到全国市场？

想一想：

1. 昭通丑苹果的卖点有：_____、_____、_____、_____。

2. 如何通过线上线下结合使昭通丑苹果营销到全国市场？

（1）_____；

（2）_____；

（3）_____；

（4）_____。

好茶如何营销

战略营销

龙木府茶楼的策划

3.1 战略营销及战略性营销策划过程

3.1.1 理解战略营销

1. 战略营销的含义

战略营销，是指以营销战略为主线和核心的营销活动。战略营销观念认为，营销必须提升到战略高度来认识，要用全局的、长远的观点来策划企业的营销活动。因为企业的营销活动的成败决定企业的存亡，所以必须有一个战略的观念。企业的一切营销活动必须有营销战略指导，保证营销战略的实施。

2. 战略营销的特点

战略营销具有如下特征：

（1）以市场为动力。传统营销的活动领域是企业现有产品—市场组合，营销战略将受顾客影响的经营战略与综合的市场为核心的各类活动结合起来，以此建立竞争优势。战略营销强调企业新产品和潜在新市场；战略营销认为竞争优势源于顾客，既基于厂商所取得的顾客满意的程度，又基于厂商超越竞争对手的顾客满意水平的程度。战略营销包括旨在提供顾客满意的各种经营行动。

（2）注重环境的复杂多变性。经营环境的日益复杂和变化多端导致具有监视市场和竞争对手功能的战略营销的兴盛。外部因素改变了市场和竞争结构的组成方式和吸引力。由于营销处于组织与其顾客、渠道成员以及竞争的边缘，因此它是战略规划过程的核心。战略营销提供的专门知识有利于监测环境、确定产品规格、决定竞争对手。

（3）以顾客满意作为战略使命。传统营销的对象是消费者，战略营销的对象还包括企业内外所有可能涉及的人员，如供应商、竞争者、公职职员、顾客等；战略营销思想认为取得顾客满意的关键在于，将顾客的需要与组织的服务计划过程联系起来。

（4）围绕竞争优势的建立与发挥而进行。传统营销的主导作用主要是创造、发展需求，战略营销还要求调节不规则需求，甚至消灭某些不良需求，注重利用企业内外环境的资源和能力获得持续竞争优势。

（5）面向未来，注重长期目标。如市场份额、顾客满意或顾客忠诚。战略营销首先是通过战略规划来实现的，战略营销要求企业所有营销决策与管理都必须带有战略性。企业必须根据自己在行业中的市场地位以及它的市场目标、市场机会和可利用资源，制定本企业的营销战略。营销战略和营销计划是整个公司总体战略制定和规划的核心所在。

3.1.2 战略性营销策划的含义与过程

1. 战略性营销策划的含义

战略性营销策划的过程

战略性营销策划是指企业为了实现其经营目标，在企业经营方针、目标的指导下，通过对企业内外环境和营销现状予以全面分析，并在有效运用企业资源的基础上，以全局的、长远的观点制定企业未来一定时期内的营销目标、营销战略、营销策略组合及具体实施方案的预先设计和谋划。

2. 战略性营销策划的过程

战略性营销策划

战略性营销遵循市场导向的战略发展过程，考虑不断变化的经营环境和不断传送顾客满意的要求，是一种关于营销的思维和实践方式。战略性营销强调竞争与环境的影响，它要求营销人员有效地进行企业总体战略规划，以实现企业的目标与任务。

酷乐士微定制"活出天然色彩"

战略性营销策划分为三个阶段：营销战略策划、营销计划制定和营销管理，如图3-1所示。

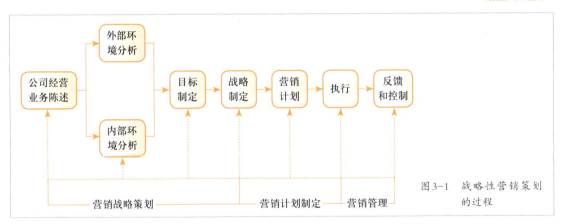

图3-1 战略性营销策划的过程

战略性营销策划的任务，是把公司总体战略和经营战略的要求，延伸和发展为市场营销职能运行的基本战略。在这个过程中，市场营销人员在比较全面的市场环境分析的基础上，进一步寻求和评价市场机会，对机会所显现的市场进行细分，并对各个分市场进行优选以决定目标市场，并制定市场竞争战略和具体的策略。

营销战略策划的内容及流程

（1）营销战略策划。

营销战略策划是指企业为了实现一定的营销目标，在对企业的内外环境和营销现状予以准确分析，并有效运用企业资源的基础上，对一定时期内的企业营销活动的目标、方针、战略、策略及具体实施方案的预先设计和谋划。它包括两个层次的策划，即战略策划和战术策划。营销战略与战术的关系是方向与方法的问题，方向错了，再正确的方法也将无济于事；方向对了，正确方法

营销战略策划

的选择就是少走弯路。因此，营销战略策划就成为做好其他营销策划的前提。营销战略策划流程如图 3-2 所示。

营销战略策划即是营销战略制定的过程。具体的内容如下：

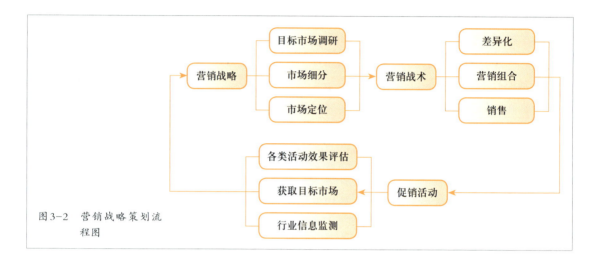

图 3-2　营销战略策划流程图

① 公司经营定位，业务使命陈述。

② 公司外部环境分析，发现营销机会和所面对的威胁及挑战。

③ 内部环境分析，通过对公司的资源、竞争能力、企业文化和决策者的风格等进行客观的评估，找出相对于竞争对手的优势和劣势。

④ 目标制定，基于公司业务定位和内外环境的分析，制定出具体的战略目标，诸如利润率、销售增长额、市场份额的提高、创新和声誉等。

⑤ 战略制定，包括公司总体战略和营销战略的制定。目标说明公司欲向何处发展，战略则说明如何达到目标。一个精雕细琢和周全缜密的战略是公司取得竞争成功的关键。战略制定要解决下列几个问题：如何完成公司目标？如何打败竞争对手？如何获取持续的竞争优势？如何稳定公司长期的市场地位？

（2）营销计划制定。营销计划制定是将营销战略转化成具体可执行的营销方案，这需要在营销预算、营销组合和营销资源分配上做出基本决策。

（3）营销管理。营销管理是具体组织、执行、控制、评估营销计划的过程，并通过市场信息的反馈不断地对营销计划和营销战略做调整，以便公司更有效地参与竞争。

公司所有的营销努力都应该是目标和市场导向的。营销战略保证你做正确的事情，而营销计划能使你正确地做这些事情。简单地讲，战略性营销就是有计划地扬长避短、趋利避害的营销。

3.1.3 战略性营销策划的主要程序步骤及其工作内容

战略性营销策划的主要程序步骤及其工作内容如图3-3所示。

营销现状	要提供与市场、产品或服务、行业及竞争状况、分销和宏观环境有关的背景数据和资料
SWOT分析	概述公司主要的机会和威胁、优势和劣势
目标	制定计划中要达到的关于销售量、市场份额、利润、形象、客户服务等方面的目标
营销战略	阐述了为实现营销目标而采用的主要营销措施。营销战略应该与营销组合中的各个方面联系起来
行动方案和预算	详细地制定应该做什么、谁来做、如何做、什么时候做，它需要多少成本费用，营销预算如何制定
控制	在整个计划实施过程中，建立监控目标实现的机制是非常必要的，这个起到支持作用的机制可以提供大量的反馈信息。依靠反馈系统，可以及时采取有效的纠正措施

图3-3 战略性营销策划的主要程序步骤及其工作内容

小试牛刀3-1：制定茶叶国内市场营销策划的步骤流程

背景资料：小范是某高职院校市场营销专业的大二学生。他家经销云南普洱茶已15年。他于课堂上了解到娜允红珍茶的情况后，便告诉父亲。父亲进一步了解后，希望与娜允红珍茶业有限公司合作。经过两次谈判，娜允红珍茶业有限公司同意小范家经销其娜允红珍红茶。小范的父亲将娜允红珍红茶市场营销策划的任务交给了学营销专业的儿子。小范首先要做的是为娜允红珍红茶的市场营销策划工作列出策划的具体步骤流程。

分析与执行：小范根据所学的战略营销策划程序步骤，并结合娜允红珍原生态茶厂的经营情况、产品特色、市场现状，初步列出针对国内市场营销策划工作的具体步骤流程。

操练记录：

策划步骤项目	主要工作内容
第一步	
第二步	

续表

策划步骤项目	主要工作内容
第三步	
第四步	
第五步	
第六步	
第七步	
第八步	
……	

案例

五谷杂粮网购市

场营销战略策划

方案

3.2 战略性营销策划的具体内容

3.2.1 战略性营销策划的内容框架构成

战略性营销策划内容框架图如图 3-4 所示。

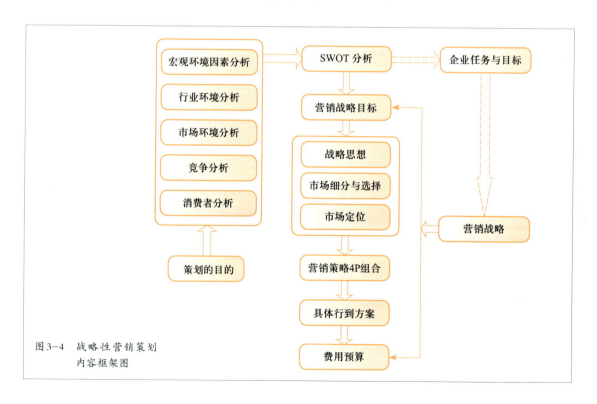

图 3-4 战略性营销策划
          内容框架图

3.2.2 明确经营任务

经营战略的策划始于明确任务，经营任务规定业务和发展方向。明确任务首先要考虑企业总体战略（公司战略）的具体要求。在此基础上经营单位要确定业务活动的范围。

3.2.3 营销环境分析

1. 市场背景与外部环境分析

企业的生存和发展与现实的外部环境及其变化有密切的关系。能否把握外部环境的现状及未来的趋势，发现营销机会和所面对的威胁及挑战，利用机会、避开威胁是企业及其经营单位能否完成其战略任务的首要问题。

市场分析原则、时机

构成外部环境的因素很多，从时间、费用和必要性来看，不可能也没有必要对所有环境因素进行分析。可以根据其任务的性质和要求，确定特定的市场背景和外部环境内容，然后集中人力和费用，对影响较大的因素进行调查和分析。尤其要注意的是，必须重视预测有关因素将来发生突变的时间和变化方向。

外部环境分析最终必须回答：有关环境因素会在何时发生变化？发生的可能性有多大？这种变化将成为企业或该项任务的机会还是威胁？会带来多大影响？应当采取何种对策？如果是向新的产品、市场发展业务，还要重点分析有潜在竞争关系的其他企业的反应，作为发展基本战略的依据。

重点进行宏观环境因素分析、行业环境分析、行业竞争对手分析和消费者行为分析。

（1）宏观环境因素分析。主要分析影响企业微观环境的巨大社会力量，包括人口、经济、政治、法律、科学技术、社会文化及自然地理等多方面的因素。

（2）行业环境分析。行业环境分析是制定企业营销活动的关键因素。

① 行业竞争环境影响分析。行业内部竞争不仅仅包括现有竞争者，还包括进入者威胁、替代品威胁、买方砍价能力、卖方砍价能力。这五种竞争作用力决定了产业的赢利能力。因此企业在做市场营销战略策划时必须考虑这五种竞争作用力对行业的影响，而不仅仅是现有竞争对手。

② 行业销售市场特点分析。行业不同，销售市场的特点不同，要深入分析。

③ 行业市场的潜力及发展前景分析。行业市场的潜力及发展前景分析也是制定企业市场营销战略的主要依据之一。一个有巨大潜力及发展前景的市场会给企业带来巨大发展机遇，而夕阳产业则会使企业陷入困境。企业所在行业

是否有足够高的利润率，足够大的市场空间。

（3）行业竞争对手分析。行业竞争对手分析属于微观环境分析。在现行行业中，几乎每一个企业都会感觉到来自竞争对手的压力。在对行业竞争对手做深入分析时须认真研究：在这个市场中我们与谁瓜分市场？与谁展开竞争及采取怎样的步骤？竞争对手战略行为的意义是什么？我们该如何对待它？

在对行业竞争对手做深入、具体分析时，通常要考虑四种要素：竞争对手的未来目标、假设、现行战略和能力。

分析竞争对手的未来目标是竞争对手分析的第一要素。包括分析竞争对手的财务目标、对风险的态度、对自己在市场上地位的看法、现有的激励系统、目标及战略定位等。通过对这些因素的考察来了解竞争对手的未来战略。

分析竞争对手的假设是竞争对手分析的第二个关键因素。包括竞争对手对自己的假设及竞争对手对行业及行业中其他企业的假设。每个企业都对自己有所假设。例如，企业把自己看成同行业的龙头企业、低成本的生产者或认为自己拥有最优秀的销售队伍等。同样，每个企业对行业及竞争对手也持一定的假设。比如，企业将竞争对手分为市场领先者、市场挑战者、市场追随者。

分析竞争对手的现行战略，即确定竞争对手采用的战略模式是总成本领先战略、差别化经营战略或是集中化战略。

分析竞争对手的能力，就是评价竞争对手的强项与弱项。主要包括如下关键业务领域：产品、分销渠道、营销与销售、运作能力、研究和开发能力、总成本、核心能力、适应变化能力。竞争对手的上述能力决定了竞争对手在所在产业环境中的市场营销能力。

（4）消费者行为分析。消费者购买行为的影响因素主要有文化、社会、个人和心理四个方面（见图3-5），尤其要具体分析消费者对产品的需求、兴趣，其自身所处的社会地位，收入水平情况，因这些因素都会直接影响其购买行为。分析消费者行为的目的在于把握消费者的购买动机和对产品的具体要求，勾画出典型的消费者形象，从而为有针对性地开展营销活动提供决策参考。

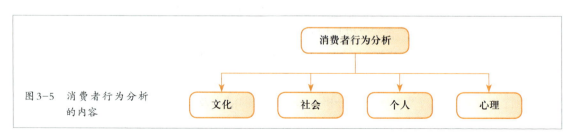

图3-5　消费者行为分析的内容

外部环境分析的主要目的是找出外部环境中的机会和威胁。

2. 企业资源分析

通过对公司的人、财、物、技术、管理能力、市场资源、品牌价值等各种资源进行全面的分析和客观的评估，找出自己的优势和劣势。如图3-6所示。

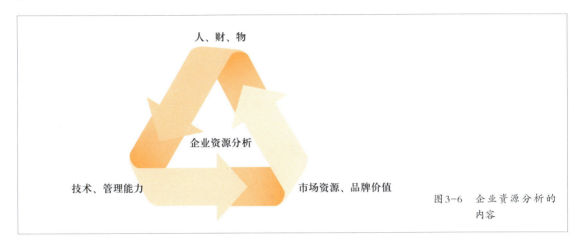

图3-6 企业资源分析的内容

3. SWOT分析并总结

可以用量化的方法进行严格的计算，更多的是SWOT思想捕捉企业发展机会。具体如图3-7所示。

图3-7 SWOT分析图

（1）企业具备的优势；

（2）企业存在的劣势；

（3）企业面临的威胁；

（4）企业存在的机会。

3.2.4　企业市场营销战略目标的确立

基于公司业务定位和内外环境的分析，战略任务应该转化为特定的经营目标。计划的制定和实施，都要以特定的目标作为依据。

1. 建立市场营销战略目标体系

企业在经营活动中，可能同时追求几个目标。比如，资金利润率、销售利润率和资金周转率等收益性目标；销售增长率、市场占有率、利润增长率等成长性目标；自有资金比率、回避风险、盈亏平衡等安全性目标；创新、商誉、形象等目标。为了策划过程中思路清晰不至于遗漏和混乱，要首先建立起市场营销战略目标体系。

2. 决定市场营销战略目标值

目标不能只是定性，还要以数量表达。比如提高投资收益率，若加上数量、时间，就会非常明确。目标成为指标，更有利于战略策划和管理、控制。

目标值的决定，要依据外部环境和内部条件，并参照其他标准。国外经常结合社会平均值，同行业优秀企业和国际上相似类型优秀企业的标准考虑。一般来说，要先进、合理。比如高于社会平均值，并尽可能向优秀企业的基准挑战。这有利于保持自己的竞争力，又有利于激发员工的积极性。

企业营销战略目标通常包括产品的市场占有率、企业在同行业中的地位、完成战略目标的时间。

（1）公司目标。在完成 SWOT 分析之后，就可以制定出公司在三至五年内的长期目标，并把这些长期目标细化为具体的短期目标。目标必须是定时的、量化的和可实现的，它可以衡量并转化为具体的计划加以实施、控制和评估。目标是跟踪公司业绩和进度的标尺，所以它制定得越清晰越好。

很少有公司仅追求一个目标。大多数业务都是几个目标的组合，诸如利润率、销售增长额、市场份额提高，风险的分散，技术创新和声誉等。目标建立之后，公司可实施目标管理。

（2）营销目标。严格意义上讲，营销目标是功能层次的目标，它是对公司总体目标的进一步分解和具体化。也就是说，公司目标要转化成营销目标。例如，公司的目标设定在明年实现净利润 200 万元并且它的目标利润率为 10%，那么它在销售收入上的目标必须是 2 000 万元；如果公司产品的平均售价是 20 元，那么它必须售出 100 万单位的产品。如果对整个行业的销售预计是达到 2 000 万单位，那么它就必须占有 5% 的市场份额。为了达到这个市场份额，其营销目标可以是：销售产品 100 万单位，市场占有份额为5%。

但随着商业竞争环境的急速变动，今天的营销战略在企业所扮演的角色，几乎与企业的总体战略合而为一了，因为以营销为导向的企业在制定企业战略时，营销已成为其战略的重点。正如通用电气公司的战略计划经理所说："营销经理在战略制定的过程中至关重要，他在确定企业的使命中负有领导的责任：分析环境、竞争和企业形势；制定目标、方向和策略；拟定产品、市场、分销渠道和质量计划，从而执行企业战略。他还要进一步参与同战略密切相关的方案制定和计划实施活动。"

任何目标的制定必须注意以下四点：

首先，目标必须按轻重缓急有层次地安排。例如，一个关键的目标是在这一阶段提高投资回报率，这又衍生出提高利润水平或减少投资额；提高利润又包括增加收入和减少费用；增加收入又转化为提高市场份额或价格。通过这种方法，可将较抽象的目标变为公司各部门和个人能够执行的特定目标。

其次，在可能的情况下，目标须量化。例如，"提高投资回报率"，这个目标就不如"提高投资回报率15%"明确。

再次，公司所建立的目标水平应该切实可行。这一水平是在分析机会和优势的基础上形成的，而不是主观愿望的产物。

最后，公司各项目标之间应该协调一致。例如，销售最大化和利润最大化同时达到是不可能的。

3.2.5　确定市场营销战略的思路及方向

1. 战略模式选择

根据公司战略规定的任务和目标，经过内外系统分析，就可以将外部机会与威胁同内部优势、劣势加以综合权衡，利用优势，把握机会，降低劣势，避免威胁。这个过程就构成了市场营销战略模式的选择过程。有五种可提高成功概率的战略模式，可以供企业选择。表3-1为五种基本战略的通常含义。

表3-1　五种基本战略的通常含义

基 本 战 略	通常需要的基本条件	基本组织要求
总成本领先战略	1. 持续的资金投入和良好的融资能力 2. 工艺加工技能 3. 对工人严格监督 4. 所设计的产品易于制造 5. 低成本的分销系统	1. 结构分明的组织和责任 2. 有效的激励制度 3. 严格的成本控制 4. 经常、详细的控制报告

基 本 战 略	通常需要的基本条件	基本组织要求
差别化战略	1. 强大的生产营销能力 2. 产品加工 3. 强大的基础研究能力 4. 质量和技术领先的声誉 5. 销售渠道高度合作	1. 产品开发和市场营销部门密切合作 2. 重视主观评价和激励 3. 能吸引高科技人员
集中战略	针对具体的战略目标由上述各项组合	针对具体的战略目标由上述各项组合
基于总成本领先的集中化战略	针对具体的战略目标由上述各项组合	针对具体的战略目标由上述各项组合
基于差别化的集中化战略	针对具体的战略目标由上述各项组合	针对具体的战略目标由上述各项组合

这五种战略就是：

（1）总成本领先战略。

（2）差别化战略。

（3）集中战略。

（4）基于总成本领先的集中化战略。公司将其力量集中在几个细分市场上，通过为这些小市场上的购买者提供比竞争对手成本更低的产品或服务来战胜竞争对手。

（5）基于差别化的集中化战略。公司将其力量聚焦在有限的购买群体或细分市场上，而不是追求全部市场。公司从了解这些细分市场的需求入手，提供比竞争对手更能满足购买者的定制产品或服务战胜竞争对手。

通过总成本领先战略、差别化战略、集中战略、基于总成本领先的集中化战略、基于差别化的集中化战略的特征分析，以及企业所处行业的结构特点分析、竞争对手分析及企业具备的优势、存在的弱点、面临的机会与威胁分析，可以确定企业自身的基本战略模式。

2. 确定营销战略重点或分阶段重点策略

（1）通常根据企业已确定的市场营销战略目标，结合企业的优势如品牌优势、成本优势、销售网络优势、技术优势、形象优势确定企业的营销战略重点。便于企业更好地发挥优势，制造特色。

（2）营销战略分阶段重点策略。市场是动态的，为适应当前市场状况和未来发展变化趋势，营销战略也必须针对不同发展时期制定相应策略。一般把企业的营销战略实施分为三个阶段，即可以分为短期战略、中期战略及长期战略并分别制定策略。

例如，某企业短期战略要点包括保持传统市场不被挤出及扩大新市场潜入能力。

中期营销战略要点包括：① 扩大新市场潜入能力和开辟未来市场；② 开发新产品可行性；③ 克服竞争威胁。

长期市场开发战略要点包括：① 调整企业的产品结构和改变市场组成；② 预测潜在的竞争对手。

3.2.6 营销战略STP的分析与确定

1. 市场细分策划

（1）市场细分策划的含义与依据。

① 市场细分策划的含义。市场细分策划是指企业通过策划人对市场进行调研，并依据消费者某一方面属性的差异，把企业产品所面对的整体市场划分为若干个消费者群的策划活动。其策划的目的是为企业制定出一套科学可行、细致周密的市场细分方案。

市场细分策划

② 市场细分策划的依据。A. 消费者需求的差异性及由此决定的购买者动机和行为的差异性是市场细分的内在依据。从消费者需求状况看，消费者所处地理、社会环境不同，自身的心理素质及购买的动机不同，造成了他们对产品的价格、质量、款式上需求的差异性。所以，消费者需求的整体市场可分为同质市场和异质市场。同质市场是指消费者对某一产品的需求、购买行为、对企业市场营销组合策略的反应等基本相同或相似的市场。只有少数产品的市场属于同质市场。异质市场是指消费者对某一产品的需求、购买行为、对企业市场营销组合策略的反应等存在差异的市场。绝大多数产品的市场是异质市场。如有的消费者要求服装的款式新颖、面料质地精良，有的消费者则要求服装穿着舒适、面料耐磨，这样就可将服装的消费者分为两个类别，服装市场也就被细分为两个子市场。如果再考虑到儿童、女性、男性在服装款式方面的不同需求，则服装市场可以进一步细分为多个子市场。这些引起需求差异的因素就是市场细分策划的客观基础。B. 消费者需求的相似性是市场细分的客观基础。从整体看，消费者需求具有差异性是绝对的，因为世界上不存在两个完全相同的消费者，但在同一细分市场内部，消费者需求具有差异性又是相对的，同一细分市场内部消费者需求又具有相似性，从而形成相似性的消费者群。在生活中，有相同社会背景、相同文化氛围、相同经济层次、相同生活习俗等客观条件的消费群体总显现出在某种需求、欲望、心理、行为、习惯等方面的相似性，这种相似性就成了市场细分的依据，也是该细分市场的特征。

（2）市场细分策划的标准与程序。

① 市场细分策划的标准。市场细分策划对企业市场营销活动有至关重要

的作用。在市场营销实践中，市场细分策划的标准涉及的范围很广泛，本节以消费者市场细分为例，介绍市场细分策划的标准，如表3-2所示。

表3-2　市场细分策划的标准

细分标准	细分变量因素
地理环境	区域、地形、气候、城镇规模、人口密度、交通运输条件等
人口状况	年龄、性别、家庭规模、家庭收入、职业、教育、文化程度、信仰、民族、国籍、家庭生命周期等
消费者心理	社会阶层、生活方式、性格、购买动机、偏好、流行时尚等
购买行为	购买动机、购买频率、使用频率、消费态度、品牌忠诚度等

A. 地理环境标准。企业可按区域、地形、气候、城镇规模、人口密度、交通运输条件等标准划分市场。

B. 人口状况标准。包括以消费者的国籍、年龄、性别、家庭规模、家庭生命周期、民族、信仰、文化程度、职业等因素作为细分市场策划的标准。

C. 消费者心理标准。包括以消费者的社会阶层、生活方式、性格、购买动机、偏好、流行时尚等因素作为市场细分策划的标准。

D. 购买行为标准。购买时机、购买频率、使用频率、消费态度、品牌忠诚度等因素作为市场细分策划的标准。

在营销实践中，市场细分策划并不存在统一的细分模式，而且作为划分标准的各种因素均为变数，因此，在众多纷繁的变数标准条件下，应当找出主要变数作为标准。为了保证掌握准确的市场细分标准，企业市场细分策划要进行市场调查，以便掌握市场变化动态，确定细分标准。

② 市场细分策划的程序。美国学者杰罗姆·麦卡锡提出一套逻辑性强、粗略直观的七步细分法，很有实用价值，其具体步骤如图3-8所示。

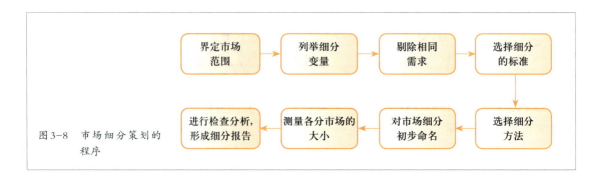

图3-8　市场细分策划的程序

A. 界定市场范围。在策划实践中，界定市场范围即界定其产品可能的市场范围，它是市场细分的基础和前提。但需要注意的是，确定和选择市场范围的依据应是市场需求，而不是产品特性，同时要考虑企业的任务和经营目标。

B. 列举细分变量。根据用户需求状况的不同，列举市场的细分变量，这是企业进行市场细分的依据。如上所述，以消费者市场细分为例，在消费者市场，影响消费者需求差异性的因素主要有地理环境、人口状况、消费者心理、购买行为等。

策划人可参照表 3-3 所列的市场细分标准将界定的市场范围进行初步的探索性细分，并将细分后形成的各类子市场的需求列举出来。

表3-3　消费者市场细分的变量

细分变量	具体变数	典 型 分 类
地理因素	地理区域	南方、北方、东北、平原、山区
	气候	寒带、温带、亚热带、热带
	城乡	大、中、小城市，镇、乡、村，郊区和农村
	人口密度	高密度、中密度、低密度
人口因素	性别	男、女
	年龄	老年、中年、青年、少年、儿童、婴儿
	文化	高等、中等、初等教育
	职业	公务员、教师、工人、医生、军人
	民族	汉、满、蒙、回、壮、苗等
	种族	黄种人、白种人、黑种人
	宗教	基督教、天主教、佛教、伊斯兰教
	家庭人口	多、少
	家庭生命周期	新婚期、子女婴幼期、子女学龄期、子女就业和结婚迁出期、老两口期
	国籍	中国、美国、英国、日本等
	收入	高、中、低、贫困
心理因素	社会阶层	上层、中层、下层
	生活方式	享受型、地位型、朴素型、自由型
	个性	随和、孤独、内向、外向

续表

细分变量	具体变数	典 型 分 类
行为因素	利益追求	便宜、实用、安全、方便、服务
	购买时机	平时、双休日、节假日
	购买状态	未知、已知、试用、经常购买
	使用程度与使用状态	大量使用者、中量使用者、少量使用者、非使用者；经常使用者、初次使用者、曾经使用者和潜在使用者
	对市场营销因素的反应程度	对产品、价格、渠道、促销、服务等的敏感
	偏好与态度	极端偏好、中等偏好、没有偏好；热心、积极、不关心、消极、敌意

C. 剔除相同需求。在列举的各类子市场需求中，把那些需求相同的内容及某些次要的因素剔除掉，仅留下那些子市场间差异明显的需求内容。例如，对于饮料，解渴是所有子市场相同的需求内容，因此，不能作为细分的依据，而是应该将其剔除掉，从而使各个市场之间的差异更加明显。

D. 选择细分的标准。经过剔除相同需求即"去同留异"后的各子市场需求差异已经比较明显，但是这些需求差异并不是有序的，而是杂乱无章的。这时就需要根据市场细分的标准将需求相同的消费者划归为一类。

E. 选择细分方法。市场细分的具体方法是根据产品整体市场的特点，综合各种标准来细分市场。

值得强调指出的是，企业在进行市场细分时，必须注意以下三个问题：一是市场细分的标准是动态的，它是随着市场营销环境的变化而变化的；二是不同的企业在市场细分时，应采取不同的标准和方法，因为各个企业的生产技术条件、资源和产品是不同的，所采用的标准和方法也应不同；三是市场细分所需信息和数据主要来源于政府部门、图书馆、互联网络、市场调查研究公司和企业自行市场调查研究等。

F. 对市场细分初步命名。按照选择的细分标准和细分方法将界定的市场划分形成若干个子市场，然后企业应根据各子市场的典型特征采用形象化的方法为其命名，使细分市场的名称既简单又富有艺术性。

G. 测量各分市场的大小。把每个分市场同人口变数结合起来分析，以测量各分市场潜在顾客的数量。因为企业进行市场细分，是为了寻找获利的机会，这又取决于各分市场的销售潜力。不引入人口变数是危险的，有的分市场或许根本就不存在顾客。

H. 进行检查分析，形成细分报告。对细分市场命名后，应进一步认识初步确定的细分市场是否科学、合理和恰当，是否需要做一些合并或者进一步拆分。在营销策划实践中，应注意两种情况：第一，市场细分过细，造成需求差异不明显或需求规模不足，对于这种情况，就应当实施"反细分化"策略，即把不该分开的市场合并以尽量减少细分市场的数目。第二，市场细分太粗，造成市场内需求相似性不足，子市场之间的差异性不大，对于这种情况，就应该对市场重新细分或进一步细分。

策划人对各个细分市场进行全面的分析，并对其经济效益和发展前景作出评价后，应对以上分析和评价形成市场细分报告，以便于明确选择目标市场。一般来说，市场细分报告应包括以下信息：

第一，子市场的名称；

第二，子市场消费群体的需求特点及行为特征等；

第三，子市场需求差异化的主要原因；

第四，子市场的规模与性质；

第五，子市场的竞争状况及变化趋势分析；

第六，子市场在产品、价格、分销、促销等方面可能做出的反应等信息。

2. 目标市场选择与目标市场策略策划

（1）目标市场选择策划。市场细分的目的在于发现市场机会，从一系列细分市场中，选择出最适合公司经营的市场组成部分。目标市场就是企业决定要进入的市场。企业在对整个市场进行细分之后，要对各细分市场进行评估，然后根据细分市场的市场潜力、竞争状况、本企业资源条件等多种因素，决定把哪一个或哪几个细分市场作为目标市场。企业的一切有效活动都是围绕目标市场进行的，选择和确定目标市场、明确企业的具体服务对象，关系到企业任务、企业目标的落实，是企业制定营销战略的首要内容。

目标市场选择策划

目标市场选择策划是企业选择某一部分市场作为营销对象的决策，即在市场细分的基础上选择一个或多个细分市场作为目标市场的方案及措施。

目标市场应具备的条件如下：

① 具有一定的规模及成长潜力。企业必须考虑的首要问题是即将进入的目标市场是否具有一定的规模和成长潜力。最佳的目标市场应该与企业的实力相匹配。过大的目标市场，对于实力较弱的企业来说，难以有效地占领和控制；较小的目标市场，则又不利于较大企业发挥生产潜力。

② 具有足够的吸引力。细分市场即使具有一定的规模和成长潜力，但是从长期赢利的观点来看，细分市场也未必具有长期吸引力。细分市场吸引力的衡量指标是成本和利润。

③ 符合企业的营销战略目标和资源条件。细分市场即使具有了一定的规

模和成长潜力，并且具有长期的吸引力，企业也必须结合其市场营销战略目标和资源来综合评估。某些细分市场虽然有较大的吸引力，但不符合企业长远的市场营销战略目标，不能推动企业实现市场营销战略目标，甚至会分散企业的精力，因此，企业不得不放弃；细分市场即使符合企业长远的市场营销战略目标，企业也必须对企业资源条件进行评估，必须考虑企业是否具备在细分市场所必需的资源条件。如果企业在细分市场缺乏必要的资源，并且无获得必要资源的能力，企业就要放弃这个细分市场；如果企业确实能在该细分市场取得成功，它也需要发挥其经营优势，以压倒竞争者。如果企业无法在细分市场创造某种形式的优势地位，它就不应贸然进入。

（2）目标市场战略的策划。目标市场战略有以下 3 种：

① 无差异性营销战略。指企业以整个市场（全部细分市场）为目标市场，提供单一的产品，采用单一的营销组合的策略。

这种策略的特点是企业只注重细分市场的共性而不考虑细分市场的特性，把市场看成一个无差别的整体。如我国长春第一汽车制造厂向国内市场销售解放牌汽车的策略。这种策略的优点在于能够通过单一产品的大批量生产降低产品成本和提高设备利用率，同时避免开发费用的投入和节省促销费用，以利于用低价争取广泛的消费者。其缺点在于它不能满足消费者各种不同的需要，只是停留在大众市场的表层，无法进一步发展。同时这种策略缺乏弹性，难以适应市场的频繁变化。

② 差异性营销战略。指企业在对市场进行细分的基础上，根据各细分市场的不同需求，分别设计不同的产品和运用不同的市场营销组合，服务于各细分子市场。这是很多企业采用的目标市场策略。如宝洁公司洗衣粉类产品有强力去污的碧浪、去污很强的汰渍、物美价廉的熊猫，洗发用品有潮流一族的海飞丝、优雅的潘婷、新一代的飘柔、时尚品位代表的沙宣等。宝洁公司生产多种规格、多个品种的产品以满足各种消费者的需要，通过不同的产品来满足各个细分子市场的需要，可以为企业吸引到更多的消费者，扩大企业的销售额，增强企业在市场上的竞争力。这一策略的缺点是由于增加了企业产品种类和市场营销组合的多元化，企业用于设计、试制、制造和改进工艺的生产成本、管理成本、促销成本都大大提高。

③ 集中性营销战略。指企业集中全部力量用于一个或极少数几个细分子市场，提供能满足这些细分子市场需求的产品，以期在竞争中获得优势。这是大多数中小企业采用的策略，其优点在于可以充分利用其有限的资源，发挥其某些方面的优势，以达到积聚力量、与竞争对手抗衡的目的，从而提高产品的市场占有率。其缺点在于集中性营销战略有较大的风险，由于企业所选择的目标市场范围较狭窄，一旦市场情况突变或者出现强大的竞争对手，企业可能陷

入困境，没有回旋的余地。

（3）目标市场的切入策划。在选定目标市场以后，还必须就怎样切入目标市场及切入目标市场的时机进行策划。

① 目标市场的切入方式。目标市场的切入方式指企业进入选定目标市场的方式。下面就新产业市场和非新产业市场分别介绍。

A. 新产业切入市场的方式。新产业市场往往具有经营风险大、市场潜力大、科技含量高及进入成本高等特点。切入新产业市场的策略如图 3-9 所示。

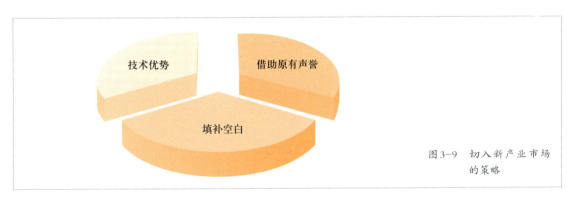

图 3-9　切入新产业市场的策略

　　a. 以技术优势挺进市场。对于高新技术产业，企业必须凭借自身的技术优势切入市场。这些技术可以是企业的专利，也可以通过与科研单位、高等院校联合开发获得，使企业一进入市场就树立起技术力量雄厚的形象，确定企业的市场位置。

　　b. 借助企业原有的声誉切入。如果企业属知名企业，长期经营中已形成的较高的声誉、广阔的营销网络和驰名商标，就是企业切入新产业市场的条件。

　　c. 填补空白，大胆全面切入。如果企业具有与众不同的能力，足以填补某类市场的空白，就可以大胆地全面切入市场。

　　B. 非新产业切入市场的方式。这是指企业在原有目标市场上拓展或进入非新产业但属企业新选定的目标市场的方式。如图 3-10 所示。

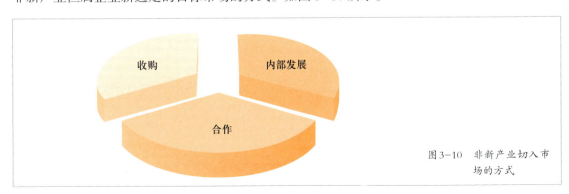

图 3-10　非新产业切入市场的方式

a. 收购现成的产品或企业，是进入目标市场最快捷的方式之一。一般在下列情况下采取这种方式：企业进入某个目标市场，但对这一行业的知识还很不足；尽快进入该市场对企业有很大的利益，如靠内部发展的方式进入新市场将遭到种种阻碍，如专利权、经营规模、原料及其他所需物资供应受限制；等等。

b. 以内部发展的方式切入市场。企业依靠自身的科研、设计、制造及销售目标市场需要的产品进入市场。这种方式适用于下列情况：对于巩固该企业的市场地位有利；没有适当的企业可供收购或收购价格过高；收购现有产品或企业的障碍太多；等等。

c. 与其他企业合作进入市场。企业间的合作可以是生产企业与生产企业合作，也可以是生产企业与销售企业合作。这种方式在企业界运用得比较广泛，因为采用合作的方式可将风险因合作分担而降低，合作企业在技术上、资源上相互支援，优势互补，发挥出整体组合效应，形成新的经营能力。

② 切入目标市场的方法。企业切入目标市场，在选择适合本企业切入方式的同时，要选用一定的方法。如图3-11所示。

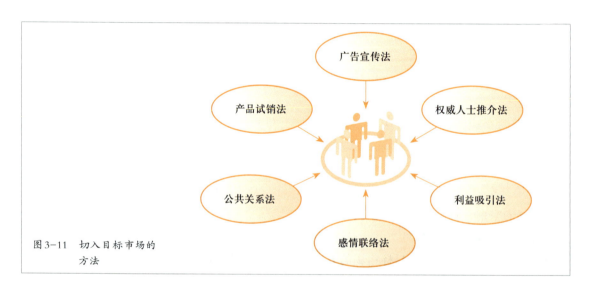

图3-11 切入目标市场的
方法

A. 广告宣传法。企业通过精心策划推出广告，使目标市场上的顾客知晓企业、了解产品，激起购买欲望，促成购买行为。

B. 产品试销法。通过产品小批量试产、试销，广泛征求用户及顾客的意见、建议，为改进产品及经营提供依据。这种方式可以减少企业经营的盲目性及由此带来的风险。

C. 公共关系法。通过各种形式的公关活动如专项活动、开业庆典、赞助公益事业、策划新闻等赢得目标市场上公众的信赖和支持。

D. 感情联络法。人是有感情的，在做购买决策时势必要受到感情因素的影响。为此，企业切入目标市场就要注意感情投入，加强联络。

E. 利益吸引法。在利益上给购买者以实惠是切入目标市场的有效方法。

F. 权威人士推介法。切入某个目标市场可以巧妙地利用名人效应，达到进入市场的目的。

除上述方法外，推介会、展销会等都是切入市场行之有效的方法。策划者要根据目标市场的特点、产品特征、市场态势及竞争状况、费用高低等加以选用。

③ 切入目标市场的时间选择。企业切入市场的时间安排也很重要，过早或过晚切入市场都对企业经营不利。确定切入市场的时间主要取决于以下两个方面：

A. 正常准备时间。在切入目标市场之前，要计算在正常情况下做好一切准备工作需要花多少时间。这些准备工作包括：产品设计、试销、批量生产、推销培训、建立销售渠道等。

B. 适应市场形势变化的调整时间。市场形势发生变化时，可以比正常切入市场的时间提前或推迟。

另外，也要注意把握切入市场的时机，尤其是季节性强或具有特定消费对象的产品，适时视情况切入市场会收到事半功倍的效果。

3. 市场定位策划

（1）市场定位策划的内容。

① 产品定位。产品定位是在营销策划时确定产品各种属性的位置、档次。产品定位的内容如图 3-12 所示。

市场定位

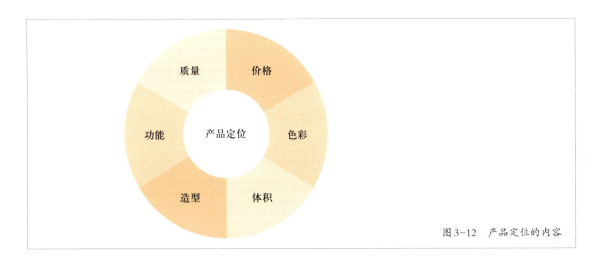

图 3-12 产品定位的内容

105

具体包括：A. 产品的质量定位；B. 产品的功能定位；C. 产品的造型定位；D. 产品的体积定位；E. 产品的色彩定位；F. 产品的价格定位。

② 市场定位。市场定位是指确定产品进入的目标市场。在进行营销策划时，首先必须进行市场定位，只有确立了目标市场，才能考虑推出与其相适应的产品。市场定位总体来看主要有这样几方面内容：

A. 地域定位。即考虑本企业产品的市场区域是世界范围、全国范围还是本地范围，是北美还是东南亚或是其他什么地区等。

B. 气候定位。即产品在什么气候类型的地区销售，是北方还是南方，是少雨干燥地区还是多雨潮湿地区。

C. 性别定位。产品是男性用还是女性用，是两者兼用还是男女有所偏重。

D. 年龄定位。不同年龄段的消费者对产品的要求往往有较大的区别，只有充分掌握和利用这些特点，才能赢得各个不同年龄层次的消费市场。

E. 层次定位。不同阶层的消费特点也会有所不同，通过阶层划分来确定自己的目标市场也是市场定位的一个重要因素。阶层定位可以按知识层次、收入层次、职位层次等标志进行多种划分。

F. 职业定位。这种定位除了按教师、公务员、医生等明显不同的职业区分外，更应善于划分那些不太明显的职业区别，如商务人士既有技术工程师，也有销售人员，还有公司办公室职员等。

G. 文化定位。不同地区、国家、民族有不同的文化，市场定位应充分考虑不同文化对产品需求的不同特点。

H. 个性特点。即考虑把自己的产品销售给具有什么样个性的消费者。

③ 企业定位。企业定位是对产品定位、市场定位的强化，它通过企业在市场上塑造和树立良好的形象，形成企业的魅力，并产生马太效应，推动营销活动。企业定位一般要运用独特的产品、独特的企业文化、企业的杰出人物、企业环境和公共关系手段进行。

市场定位与产品定位、企业定位分别是三个不同层次。产品定位是基础和前提，企业定位是完成整个企业营销定位的最后阶段，市场定位则是居于二者之间、承前启后的中间阶段。市场定位与产品定位、企业定位存在相互重叠、相互影响、相互依赖的内在联系。企业营销定位策划需要各个方面的通力合作和相互照应，为最终实现共同的目标努力。

（2）市场定位策划的最佳途径。如图 3-13 所示。

确定产品的特色，让本企业的产品与市场上的其他竞争者有所区别，这是市场定位策划的根本出发点。要做到这一点必须进行创新策划，强化产品差别化。

一般来说，产品差别化策划可以从以下几个方面进行：

市场定位策划的
最佳途径

图 3-13　市场定位策划的最佳途径

① 通过产品实体的创新体现产品的差别化。即产品在功能、质量、构造、外观、包装等方面与其他企业生产的同类产品的差异。同一产业内不同企业所生产的产品，虽然其用途是基本相同的，但各企业的产品在设计构造、功能、包装等方面，却可以通过不同的创新形式形成产品的差别化，从而赢得购买者的偏好。比如，改进质量、完善产品的使用性能；改进特性，在产品大小、重量、材料或附加物等方面改变或增加某些属性，扩大产品的适用性；改进产品的款式和包装，增加产品的美感。这些做法都能吸引消费者的注意。

② 通过服务创新实现产品的差异化。即企业除向购买者提供产品外，还可向买方提供信息、服务、维修乃至提供信用资助等，在服务上形成产品差异化。比如，利用帮助安装、进行调试、使用指导、分期付款、良好的维修服务和质量承诺等服务手段实现产品差异化，使购买者产生对本企业产品的偏好，从而提高企业产品的市场占有率。在这方面，财力较弱、行动迅速、反应灵敏的中小企业，其创新空间更为广阔。

③ 通过信息传递实现产品的差别化。即企业通过文字、图像、声音等媒体，利用各种传播手段，将有关的特征等信息传递到目标市场，让顾客感到本企业的产品与同类产品的差异，从而在顾客心目中树立该产品与众不同的形象。

（3）市场定位过程、步骤策划。

① 市场定位过程策划。它是指企业明确潜在的竞争优势、选择相对的竞争优势以及显示独特的竞争优势的方案及措施。

网店的市场定位

A. 明确潜在的竞争优势。即要求一个企业从以下三个方面寻找明确的答案：a. 目标市场上的竞争者做了什么，做得如何？ b. 目标市场上的顾客确实需要什么？他们的欲望满足得如何？ c. 本企业能够为此做些什么？

B. 选择相对的竞争优势。相对的竞争优势是一个企业能够胜过竞争者的能力，有的是现有的，有的则是具备发展潜力的，还有的是可以通过努力创造的。简而言之，相对的竞争优势是一家企业能够比竞争者做得更好的方面。

C. 显示独特的竞争优势。选定的竞争优势不会自动地在市场上显示出来，企业要进行一系列活动，使其独特的竞争优势进入目标顾客的心中，通过自己的一言一行，表明自己的市场定位。要做到这一点必须进行创新策划，强化本企业及其产品与其他企业及其产品的差异性。主要在于：a. 创造产品的独特优势；b. 创造服务的独特优势；c. 创造人力资源的独特优势；d. 创造形象的独特优势等。

② 市场定位步骤策划。一般来讲，企划者可以按如下步骤进行策划：

A. 分析目标市场的现状与特征。主要通过对目标市场的调查，了解目标市场上的竞争者提供何种产品给顾客，顾客实际需要什么产品。一般是将本企业产品与主要竞争对手的产品，按照消费者最感兴趣的两个主要特征画在坐标轴上，然后寻找坐标轴上有利的位置，以确定产品开发的方向和目标。最常用的两个变量是质量与价格，如图 3-14 所示。

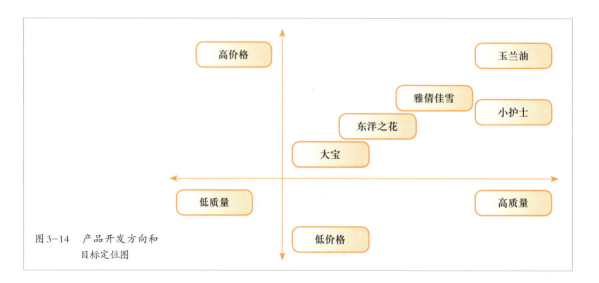

图 3-14　产品开发方向和
　　　　　目标定位图

B. 目标市场的初步定位。在分析了目标市场上的消费者需求及企业产品差异、确定了有效差异的前提下，策划者就要权衡利弊，初步确定企业在目标市场上所处的位置。

C. 对目标市场的正式定位。如果对目标市场的初步定位比较顺利，没有发生什么意外，说明这个定位是正确的，可以将其正式确定下来。但是有些时候初步定位也需要矫正，须对质量、包装、广告等方面的策略做相应的改变，这就是重新定位。例如，专为年轻人设计的某种款式的服装在老年消费者中也流行开来，该服装就应重新定位。

（4）市场定位策略策划。下面以一些具体案例来分析市场定位策划常用的策略、方法。

① 市场定位策略。主要方法有以下几种：

A. 针锋相对的定位策略。又称竞争性定位策略，指企业选择在目标市场上与现有的竞争者靠近或重合的市场位置定位，这种策略要与竞争对手争夺同样的目标消费者。采用这种策略时，企业与竞争对手在产品、价格、分销及促销等方面基本没有差别。

可口可乐和百事可乐针锋相对的定位策略

美国可口可乐与百事可乐是两家以生产销售碳酸型饮料为主的大型企业。可口可乐自1886年创建以来，以其独特的味道扬名全球，使其"同胞兄弟"百事可乐在第二次世界大战前仍望其项背。第二次世界大战后，百事可乐采取了针锋相对的定位策略，专门与可口可乐竞争，把自己置身于"竞争"这个独到的市场定位。半个多世纪以来，这两家公司为争夺市场而展开了激烈竞争，而它们都以相互间的激烈竞争作为促进自身发展的动力及最好的广告宣传，百事可乐也借机得到迅速发展。如图3-15所示。

图3-15 可口可乐和百事可乐针锋相对

B. 填补空隙策略。也叫避强定位策略，指企业尽力避免与实力较强的其他企业直接发生竞争，而将自己的产品定位于另外的市场区域内，使自己产品的某些属性或特性与较强的对手有比较明显的区别。在金融业兴旺发达的中国香港，"银行多过米铺"这句话毫不过分。各银行使出全身解数，走出了一条细分市场、利用定位策略、突出各自优势的道路，使中国香港的金融业呈现出一派百家争鸣、百花齐放的繁荣景象。

中国香港银行业的定位

汇丰银行：定位于分行最多、实力最强、全港最大的银行。这是以自我为中心、实力展示式的诉求。20世纪90年代以来，为拉近与顾客的情感距离，它改变了定位策略，新的定位立足于"患难与共、伴同成长"，旨在与顾客建立同舟共济、共谋发展的亲密朋友关系。

恒生银行：定位于充满人情味、服务态度最佳的银行，通过走感性路线赢得顾客的心。突出服务这一卖点也使它有别于其他银行。

渣打银行：定位于历史悠久、安全可靠的英资银行。这一定位树立了渣打银行可信赖的"老大哥"形象，传达了让顾客放心的信息。

中国银行：定位于有强大后盾的中资银行。这一定位直接针对有民族情结、信赖中资的目标顾客群，同时暗示它能提供更多、更新的服务。

C. 重新定位策略。企业对已经上市的产品实施再定位就是重新定位策略。采用这种策略的企业必须改变目标消费者对其原有的印象，使目标消费者对其建立新的认识。一般情况下，这种定位的目的在于摆脱困境，重新获得增长与活力。

小案例

美国强生公司的定位

美国强生公司的洗发液由于产品不伤皮肤和眼睛，最初定位于婴儿市场，当年曾畅销一时。后来由于人口出生率下降，婴儿减少，产品逐渐滞销。经过分析，该公司决定重新将产品定位于年轻女性市场，突出介绍该产品能使头发松软、富有光泽等特点，再次吸引了大批年轻女性。

② 产品定位方法。企业产品定位策划方法主要有以下几种。如图 3-16 所示。

产品定位方法	特色定位法	用途定位法	使用者定位法	竞争定位法	档次定位法	利益定位法	形状定位法
	消费者定位法	类别定位法	感情定位法	比附定位法	情景定位法	文化定位法	附加定位法

图 3-16　产品定位方法

A. 特色定位法。根据特定的产品属性来定位。产品属性包括制造该产品时采用的技术、设备、生产流程以及产品的功能等，也包括与该产品有关的原料、产地、历史等因素。如龙井茶、瑞士表等都是以产地及相关因素定位的，而一些名贵中成药的定位则充分体现了原料、秘方和特种工艺的综合。

B. 用途定位法。根据产品的使用场合及用途来定位。如防晒霜被定位于防止紫外线将皮肤晒黑晒伤，而保持和补充水分的润肤霜则被定位于防止皮肤干燥。

C. 使用者定位法。根据使用者的类型来定位。如强生公司将其婴儿洗发液重新定位于常常洗头而特别需要温和洗发液的年轻女性，使其市场占有率由

3% 提高至 14%。

D. 竞争定位法。根据竞争者来定位。可以接近竞争者定位，如娃哈哈公司针对养生堂公司的三合一农夫果园果汁饮料推出了四合一的果汁饮料，企图将其产品更深一步定位为更好的国内果汁饮料。也可远离竞争者定位，如七喜将自己定位为"非可乐"饮料，从而成为软饮料的第三巨头。

E. 档次定位法。不同的产品在消费者心目中按价值高低有不同的档次。如劳力士表价格高达几万元人民币，是众多手表中的至尊，也是财富与地位的象征。拥有它，无异于暗示自己是一名成功人士或上流社会的一员。

F. 利益定位法。根据产品向消费者提供的利益定位。这一利益点应是其他产品无法提供或者没有诉求过的，应当是独一无二的。如海尔公司向目标消费者提供的利益点是"真诚的服务"，而创维电视向目标消费者提供的利益点是"健康"等。

G. 形状定位法。根据产品的形式、状态定位。这里的形状可以是产品的全部，也可以是产品的一部分。如白加黑感冒药将感冒药分为白、黑两种颜色，并以此外在形式为基础改革了传统感冒药的服用方法。这两种全新形式本身就是该产品的一种定位策略，同时将其名称定为"白加黑"，也使这一名称本身就表达了产品的形式特点及诉求点。又如来一桶方便面是以产品本身的包装形状特征为定位点，从而在激烈的市场竞争中立于不败之地。

H. 消费者定位法。按照产品与某类消费者的生活形态及生活方式的关联定位。以劳斯莱斯为例，它不仅是一种交通工具，而且是英国富豪生活的一种标志。100 多年来，劳斯莱斯公司出产的劳斯莱斯和本特利豪华轿车总共才几十万辆，最昂贵的车价格高达 34 万美元。

I. 类别定位法。根据产品类别建立的品牌联想称为类别定位。类别定位力图在消费者心目中形成该品牌等同于某类产品的印象，已成为某类产品的代名词或领导品牌，使消费者在有某类特定需求时就会联想到该品牌。如快餐使人想到麦当劳，剪刀使人想到张小泉等。

J. 感情定位法。运用产品直接或间接地冲击消费者的感情体验而进行定位。如田田口服液以"田田珍珠，温柔女性"为主题来体现其诉求和承诺，由于"田田"这一品牌名称隐含"自然、清纯、迷人、温柔"的感情形象，因而其感情形象的价值迅速通过"温柔女性"转为对"女性心理"的深层冲击。"田田"这一女性化特质的品牌名称，明确地将一种感情形象的价值倾向作为其产品定位的出发点，并以此获得了市场商机。

K. 比附定位法。比附定位是以竞争品牌产品为参照物，依附竞争者定位。比附定位的目的是通过品牌竞争提升自身品牌的价值与知名度。20 世纪 60 年代美国 DDB 广告公司为艾维斯租赁汽车创作的"第二宣传"，便是运用比附定位取得成功的经典案例。因为巧妙地与市场领导者建立了联系，艾维斯的市场份额上升了 28 个百分点，大大拉开了与行业中排名第三的国民租车公司的距离。

L. 情景定位法。情景定位是将品牌与一定环境、场合下产品的使用情况联系起来，以唤起消费者在特定情景下对该品牌的联想。雀巢公司曾就雀巢咖啡的饮用状况做了一项调查，发现在 9 种环境下消费者饮用雀巢咖啡：早晨起床之后、午餐和晚餐之间、午餐时、晚餐时、与客人进餐时、洽谈业务时、晚间工作时、与同事进餐时、周末。上述 9 种应用情况能使雀巢咖啡获得强烈的品牌联想。

M. 文化定位法。将某种文化内涵注入产品之中，形成文化上的品牌差异，称为文化定位。文化定位不仅可以大大提高品牌的品位，而且可以使品牌形象独具特色。例如，万宝路引入"男性文化"因素，用粗体黑字来描画名称，表现出阳刚、含蓄和庄重；让结实、粗犷的牛仔担任万宝路香烟广告的主角，反复强调"万宝路的男性世界"。不断塑造、强化健壮的男子汉形象，终于使万宝路香烟的品牌价值位居世界香烟排名的榜首。

N. 附加定位法。通过加强服务、提供公共工程等树立和加强品牌形象，称为附加定位。对于生产性企业而言，附加定位需要借助于生产实体形成诉求点，从而提升产品的价值（特别是感情世界）；对于非生产性企业来说，附加定位可以直接形成诉求点。例如，"IBM 就是服务"，是美国 IBM 一句响彻全球的口号，是 IBM 企业文化的精髓所在。

市场定位应注意的问题主要是避免定位过低、定位过高、定位模糊与混乱、定位令人怀疑。

总之，市场定位实际上是一种竞争策略，是企业在市场上寻求和创造竞争优势的手段，要根据企业及产品的特点、竞争者及目标市场的消费需求特征加以选择。实际营销策划中往往是多种方法综合运用。

3.2.7　市场营销组合策略策划

市场营销组合策略策划即产品策略、价格策略、销售渠道策略和促销策略的策划，称为 4P 组合策略策划。 如图 3-17 所示。

1. 企业产品策略的制定

产品策略是指企业使自己的产品及其构成顺应市场的需求动态变化的市场开发策略。这里的产品是指所有能满足顾客需求或欲望的有形或无形组合体，它包括包装、颜色、品牌、价格、制造商、经销商声誉及服务等。

产品策略主要包括：改良旧产品、剔除旧产品、开发旧产品的新用途、开发新产品等方面。

市场营销组合策划

策略组合策划

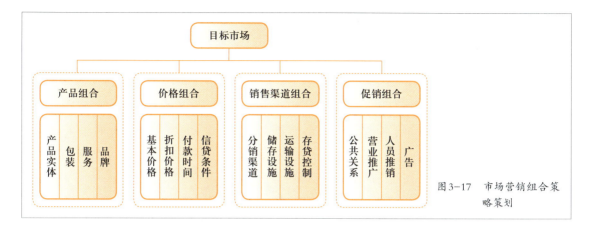

图3-17　市场营销组合策略策划

2. 企业价格策略的制定

价格策略在营销组合策略中占有重要的地位，因为它是影响销售收入的重要因素。大量企业营销实践表明，企业市场占有率的高低、市场接受新产品的快慢、企业及其产品在市场上的形象都与价格有着密切的关系。在现在激烈的行业竞争环境中，价格策略不能只考虑传统的定价方法，即成本导向法、需求导向法、竞争导向法。而是三种定价法的协调配合，以保本价格或边际成本为下限，以需求价格为上限，以市场竞争状况为参照系，合理制定产品的价格。企业价格策略应考虑的因素包括：

（1）利用定价完成产品定位；

（2）密切注意竞争者的动向并与竞争者保持动态一致；

（3）定价要有弹性，根据竞争压力和营销环境的变化适当调整价格，把价格作为完成营销策略的一种工具。

3. 企业销售渠道策略的制定

销售渠道策略是指用最高的效率和最低的费用把产品送到顾客手里去所采用的办法。在销售渠道的选择中通常要考虑两方面的因素：

（1）产品因素。如名牌产品质量高、信誉好，与产品形象相呼应必然选择大型商厦、购物中心作为渠道。也就是说，销售渠道要与产品定位和目标市场的购买形态相一致。

（2）市场因素。市场因素包括市场范围的大小、顾客集中与分散的程度，同时要考虑竞争产品的销售途径等。

中间商的选择应考虑的因素主要如下：① 中间商的市场范围；② 中间商的产品政策；③ 中间商的地理区位优势；④ 中间商的产品知识；⑤ 预期合作程度；⑥ 中间商的财务状况及管理水平；⑦ 中间商的促销政策和技术；⑧ 中间商的综合服务能力。

中间商管理的主要内容应该有（但不限于）以下几类：① 通过建立中间

商信息资料库，及时了解中间商的信息和动态；② 通过各种手段和措施密切与中间商的关系，做好各种服务工作；③ 通过各种物质的和非物质的措施、手段激励中间商，提高他们的积极性。

4. 企业促销策略的制定

促销策略是指企业运用各种方式、手段，向消费者传递商品与企业信息实现双向沟通，使消费者对企业及其产品产生兴趣、好感与信任，进而做出购买决策的活动。促销实质上就是一种传递、沟通信息，促进消费者购买的活动。因此，任何产品都应重视促销。

（1）促销的窗口。促销的重点在终端，因为终端是产品流通的终点，是产品最终消费者的购买场所。因此，促销的窗口应该是各种类型的销售终端。

（2）促销的方法。主要有人员推销、销售促进（营业推广）、公共关系和广告四种。各种促销方法的组合应用是战略性营销策划的重要工作。

3.2.8　营销预算

营销预算是营销计划重要的组成部分。营销是要花费的，所以必须有预算，除非你想浪费你的资源并放弃对销售和利润的改善。

营销预算是基于营销组合进行的，包括广告、公关与宣传、销售成本、销售促进活动支出、销售培训等（见表3-4）。营销预算必须反映企业的实际情况。

表3-4　营销预算项目表

项　　目	金　　额	备　　注
1. 直接销售成本		
销售薪金		
销售佣金		
差旅费		
招待费		
2. 间接销售成本		
培训费		
市场调研费		
销售统计费		
应交费用		
3. 广告费用		

续表

项　　目	金　　额	备　　注
4. 促销费用		
5. 公共关系费用		
6. 运输与交货费用		
7. 坏账处理		
8. 销售管理		
……		

最好的营销预算包括两部分：第一部分是满足按月进行的营销花费的数量；第二部分是帮企业应付预料不到的营销需求的备用预算。例如，可能有一个新市场出现，或者有竞争对手退出，或者新的竞争对手出现。怎样回应这些机遇和挑战都受到你的营销预算的影响。

没有钱的营销犹如无米之炊，半途而废的营销活动也会使你的利润受损。因此，一定要保证有足够的资金来完成你的营销活动。

3.2.9　企业的营销控制

企业的营销控制包括营销过程控制和营销评估。

1. 营销过程控制

营销过程控制通常包括年度计划控制、盈利能力控制、效率控制、策略控制四个方面。

（1）年度计划控制通常是对销售情况、市场占有率、销售收入与费用支出之比、财务情况、顾客态度跟踪等方面进行分析与控制。

（2）盈利能力控制通常是对产品、地区、顾客、群体、销售渠道、订货规模等方面进行分析与控制。

（3）效率控制通常是对销售人员、广告、销售促进、配销等方面的评估和提高经费开支的效率及效果进行评价。

（4）策略控制通常是对企业在市场开拓、产品开发、最佳渠道选择等方面的营销效果进行审计。

2. 营销评估

企业营销策略在实施过程中需对所制定的策略进行评估，评价预期的目标是否完成，策略或行动计划是否有修改的必要。这些追踪评价常采用两种模式：

（1）营销效果等级评价。营销效果等级评价通常包括：顾客宗旨、整体营

115

销组织、营销信息、策略导向和营销效率评价。

（2）营销审计。营销审计是对一个企业的营销环境、目标、策略和活动进行全面、系统、独立、定期的检查，目的在于确定问题的范围和市场机会并提出行动计划，以便提高企业的营销绩效。营销审计通常包括营销环境审计、营销组织审计、营销策略审计、营销系统审计、营销生产力审计、营销功能审计。

拥有营销战略并不能保证成功。战略决定方向，要想达到预期效果必须有相应的战役策划和战术策划。

如果未能实现你的所有营销目标，不要把它看作失败的计划，或者把它归咎于错误的计划。应当检查一下你的决策依据，调整策略，并开始下一轮的计划过程。计划中常见的问题有以下几个方面：

第一，缺乏足够的现状分析。现状分析是一个完整计划的基础，缺乏某些有关本公司、竞争对手、行业或者宏观环境的重要信息会导致计划的短视。

第二，目标不现实。不要低估或者高估你的目标，两者都会带来糟糕的结果。

第三，没有足够的细节。你的目标也许很好，但战略和行动措施可能不够完备。因此你必须确保在没有确定最终期限和责任的情况下，不要对如何完成任务做太多的假设。

第四，没有创意，维持现状。企业之间竞争实际上是智慧的竞争，没有创新，意味着被淘汰。

第五，计划没有被实施。如果不采取行动，制定计划就是浪费时间，毫无意义。

第六，竞争者采取出人意料的行动。竞争者强有力竞争的标志就是他们能够根据自身特点灵活而又快速地采取行动。决不能低估你的竞争者，应该留有足够的余地来调整你的计划和预算。

第七，没有评估计划进程。调整计划的唯一途径是评估该做什么，不该做什么。如果你正在做错事，即使方法正确也将于事无补。

这些也是制定战略性策划时必须注意的问题。

小试牛刀 3-2：选择娜允红珍红茶国内市场的目标市场

背景资料：小范确定了娜允红珍红茶国内市场营销策划工作的具体步骤流程后，整个策划工作的切入点在于确定目标市场，因为娜允红珍红茶的产地、产品特色突出，定位于国内高端产品已成定局。因此整个国内营销战略的策划首先必须进行准确的市场细分，选择、确定合适的目标市场是整个营销战略策划的开始也是基础。

　　分析与执行：小范首先与经营茶叶生意10多年的父亲进行全面的沟通和交流。从父亲那里了解到，近几年国内市场的茶叶需求量越来越大，但国内市场的中低端茶叶的价格竞争异常激烈，高端茶叶中全国性的品牌也迅速成长，普洱茶、龙井茶、铁观音等类茶中高端品牌不断涌现。娜允红珍红茶作为一种特制的高端红茶，要在国内市场打开销路，必须根据产品绿色、健康、生态、无污染的卖点先确定销售模式（比如网络、代理、专卖、直销等），然后根据销售模式选择相应的销售渠道，最后根据不同的销售渠道，选择、确定相对应的中高端目标市场，并描述所选择每一个目标市场的特点。

　　操练记录：

目标市场名称	特　点　描　述

3.3　战略性营销策划书编制

3.3.1　战略性营销策划的原则

　　为了提高策划书撰写的准确性与科学性，应首先把握其编制的几个主要原则，如图3-18所示。

生日蛋糕店营销策划

图3-18　战略性营销策划的原则

117

1. 逻辑思维原则

策划的目的在于解决企业营销中的问题。按照逻辑思维的构思编制策划书，首先是设定情况，交代策划背景，分析产品的市场现状，再把策划的中心目的全盘托出；其次进行具体策划内容的详细阐述；最后明确提出解决问题的对策。

2. 简洁朴实原则

要注意突出重点，抓住企业营销中所要解决的核心问题，深入分析，提出针对性强、具有实际操作意义的对策。

3. 可操作原则

编制的策划书是用于指导营销活动的，其指导性涉及营销活动中每个人的工作及各环节关系的处理。因此其可操作性非常重要。不能操作的方案创意再好也无任何价值。不易于操作也必然要耗费大量的人、财、物，管理复杂，效果不明显。

4. 创意新颖原则

要求策划的点子（创意）新、内容新，表现手法也要新，给人以全新的感受。新颖的创意是策划书的核心内容。

3.3.2 战略性营销策划书的文案格式内容

策划书按道理没有一成不变的格式，它依据产品或营销活动的不同要求，在策划的内容与编制格式上也有变化。但是，从战略性营销策划活动的一般规律来看，其中有些要素是共同的。因此，我们可以共同探讨战略性营销策划书的一些基本内容及编制格式。

案例

五谷杂粮网购市场营销战略策划方案

依云整合营销

1. 封面

策划书的封面可提供以下信息：

（1）策划书的名称。

（2）被策划的客户。

（3）策划机构或策划人的名称。

（4）策划完成日期及本策划适用的时间段。因为营销策划具有一定的时间性，不同时间段市场的状况不同，营销执行的效果也不一样。

2. 正文

正文部分的结构内容如下：

（1）前言（策划目的）。要对本营销策划所要达到的目标、宗旨树立明确的观点，作为执行本策划的动力或强调其执行的意义所在，以要求全员统一思想，协调行动，共同努力保证策划高质量地完成。企业营销上存在的问题纷繁多样，但概括而言，主要包括以下 6 个方面：

①　企业开张伊始，尚无一套系统的营销方案，因而需要根据市场特点策划一套营销策划方案；

②　企业发展壮大，原有的营销方案已不适应新的形势，因而需要重新设计营销方案；

③　企业改革经营方向，需要相应地调整营销策略；

④　企业原营销方案严重失误，不能再作为企业的营销方案；

⑤　市场行情发生变化，原经销方案已不适应变化后的市场；

⑥　企业在总的营销方案下，需要在不同的时段，根据市场的特征和行情变化，设计新的阶段性方案。

（2）分析当前的营销环境状况。对同类产品的市场状况、竞争状况及宏观环境要有一个清醒的认识。它是为制定相应的营销策略，采取正确的营销手段提供依据的。主要包括如下几个方面：

①　宏观环境分析。主要是对影响产品市场的不可控因素进行分析，如宏观环境、政治环境、居民经济条件（包括消费者收入水平、消费结构的变化、消费心理等），对一些受科技发展影响较大的产品，如计算机、家用电器等产品的营销策划中还需要考虑技术发展趋势的影响。

②　当前市场状况及市场前景分析。

A.　产品的市场性、现实市场及潜在市场状况。

B.　市场成长状况，产品目前处于市场生命周期的哪一阶段。对于不同市场阶段上的产品公司营销的侧重点如何，相应的营销策略效果怎样，需求变化对产品市场的影响。

C.　消费者的接受性。这一内容需要策划者凭借已掌握的资料分析产品市场的发展前景。

③　行业竞争状况分析。

④　分析消费者市场和购买行为。

（3）SWOT 分析。

①　市场机会与问题分析。营销方案是对市场机会的把握和策略的运用，因此分析市场机会，就成了营销策划的关键。只要找准了市场机会，策划就成功了一半。针对产品目前的营销现状进行问题分析，一般营销中存在的具体问题表现为以下多个方面：

A.　企业知名度不高，形象不佳，影响产品销售；

B.　产品质量不过关，功能不全，被消费者冷落；

C.　产品包装太差，提不起消费者的购买兴趣；

D.　产品价格定位不当；

E.　销售渠道不畅，或渠道选择有误，使销售受阻；

F. 营销方式不对，消费者不了解企业产品；

G. 服务质量太差，令消费者不满；

H. 售后保证缺乏，消费者购后顾虑多等。

② 针对企业和产品特点分析优、劣势。从问题中找劣势予以克服，从优势中找机会，发掘其市场潜力。分析各目标市场或消费群的特点进行市场细分，对不同的消费需求尽量予以满足，抓住主要消费群作为营销重点，找出与竞争对手的差距，把握、利用好市场机会。

SWOT 分析也可用表格的形式简明地列出优势、劣势、机会与威胁四个方面的内容。如表 3-5 所示。

表3-5　SWOT分析表

优势：	机会：
劣势：	威胁：

（4）营销目标。营销目标是指在前面目的任务的基础上公司所要实现的具体目标，即营销策划方案执行期间，在经济效益目标方面要达到：总销售量为 ×× 万件，预计毛利 ×× 万元；在市场目标方面：市场占有率实现 ×× 等。

营销目标一般应包括定性目标和定量目标两个方面。

（5）营销战略。

① 战略思想（战略要点）。将整个营销的思路及蓝图，用高度概括的语句简明扼要地描绘出来，易记、易理解，过目能朗朗上口，又能使人清楚看到营销实施的整个蓝图，这是关键也是要求。比如，宁波波导公司当年在手机营销战略中引用了毛泽东的战略思想"农村包围城市，最后夺取中心城市的胜利"作为其营销战略要点，不仅易记、易理解，而且与该公司的战略思路非常贴切。制定、提炼公司营销战略思想，一般应注重以下几方面：

A. 以强有力的广告宣传攻势顺利拓展市场，为产品准确定位，突出产品特色，采取差异化营销策略。

B. 以产品的主要消费群体为产品的营销重点。

C. 建立起点广面宽的销售渠道，不断拓宽销售区域等。

② 目标市场细分及选择。

A. 确定细分市场的层次、模式、程序，细分消费者市场的基础，细分业务市场的基础，有效细分的要求。

B. 目标市场的选定，评估细分市场，选择细分市场。

③市场定位。包括产品定位，企业自身定位，竞争定位，目标消费者定位。

（6）营销组合策略。

①产品策略。通过前面产品市场的机会与问题分析，提出合理的产品策略建议，形成有效的4P组合，达到最佳效果。

A. 产品定位。产品市场定位的关键是在顾客心目中寻找一个空位，使产品迅速启动市场。

B. 产品质量功能方案。产品质量就是产品的市场生命。企业对产品应有完善的质量保证体系。

C. 产品品牌。要形成一定的知名度、美誉度，树立消费者心目中的知名品牌，必须有强烈的品牌意识。

D. 产品包装。包装作为产品给消费者的第一印象，需要能迎合消费者并使其满意。

E. 产品服务。策划中要注意产品的服务方式、服务质量的改善和提高。

②价格策略。这里只强调几个普遍性原则：

A. 拉大批零差价，调动批发商、中间商的积极性。

B. 给予适当数量折扣，鼓励多购。

C. 以成本为基础，以同类产品价格为参考，使产品价格更具竞争力。若企业以产品价格为营销优势，则更应注重价格策略的制定。

③销售渠道。产品目前的销售渠道状况如何，对销售渠道的拓展有何计划，采取一些实惠政策鼓励中间商、代理商的销售积极性或制定适当的奖励政策。

④促销组合。重点是管理广告，并以合适的销售促进、人员推销和公共关系与之配合。

A. 开发和管理广告计划，包括确定广告目标、广告预算决策、广告信息选择、媒体决策、评价广告效果。

广告策略制定的原则如下：

第一，服从公司的整体营销宣传策略，树立产品形象，同时注重树立公司形象。

第二，长期化。广告宣传的商品个性不宜变来变去。变化多了，消费者会不认识商品，也会使老主顾觉得陌生。所以，在一定时段上应推出一致的广告宣传。

第三，广泛化。选择广告宣传媒体多样化的同时，注重抓宣传效果好的方式。

第四，不定期地配合阶段性的促销活动，掌握适当的时机，及时、灵活地进行，如重大节假日、公司有纪念意义的活动等。

实施步骤可按以下方式进行：

第一，策划期内前期推出产品形象广告；

第二，销后适时推出诚征代理商广告；

第三，节假日、重大活动前推出促销广告；

第四，把握时机进行公关活动，接触消费者。

积极利用新闻媒介，善于创造和利用新闻事件提高企业产品的知名度。

B. 销售促进。

C. 公共关系。

D. 人员推销。

（7）具体行动方案。根据策划期内各时间段的特点，推出各项具体行动方案。行动方案要细致、周密，操作性强又不乏灵活性。还要考虑费用支出，一切量力而行，尽量以较低费用取得良好效果为原则。尤其应该注意季节性产品在淡、旺季营销的侧重点，抓住旺季营销优势。

（8）策划方案各项费用预算。这一部分记录的是整个营销方案推进过程中的费用投入，包括营销过程中的总费用、阶段费用、项目费用等，其原则是以较少投入获得最优效果。

（9）方案调整。这一部分是作为策划方案的补充部分。在方案执行中都可能出现与现实情况不相适应的地方，因此必须根据市场的反馈，及时对方案进行调整。

营销策划书的编制一般由以上几项内容构成。企业的产品不同，营销目标不同，则所侧重的各项内容在编制上也可有详略取舍。

小试牛刀 3-3：编制娜允红珍红茶国内市场年度营销策划框架式方案

背景资料：小范与父亲选择、确定好娜允红珍红茶国内目标市场以后，小范开展了进一步的市场调研。在此基础上，小范开始针对国内市场进行整体市场营销策划，并编制年度营销策划的框架式方案。

分析与执行：首先，小范分析了目前国内市场推广所面临的挑战，那就是目前国内茶叶市场竞争很激烈，高、中、低端市场都已初步形成市场格局，而且云南茶叶近几年宣传炒作过度，以致市场对云南茶叶的信任度降低。作为后来者的娜允红珍红茶要打开市场并全面推向市场，难度因此增加。其次，小范与父亲讨论要克服目前的困难，必须在整个营销的战略和策略上突破以往茶叶的营销模式，特别是产品的卖点诉求、渠道选择、销售模式、目标市场战略、促销宣传等整个营销方案各方面的创新和创意是市场成功的关键。最后，针对选定的目标市场（人群），突破传统的营销模式，开展线上与线下结合，茶文化与健康、养生、云南特色旅游融合，具有创新理念的体验式、互动式营销。小范与父亲就以上三个方面的思路达成了共识，在此基础上开始撰写娜允红珍红茶国内市场××××年战略性营销策划初步方案。

操练记录：

娜允红珍红茶国内市场××××年战略性营销策划方案

阅读下面的案例，完成案例后的分析任务。

云南生态五谷杂粮战略性营销策划案

一、前言

中国人食用五谷杂粮已有几千年的历史。随着社会经济的快速发展和人民生活水平的不断提高，大众对食品的保健养生价值越来越重视，而随着媒体对五谷杂粮的频繁报道，大家逐渐意识到调整饮食结构的必要性，自然、绿色、平衡成为新的饮食潮流，五谷养生文化也受到了社会的追捧。

中国人口众多，其中有 25% 的人群生活已进入小康水平，有相当多的人关注身体健康。五谷杂粮适应社会健康饮食理念，具有巨大的发展潜力。我们相信以后这个市场会越来越大，因此决心开拓这块市场，根据市场调研结果，我们制定了营销战略策划方案。

二、市场营销环境分析

（一）宏观环境分析

1. 中国经济在持续发展中转型

近些年来，我国政府大力推进供给侧改革，加快企业转型升级，培育新的经济发展动能，并取得了积极进展。根据国家统计局的数据，2018 年前三季度，全国规模以上工业增加值同比实际增长 6.7%，增速比 2017 年同期加快 0.7 个百分点，其中高技术制造业和装备制造业增加值同比分别增长 13.4% 和 11.6%，分别快于规模以上工业 6.7 和 4.9 个百分点，工业向中高端迈进的趋势正在加速。机电产品出口增长 13.0%，占出口总额的 57.5%，中国制造业在国际上的竞争优势也在进一步增强。同期，社会消费品零售总额为 263 178 亿元，同比增长 10.4%，其中全国网上零售额为 48 787 亿元，同比增长 34.2%，比 2017 年同期加快 8.1 个百分点，共享经济等新经济业态蓬勃发展，消费已经成为我国经济发展的第一动力，发挥了基础性的拉动作用。

中国经济稳中前进，经济增长模式正从投资拉动型向消费拉动型经济转型。消费已经超过投资，成为拉动我国经济增长的第一动力。2017 年社会消费品零售总额同比增长 10.3%，全国网上零售额为 64 306 亿元，同比增长 32.4%，网络销售保持较快发展，侧面说明居民收入水平有所提高，或消费者消费观念已经发生变化。自 2017 年第三季度开始全国居民人均可支配收入增速"跑赢"GDP，休闲消费、健康消费、养生消费、教育消费已成为居民消费的重要领域。

2. 国内养生文化兴起，健康意识普遍提升

随着中国经济和社会的不断发展，人民生活质量不断提高，大众保健意识不断增强，使保健品和养生服务的需求不断增加。中国健康养生产业在跌宕起伏中发展。现在约有 95% 的人群正处于亚健康状态；约 20% 的人群需要专业医疗机构诊治；而真正达到健康标准的人群仅占 5%。养生产业正作为一项极具潜力的朝阳产业迅速崛起。当前，受到城市环境污染、气候变化、精神压力等多种因素的影响，都市人口的亚健康问题已成为我国乃至许多发达国家的共同问题。而随着老龄化社会的临近，人们对生命健康的追求则进一步加速和深化，这将成为养生产业发展的内在动力。

经过多年发展，中国百姓对健康养生产品的消费心理和行为逐渐理性化，更加重视健康养生产品的安全性、功效性，杂粮因其具有多种养生食补功效和无毒副作用的特性，正在成为大众化的养生消费产品。

3. 人口环境

在收入水平和购买力大体相同的条件下，人口数量的多少直接决定了市场规模和市场发展的空间，根据国家统计局数据显示，2017 年中国总人口数为 13.900 8 亿，是世界上人口最多的国家，拥有最广的消费市场，尤其中国已开始进入人口老龄化时代，中老年人及家庭已成为健康养生产品的主要消费人群，这为五谷杂粮市场的发展提供了重要机会。

4. 自然环境

云南省位于中国西南边陲，省会为昆明。战国时期，这里是滇族部落的

生息之地。云南，即"彩云之南"，另一说法是因位于"云岭之南"而得名。云南地处低纬度高原，地理位置特殊，地形地貌复杂，所以气候也很复杂。云南主要受孟加拉国高压气流影响形成了高原季风气候，全省大部分地区冬暖夏凉、四季如春。云南地形极为复杂，大体上，西北部是高山深谷的横断山区，东部和南部是云贵高原。云南省素有"动物王国""植物王国"的美誉。云南独特的地理、气候及自然环境，孕育了丰富的天然物产，这里的物产深受国内外客商和消费者的喜爱。

5. 国家推出强农惠农政策

2018 年 4 月 3 日，农业农村部与财政部联合发布 2018 年财政重点强农惠农政策。2018 年中央财政继续加大支农投入，强化项目统筹整合，完善资金使用管理机制，推动了粮食作物种植和销售向产业化发展。

5 月 19 日，国家发改委等 6 部门正式印发了 2018 年农业农村部、财政部共同实施的财政重点强农惠农政策。支持新型农业经营主体发展、支持农业结构调整、支持农村产业融合发展、支持绿色高效技术推广服务和支持农业资源生态保护和面源污染防治五大政策极大地保证了农产品的发展，也推动了五谷杂粮的不断发展。

（二）行业环境分析

1. 行业发展情况及趋势

目前我国粗杂粮年种植面积已达到约 900 万公顷，生产总量达到 2 300 万吨以上。尤其粗杂粮的加工品，如玉米粉、荞麦挂面、燕麦片、苦荞陈醋等粗杂粮产品畅销日本、瑞典、俄罗斯等十几个国家和地区，我国已经成为世界粗杂粮的主要出口国。

随着我国经济的不断发展，人民生活水平和质量不断提高，膳食结构发生了很大变化，大米和面粉等大宗消费品种已不能满足人们的消费需求，尤其是工业化对自然界的污染以及农药化肥的泛滥，吃的食物中健康、天然的成分逐渐减少。所以，健康、营养、养生等理念正逐渐被人们重视，粗杂粮以其特有的营养、保健、绿色的特性，越来越多地被人们所认可。特别是近几年，媒体对五谷杂粮类食品的广泛宣传，极大地推动了五谷杂粮产业的发展。

五谷杂粮产业的生产总量在一定程度上取决于其原材料五谷杂粮的产量。最近几年，五谷杂粮的产量相对较稳定，但 2017 年由于天气等的影响，五谷杂粮略微有所下降。未来几年，五谷杂粮产业的生产总量将呈现持续上升的趋势，原因有二：一方面，五谷杂粮的产量在上升；另一方面，五谷杂粮产业的市场需求量在不断地上升。

我国的五谷养生行业现在属于起步阶段，目前五谷杂粮行业无论是种植企业还是加工企业，都正在朝系统化、品牌化、连锁化的目标快速发展。

2. 电子商务与网络营销的应用发展情况及趋势

在全球新一轮科技革命和产业变革中，互联网与各领域的融合发展具有广阔前景和无限潜力，已成为不可阻挡的时代潮流。近年来，在国家相关政策的有利推动下，《互联网行业"十二五"发展规划》《电子商务"十三五"发展规划》相继发布，"宽带中国"战略深入落实，"互联网+"行动积极推进。随着法律制度体系的日益健全、行业利好政策的颁布实施和网络通信设施的大力投入，我国电子商务领域迎来了有史以来快速发展的最佳时机。截至2017年6月，中国网民规模达到7.51亿，占全球网民总数的1/5；互联网普及率为54.3%，超过全球平均水平4.6个百分点。在网络环境大幅改善的基础上，我国网民数量不断增长，人均互联网消费能力逐步提升，为电子商务的发展奠定了良好的基础。

（1）网购已成为我国重要的消费方式。近年来，天猫、京东、苏宁易购等各大第三方电商平台通过采取给予用户价格促销补贴、在城乡地区开设服务站下沉销售渠道、提升物流配送效率、拓展销售品类等方式，吸引越来越多的消费者进行网络购物。目前，网络购物已逐渐深入我国居民的生活，成为重要的消费方式。截至2018年6月底，我国网购用户数量达5.69亿人，网购渗透率达71%。2017年年底到2018年6月，电商用户增加了3 600万。到2018年年底，中国电商用户达6亿。相对而言，中国的家庭总数量约为4.5亿，这说明在中国，平均每个家庭已有超过一个人使用电商购物。同时，移动应用的不断丰富和移动支付手段的逐步完善，让消费者摆脱了线下消费模式的束缚，手机网络购物成为众多网民的选择。

（2）电商成为消费增长的重要力量。2018年1—9月，我国社会消费品零售总额达27.43万亿元，同比增长9.3%。网上零售额总额达62 785亿元，相比上年同期增长27%，持续保持较高增长速度。测算的结果表明，在2018年1—9月，每新增1元的消费支出，有44.7%是通过网络消费实现的。

（3）五谷杂粮将成为网购的重要商品之一。随着电商越来越成为生活的一部分，从电商的品类增长看，食品中的粮食，尤其是五谷杂粮等与居民生活密切相关的品类将快速增长。此外，由于电商生态的完善，物流配送等基础设施日益完善，电商平台在消费者需求分析、供应链管理、平台治理等方面积累了较丰富的经验，国家对电商仍持支持态度。低线城市、农村地区等，都将在电商领域有大量的创新将保持较大的增长空间，使粮食、五谷杂粮这些生活中需求量大而稳定的农产品更直接、全面地走入千家万户，从未来看，我国五谷杂粮的市场需求量和网购总量仍将保持较快的增长速度。

（三）市场状况分析

五谷杂粮，是人们从出生就赖以维持生存的食物；中国几千年以来，老百姓一直将其奉为养生健体圣品；是现代人的餐桌上的时尚回归、养生极品。

随着我国经济的不断发展，人们的膳食结构发生了变化，人们对绿色食品、保健食品、稀有精品越来越青睐。粗杂粮以其特有的营养、保健、绿色的特性，将会被越来越多的人所认识，这对于粗杂粮发展有着重要的意义。未来随着人们饮食习惯的改变，五谷杂粮产品将会成为人们主要的饮食来源。

特别是现在的社会，人们对于五谷杂粮、食疗养生的需求已经非常强烈。当今，人们的饮食结构出现了大问题，肉食摄取过多，食品添加剂滥用，垃圾食品盛行，饮食观念畸形。肥胖症、糖尿病、高血脂、高血压、癌症发病率越来越高，发病年龄越来越年轻化。人们已经意识到"吃什么"成了问题。电视台关于食疗养生的栏目收视率很高，网络上关于食疗养生的话题总能受到网民极大关注，食品安全、科学饮食已受到专家学者和政府前所未有的重视。

五谷杂粮、食疗养生被广泛认同已是不争的事实：商场、超市五谷杂粮的销量快速增长，杂粮价格也不断上涨；很多餐馆提供红薯饭、药膳煲汤、玉米汁，成了招徕顾客的手段；中央电视台、各地方电视台、网络媒体关于食疗养生的报道屡见不鲜；最近几年，图书销量排行榜的前几名总是被养生书籍占据……这些都充分说明人们对于五谷杂粮、食疗养生的需求已经非常强烈，这是一个 13 亿人的市场需求，市场前景不言而喻。

（四）竞争者分析

1. 现实竞争者分析

现实竞争者主要为淘宝网上的各个出售五谷杂粮类的店铺、商城和大型超市、粮店以及五谷杂粮专卖店。专门出售五谷杂粮的商城，像谷的福旗舰店、远山旗舰店……它们中大多数都品种繁多，品类齐全，实力雄厚。也有一些品类比较少，但是专卖红枣、木耳类等特色产品的店铺，就像河南红枣专卖、东北宣羊村黑木耳等；此外，还有一种专门销售地方特产的店铺，像鲁南粮店、易门山等，都比较有特色。在大型超市中设五谷杂粮类的专柜，对于顾客而言，可以在逛超市时，将自己需要的产品全都一起选购，具有方便快捷的特点。粮店一般都设在社区附近，对于顾客来说，方便快捷，而且能接触到实物，这些都是网购五谷杂粮的潜在竞争者。但五谷杂粮专卖店有着自己的特色，相对而言，品类上要丰富很多，能够让消费者更加直观地挑选。而且对这些五谷类的产品进行专门的搭配，便于顾客烹饪，给网购五谷杂粮造成了一定的威胁。但是它们所面对的也只能是其自己区域内的那些消费群体，并不能像网店一样，面对全国热衷于网购的消费者。所以，网店还是具备能够满足各地消费者需求以及产品品类多的优势。而且我们如果可以通过配备健康诊断和营养顾问，应该会有更大的吸引力。但是总体而言，要从他们的手中分一杯羹并不容易，我们想要获得市场就必须拿出具有强大吸引力的特色来同他们竞争。

2. 潜在竞争者分析

了解潜在竞争者的存在对于五谷杂粮能否很好地定位，充分发挥自己的特色，并且迅速占领市场是不容忽视的一环。保健品、糖水店、营养饮料、蔬菜、肉类、餐馆等都是五谷杂粮的潜在竞争者。五谷杂粮主打的是保健养生，营养安全。在保健安全这一方面，保健品就是最大的竞争者，而中国最大的保健品品牌莫过于黄金搭档了，还有海王、太太口服液、安利、东阿阿胶、九芝堂等。糖水店在浙江地区应该还是比较少的，而在两广和台湾非常流行，各式各样，现在发展到营养、保健领域早已不是什么稀奇的事。我们可以学习糖水店的做法，把配方、烹制方法一起卖给顾客。这些都会形成特色，也是我们想赢得潜在竞争者的一种方法。

3. 替代产品对现有产品的影响

五谷杂粮的替代产品主要有保健品、甜品、蔬果、肉类。五谷杂粮的保健价值可以被保健品、甜品替代；它的营养安全价值可以被蔬菜、肉类替代。很多人现在还没有真正意识到五谷杂粮的养生保健价值和营养安全价值，所以在养生保健价值上他们更多的是倾向于现有的保健品，而日常的营养安全倾向于选择蔬菜和肉类。只有加大对五谷杂粮产品的宣传，大家才会逐步意识到五谷杂粮的独特作用。

（五）消费者分析

根据小组成员在调研过程中的见闻，以及调研问卷结果，我们对消费者的消费行为进行如下分析。

问卷结果显示，消费者们对于五谷杂粮的了解程度不高，大多停留在不太了解的阶段。他们对于五谷杂粮的了解程度停留在知道五谷杂粮是哪几类，或者是吃过但并不在意五谷杂粮的其他信息，如图 3-19 所示。这或许是因为

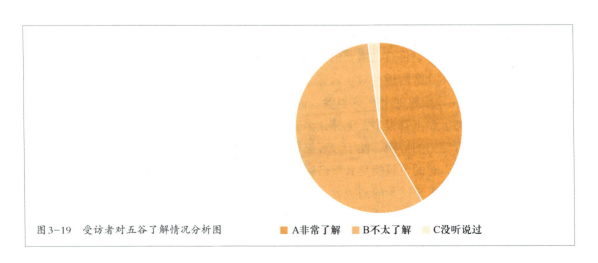

图 3-19　受访者对五谷了解情况分析图　　■ A非常了解　　■ B不太了解　　■ C没听说过

现代人大多已远离田野，对于农作物的了解少之又少。当然从另一角度来看，正是因为五谷杂粮是中华民族的传统食粮，消费者对此没有太多的新鲜感。同时，企业也并没有对五谷杂粮进行新的包装与宣传。

从调查中发现，近40%的消费者一般一个月购买1~2次五谷杂粮，20%的被访者每半年买1~2次，还有13%的被访者一年购买1~2次，如图3-20所示。由此可见，消费者对于五谷杂粮的购买频率不像大米那样高，原因有可能是消费者并没有将五谷杂粮当作生活必需品或主粮，而是将其当作丰富生活的消费品。

图3-20　消费者购买频率分析图

将消费者购买频率与获取方式的数据相交叉可以看出，不论是哪个频率的消费者，他们最常选用的获取渠道是去超市购买，而选择线上购买的人偏少，如图3-21所示。即便是在这个网络购物已十分便捷的时代，对于粮食，消费者还是更情愿去实体店购买。为什么在这个网络购物系统已经趋于成熟的时代，消费者还是更情愿到线下实体店购买五谷杂粮呢？原因之一是目前五谷杂粮的主流消费人群以中老年人为主，这些人群的购物以传统实体店为主，对网上销售的五谷杂粮品质他们普遍不信任；而另一个原因是五谷杂粮的主要购买者——家庭主妇，她们购买的五谷杂粮非常注重品质和安全，所以更多愿意到正规的渠道，比如大型商场、超市去购买。所以信任、品牌、口碑是五谷杂粮销售的重要基础。

通过影响消费者购买因素数据分析图，如图3-22所示，可以清楚地看到，消费者更在意营养价值与价格，产地与品牌的影响要远远小于这两个因素，而产地与品牌曾一度是产品质量的保证，但对于现代消费者而言它们已经

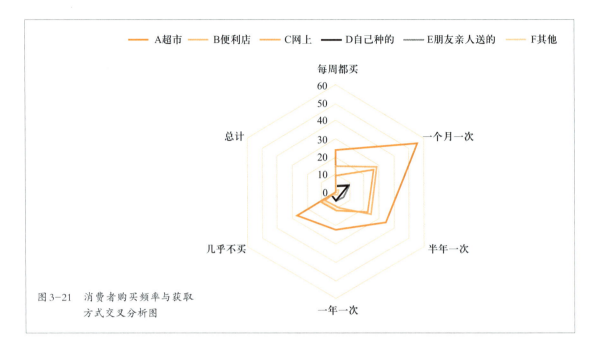

图 3-21　消费者购买频率与获取
　　　　方式交叉分析图

成为次要因素，这或许是由于这几年五谷杂粮市场混乱，挂羊头卖狗肉的现象层出不穷，消磨了消费者的信任。因此消费者找不到可用于参考营养价值和性价比的尺度，只能靠自己的经验与双眼判断，况且网络上的谷物鱼龙混杂难以辨别，消费者更热衷于线下购买。如果企业能创造新的尺度或是树立一个能重新获取消费者信任的品牌，那么线上购物市场将迅速打开。

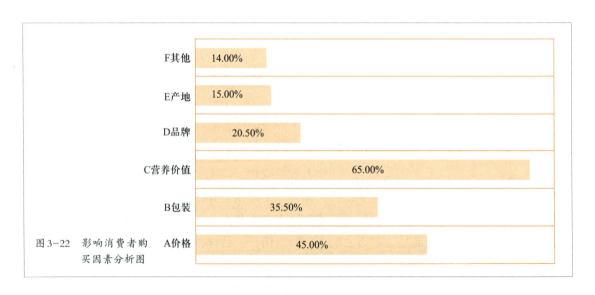

图 3-22　影响消费者购
　　　　买因素分析图

在问卷调查中，大家通过对不同地区的实地调研，发现大多数消费者对五谷杂粮产品并没有很全面的认识，只有不断推广与宣传五谷杂粮的知识、养生功效，才能不断打开五谷杂粮的新市场。

近年来的食品安全问题弄得人心惶惶，所以健康当之无愧地成为人们考虑的首要因素，人们的生活水平处于较高水准，且养生保健意识也不断增强，加大力度提高大家对五谷杂粮的了解，可以为云南生态五谷杂粮的推出奠定基础。

三、SWOT 分析

（一）优势分析

（1）云南地区地形以山地为主，地理环境复杂，地域组合千差万别，垂直变化特别突出，适合五谷杂粮的有机生态、健康生长。

（2）云南属于低纬度热带地区，光照充足，湿热多雨，有利于五谷杂粮产品的生长，且大量营养物质在高温作用下使土壤富营养化，培育了独特的五谷。

（3）五谷杂粮种植历史悠久，并且保留了很多珍贵的原产地老品种。

（4）云南大部分居住的是少数民族，拥有先人留下的独特原始的五谷杂粮产品的制作加工工艺，制作的五谷杂粮产品口感较好。

（5）我们采用自采购和代加工相结合的方式，成本小，风险小。

（6）我们只销售五谷杂粮产品，有实体店，结合网上展示和销售有利于给消费者多一份保障，同时，我们创新销售模式，设计有特色的产品，更能吸引消费者。

（7）从正规的企业购进的产品有质量保证。我们的五谷杂粮均采购于正规的企业。同时，我们逐渐与生产地进行合作，更保证了绿色、纯天然，相信市场前景更好。

（二）劣势分析

（1）相对于比较成熟的商城有自己的农庄，销售自己种植的产品，货源稳定，资金充足，我们在货源和资金上暂时处于劣势。

（2）在淘宝网上开网店，信誉很重要，而我们是新开的网店，信誉要从头开始做，相比较已到皇冠、钻石等级的店铺，信誉上暂时也处于劣势。

（3）由于国内快递行业不规范，效率还不够高，可能由于快递延误甚至快递丢失等问题给顾客造成不好的体验。

（三）机会分析

（1）网购市场在飞速发展当中，热衷于网购的人数已超过 3 亿，且我国的网购市场还有较大的空间。

（2）随着淘宝天猫网、京东、一号店等网购平台受到人们越来越多的关注和重视，网店里产品的质量也越来越有保障，更多的人愿意在网上购买五谷杂粮，这一市场还将不断爆发性地增长。

（3）市场上五谷杂粮价格不稳定上涨，出现了"蒜你狠""豆你玩"等物价不断上涨的现象，很多人选择到网上购买这些商品，因此进一步扩大了网购五谷杂粮的市场，并且预期未来中国的农产品价格还是很可能会出现不稳定的上涨情况，这些都会使得越来越多的人倾向于网购五谷杂粮。

（四）威胁分析

（1）淘宝网上的五谷杂粮商城、店铺很多，货品齐全、种类繁多，可以一站式购齐，因此竞争压力较大。

（2）因为我们的切入点为忙碌工作的人群，品种上相对而言比较少，无法兼顾顾客对营养、口味的全面需求。

（3）大多数人还是习惯于在粮食店、超市、农贸市场购买五谷杂粮。

四、营销战略目标

（1）把云南生态五谷杂粮市场更多推向杭州，让云南生态五谷杂粮品牌成为大众的首要选择。

（2）努力使本品牌的五谷杂粮在杭州乃至华东地区成为中高端目标市场的领先者。

（3）未来 2~3 年内，市场占有率达到 17% 左右。

五、市场营销战略

（一）战略思想

以线上为主，整合资源，多平台同步覆盖目标市场，进行深度宣传、推广；线下多渠道精准销售，以商超为点、社区为线、与跨界专业渠道深度合作。利用新的消费模式、体验模式等吸引消费群体；采用差异化产品营销策略，不断增加产品宣传与推广，提高品牌知名度。

（二）目标市场细分与选择

（1）30—50 岁以女性为主的高收入、高学历白领人士；

（2）35—50 岁中高收入的家庭主妇和居家人士；

（3）50—70 岁的高收入、注重养生的中老年人；

（4）其他注重健康和养生的上班族、小康家庭、青年群体。

（三）市场定位

1. 产品定位

产品定位于高品质的农产品，通过代理其他公司产品和自己进货相结合的形式进行销售，与产品源产地联系，确保产品的品质好，质地正宗，并且尽可能选取云南、贵州等污染比较少的地区进行采购，符合绿色、健康、养生的理念。

2. 市场定位

主要是 30—50 岁的白领阶层及家庭主妇，这两个层次的人更注重产品的品质，对价格敏感度低，并且注重养生，追求生活品质，同时网购五谷杂粮市场现在才刚刚开始兴起，有很大的发展空间。

3. 网上商铺定位

只做云南生态五谷杂粮，并且选取高品质的老品种、自然农耕的五谷杂粮，树立特色优势、高品质的形象。

六、营销组合策略

（一）产品策略

现阶段需要打造一系列品牌特色产品，本着健康、绿色、无污染的主旨进行生产。我们会从云南无污染的村庄采购健康、养生的产品。

1. 产品开发战略

根据不同消费者推出不同的产品以及推出四个不同的包装。

（1）针对青少年群体：推出优惠营养包，包装上尽量以年轻、有活力的红色为主色调，主要拿红豆作为主要推广图片；

（2）针对上班族：推出方便快捷、口味独特的速冲营养包，包装上以时尚、潮流的绿色为主色调，用绿豆作为主要推广图片；

（3）针对中高收入的家庭主妇和居家人士：推出家庭、健康、高档营养包，包装上以紫色、绿色、黄色作为主打色，用小麦、绿豆、红豆、红薯作为主要图片；

（4）针对中老年人：推出健康养生研发包，包装上以稳重、健康的小麦黄作为主色调，用小麦作为主要图片。

2. 服务策略

针对目标人群推出关于五谷杂粮的食用搭配、养生组合、烹饪方法、具体适用标准、养生功效等方面的知识及在线视频，并聘请专业的养生专家作咨询、指导。

3. 品牌策略

根据市场调研的结果我们发现，五谷杂粮市场目前并没有出现具有代表性的品牌。所以我们会更注重自己的品牌，展现自身的品牌特色，突出健康、天然、便利。

（二）价格策略

因为我们的消费群体较广，所以应推出差异化产品营销策略。对于青少年，由于消费力有限，而且追求方便快捷，我们推出便宜实惠、健康快捷的产品；对于上班族，由于消费能力相对较高，且他们追求口味鲜美、营养价值较高、方便快捷的食品，我们推出口味独特、健康、方便快捷、价格一般的体验包和实体速冲包；对于小康家庭，由于生活水平较高，他们追求高档、健康的产品，我们推出价格较高的不同营养价值包；对于退休老年人，他们追求能够预防疾病、提高免疫力，对此我们推出能够降低血糖，少脂、少添加剂的健康、养生的特别研发包。

（三）渠道策略

渠道策略策划是整个营销系统的重要组成部分，它对降低企业成本和提高企业竞争力具有重要意义，是规划中的重中之重。随着市场发展进入新阶段，企业的营销渠道不断发生新的变革，旧的渠道模式已不能适应形势的变化。包括渠道的拓展方向、分销网络建设和管理、区域市场的管理、营销渠道自控力和辐射力等方面都有了新的要求，体现在营销渠道上的不同策略有：

（1）官方线下线上旗舰店；

（2）电子商务平台：淘宝店、京东、亚马逊、苏宁易购；

（3）电商 APP：严选、微店、有赞、土冒、微信公众号商城、网上厨房、融 E 购、东盟 1961 土特产等；

（4）大型商超例如联华、物美等；

（5）精准线下跨界渠道：高端楼盘小区物业、连锁药店、连锁水果超市、培训机构、土特产店、养生会所（馆）等。

（四）促销策略

1. 广告

在有了目标市场定位后，就可以采用集中市场的策略，减少市场细分的成本，根据这些顾客习惯，进行相应的集中式广告宣传。

（1）电视。拍摄云南生态五谷杂粮产地的环境，突出其产地的绿色无污染。（参考农夫山泉的最新广告）

（2）自媒体。把制作五谷杂粮的过程拍成一个小视频并附上购买链接，发布到微博、微信公众号、美拍、火山小视频等平台。（参考厨娘物语）

（3）博客、论坛、百科、知乎等。博客、论坛、百科、知乎等平台具有一定的权威性，宣传云南生态五谷杂粮的营养价值能得到更多的人信任。

（4）报纸。在一些农业类的报纸上刊登广告，以达到宣传品牌和产品的目的。

（5）软文。软文应分别站在客户角度、行业角度、媒体角度有计划地撰写和发布推广，促使每篇软文都能够被各种网站转摘发布，以达到最好的效果。软文要让客户看了有所收获，标题要吸引网站编辑，这样才能达到最好的宣传效果。

（6）微信公众号。我们拥有自己的微信公众号。每天定期发送推文，推广产品和品牌并附上购买链接。

2. 人员推广

采用人员推广策略可以进一步弥补广告与促销之间的信息沟通不足的问题，从而提高产品的竞争力，促使消费者完成购买行为。我们专门对销售人员和客服进行培训，让其掌握五谷杂粮的养生知识，并通过与顾客的沟通和交流，让更多的人了解云南生态五谷杂粮，了解健康食用五谷杂粮的方法，并培养销售人员和客服具备一定的推销技巧，更好地销售我们的产品。

3. 营业推广

（1）小区推广。与小区的物业联系，在小区内开展养生类讲座，聘请专业营养师，为到场的业主讲解养生的方法和保健知识。根据各自不同的特点，给予相应的养生建议，并且在讲座中提供用云南生态五谷杂粮制作的中餐，让业主品尝我们的产品，借此为公司树立良好的企业形象。

（2）店铺推广。在我们的实体店，可以在不同的时段采取不同的促销手段来满足顾客的需求。凡是在我们的实体店购买云南生态五谷杂粮的顾客，我们的营养师会根据他们自身的身体状况，给予相应的健康养生建议。

会员积分制：开发新顾客比维护老顾客更难，老顾客要守护住，会员优惠不可少。加入会员的顾客可以将消费金额转化为积分。积分达到一定分数可以免费兑换我们的产品。

网店包邮：一次性购买达到一定金额可以享受免邮费的优惠。

节日促销：在一些节日来临之时，我们会对部分产品进行打折，以吸引更多的消费者来购买产品。

限期折扣：在店铺周年庆时对所有产品进行打折。

4. 公共关系

培养建立一个良好的公共关系，是企业的无形财富。云南生态五谷杂粮的成长离不开公共关系策划，我们在一些中高档小区开展一些免费的有关五谷杂粮的健康知识讲座，让大家知道如何食用五谷杂粮更健康。同时我们邀请一些营养师，请他们根据听众的健康状况为其选择合适的云南生态五谷杂粮。

（五）行动方案

1. 活动构想

在杭州各个地区设立实体体验店，先在几个小区的大型购物超市的附近找合适的店铺进行装饰，在装饰店铺之前要提前在附近小区进行宣传，通过在大型购物超市投屏、贴海报、在购物超市发放五谷杂粮体验装等来吸引大家的注意，增加销售额，赢得大家的好感，进而让大家了解我们并认可这个品牌。

2. 活动对象

杭州市居民、"谷获人心团队"（由 6 位学生及其他相关人员组成。）

3. 活动时间、地点

活动具体时间：2018 年 12 月 22 日 11：00 至 19：00，2018 年 12 月 23 日 11：00 至 19：00。

活动具体地点：杭州市谷获人心体验店（杭州市下城区）。

4. 活动主题：认识云南生态杂粮，让健康走进你的家。

5. 活动目的：

（1）让更多消费者了解到云南五谷杂粮产品，让潜在消费群体通过活动转换为购买力。

（2）将店铺以品牌化活动展现，得到消费者的认可。

（3）为后期的品牌活动做铺垫。

（4）提高体验店名气、提高品牌知名度。

（5）提高云南生态五谷杂粮的销售额。

6. 活动页面设计

第一部分：在体验店外面张贴有关云南五谷杂粮的营养价值、养生功效说明，以及推出适合不同人群的体验装。

第二部分：在店外准备制作速食装云南五谷杂粮的海报和视频。

第三部分：准备促销产品页面。

第四部分：准备抽奖活动页面。

7. 活动内容

参加云南生态五谷杂粮微信扫码活动可获五谷杂粮产品体验装一包或者在店内亲自制作五谷杂粮。

在体验店门口安排两名人员负责派发体验券以及回执单，指派三到四人负责分配与填装店内准备好计划推广的五谷加工产品，同时由五位引导人员负责引导消费者，介绍公司的推广产品。体验店出口派两到三人回收回执单，并派发"谷获人心"品牌小礼品（一些实用的小物件）。

活动过程：2018 年 11 月开始寻找合适的体验店店面，与房东取得联系并开始置办。到 12 月 10 日前确定好五谷杂粮产品种类，并于 12 月 22 前生产完毕。12 月 24 日 11：00 体验活动正式开始，由门口的接待人员负责接待和招徕顾客并分发回执单，顾客进店后可以挑选自己喜欢的产品试吃体验。在此过程中，引导员会根据顾客需要进行解答与宣传。整个体验过程中的产品种类会不定时更换，目的是在有限的时间里能让更多的产品被消费者体验。体验结束的顾客可从出口离开，提交回执单则能领取小纪念品。14：00 开始抽奖活动，我们会从所有在回执表中留下姓名以及联系方式的顾客中抽选 10 人，赠送我们公司的产品。19：00 体验活动结束，进行店面清理与信息整理。

具体活动时间安排如表 3-6 所示。

表3-6 具体活动时间安排

时　间	项　目
12月24日	
10：00—10：50	进行最后检查以及人员准备
11：00—14：00	进行第一轮体验
14：00—15：00	整理现场，并根据现场状况，进行一部分调整，如下架剩余最多的产品并更换为其产品
15：00—19：00	进行第二轮体验
19：00—	清理体验店，回收整理反馈信息
12月25日	
10：00—10：50	进行最后检查以及人员准备
11：00—14：00	进行第一轮体验
14：00—19：00	进行抽奖活动，从所有在回执表中留下姓名以及联系方式的顾客中抽选10人，赠送我们公司的产品
19：00—	清理体验店，回收整理反馈信息

活动宣传方式：微信朋友圈，企业公众号；

资金及预算：体验店店铺及装修：10 000元；

工作人员薪资：1 000元；

产品成本：5 000元；

纪念品、体验券、回执单：5 000元；

费用预算如表3-7所示。

表3-7 费用预算表

项　目	开支内容	费用/元	备　注
营业推广费用	活动设计、活动物料、进场费、活动礼品、宣传、人员工资等	120 000	主要商场促销点为银泰百货和杭州大厦
公关费用	方案策划、媒体、人员工资、接待费用、场地租用费等	60 000	
广告费用	海报、电视、抖音、火山小视频、购物中心的投影屏、网络平台、公众号、微信	290 000	

续表

项　目	开支内容	费用/元	备　注
公司媒体开发及维护	公司官网及公众号的维护和动作；分类产品小程序开发及推广	50 000	
管理费用	内部员工工资、各项开销	50 000	人员推广费用、交通费、餐费等

问题：

根据所学知识，结合本案例，请梳理五谷杂粮市场营销战略策划方案的步骤及每一步的关键点。

分析步骤：

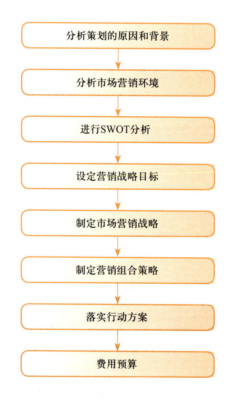

第一步：分析策划的原因和背景，关键点：＿＿＿＿＿＿＿＿＿＿＿＿＿＿＿＿＿。

第二步：分析市场营销环境，关键点：＿＿＿＿＿＿＿＿＿＿＿＿＿＿＿＿＿＿＿。

第三步：进行SWOT分析，关键点：＿＿＿＿＿＿＿＿＿＿＿＿＿＿＿＿＿＿＿＿。

第四步：设定营销战略目标，关键点：＿＿＿＿＿＿＿＿＿＿＿＿＿＿＿＿＿＿＿。

第五步：制定市场营销战略，关键点：＿＿＿＿＿＿＿＿＿＿＿＿＿＿＿＿＿＿＿。

第六步：制定营销组合策略，关键点：_____。

第七步：落实行动方案，关键点：_____。

第八步：费用预算，关键点：_____。

照猫画虎 <<<<<<<<<<<<<<<<<<<<<<<<<<<<<<<<<<<<<<<<<<<<<<<<<<<

战略性营销策划

一、实训目标

1. 能进行战略性营销环境和 SWOT 分析；

2. 能设定营销战略目标、提炼或创意战略思想；

3. 能分析策划 STP 策略和 4P 组合策略策划，并策划具体的行动方案；

4. 能撰写完成战略性营销策划文案全案。

二、环境要求

1. 具有上网功能的计算机；

2. 上课用桌椅。

三、实训背景

团队项目模拟公司就所选定的产品项目进行了全面市场调研后，公司为全面启动市场，首先需要制定公司整体市场的战略性营销策划方案，做好战略性的营销布局工作。团队成员通过充分的交流合作、合理分工、互相讨论、互相启发，来探索完成有关本团队项目模拟公司的战略性营销策划方案。

四、实训要求

在教师指导下，团队小组分工协作，就本团队实训项目进行全面分析、以战略性营销的思路，按步骤策划、创意相关内容，最终以团队的方式共同策划完成一份完整的战略性营销策划方案（8 000 字左右）。

为此，本实训需要完成下列任务：

1. 市场营销环境分析（宏观、行业、市场、企业、竞争和消费者等环境因素）；

2. 团队项目营销 SWOT 分析；

3. 确定营销战略目标和战略要点；

4. 进行营销 STP 的分析与制定；

5. 进行 4P 策略的组合与创意策划；

6. 制定具体行动方案和费用预算；

7. 撰写战略性营销策划全案文案。

五、实训步骤

1. 步骤一：策划的目的陈述

团队成员充分沟通、交流、分析，提出本战略营销策划的目的、背景、理由或原因。

2. 步骤二：营销环境分析

团队共同商讨，策划创意并达成共识后，分别完成以下营销环境因素分析：

（1）宏观环境分析

（2）行业环境分析

（3）市场情况分析

（4）竞争分析

（5）消费者分析

（6）企业微观环境分析

3. 步骤三：SWOT分析

团队共同商讨、策划创意并达成共识后，完成以下"SWOT分析"相关内容：

（1）企业的优势

（2）企业的劣势

（3）企业的机会

（4）企业的威胁

4. 步骤四：战略目标设定

团队共同商讨、策划创意并达成共识后，完成以下战略目标内容的设定：

（1）财务目标

（2）营销职能目标

5. 步骤五：制定战略营销的STP策略

团队共同商讨、集思广益、策划创意并达成共识后，完成以下STP策略内容：

（1）战略思想设计

（2）目标市场细分与选择

（3）市场定位

6. 步骤六：营销组合策略策划

团队共同商讨、集思广益、策划创意并达成共识后，完成以下营销4P策略组合策划内容：

（1）产品策略策划

（2）价格策略策划

（3）促销策略策划

（4）渠道策略策划

7. 步骤七：制定行动方案

团队共同商讨、集思广益、策划创意并达成共识后，完成以下分阶段行动方案具体内容：

（1）第一阶段的行动内容

（2）第二阶段的行动内容

（3）第三阶段的行动内容

（4）……

8. 步骤八：费用预算

团队共同商讨、集思广益、策划创意并达成共识后，完成以下相关费用的预算：

（1）市场调研费用

（2）广告类费用

（3）商演活动类费用

（4）营业推广类费用

（5）公关类费用

9. 步骤九：团队项目实训小结分享

以团队为单位，选一名代表上讲台展示团队完成实训项目的感受、思路、主要创意点和内容等。教师总结点评，其他团队随机点评。

六、注意事项

1. 各小组成员应了解、熟悉战略性营销策划的原则、内容、步骤、程序、方法，并掌握撰写战略性营销策划方案的格式内容及技巧。

2. 各小组应充分交流合作、合理分工、互相讨论、互相启发，整合思路，探索完成本团队项目的战略性营销策划方案。

七、实训报告

在实训课中形成战略性营销策划方案框架内容，课后撰写并提交战略性营销策划方案打印稿（8 000 字左右）。

八、评价与总结

1. 小组自评；

2. 小组成果展示介绍；

3. 组间互评；

4. 教师对团队总评。（根据各团队成果的优缺点，有针对性地点评，启发学生的创新思维；对各团队普遍存在的问题进行重点分析；针对各团队具体项目的策划提出重点要注意的问题。）

（一）单选题

1. 战略营销是指以（　　）为主线和核心的营销活动。

　　A. 产品定位　　　　　　　　B. 营销战略

　　C. 市场定位　　　　　　　　D. 营销策略

2. 消费者市场的四个主要细分变量是（　　）。

　　A. 行为、利益、人口、心理

　　B. 行为、心理、人口、地理

　　C. 时机、态度、人口、利益

　　D. 气候、收入、态度、个性

3. 战略性营销策划包括两个层次的策划：（　　）。

　　A. 产品和市场定位策划　　　B. 战略策划和战术策划

　　C. 市场定位和细分策划　　　D. 营销策略和促销策划

4. 按照人口密度划分细分市场属于（　　）。

　　A. 人口因素标准　　　　　　B. 消费行为因素标准

　　C. 地理因素标准　　　　　　D. 消费心理标准

5. 海尔公司向目标消费者提供"真诚的服务"的市场定位方法属于（　　）。

　　A. 利益定位法　　　　　　　B. 档次定位法

　　C. 用途定位法　　　　　　　D. 形状定位法

（二）多选题

1. 战略营销的特点有（　　）。

　　A. 以市场为动力

　　B. 注重环境的复杂多变性

　　C. 以顾客满意作为战略使命

　　D. 围绕竞争优势的建立与发挥而进行

　　E. 面向未来，注重长期目标

2. 战略营销策划分为三个阶段，即（　　）。

　　A. 营销调研　　　　　　　　B. 营销目标设定

　　C. 营销战略策划　　　　　　D. 营销计划制定

　　E. 营销管理

3. 消费者购买行为的影响因素主要有（　　）四个方面。

A. 社会　　　　　　　　B. 人口

C. 文化　　　　　　　　D. 个人

E. 心理

4. 市场细分策划的依据有（　　　　　）。

A. 消费者需求的差异性　　B. 消费者需求的相似性

C. 消费者的人数　　　　D. 市场规模

E. 技术发展情况

5. 战略性营销策划的原则有（　　　　　）。

A. 经济效益原则　　　　B. 逻辑思维原则

C. 简洁朴实原则　　　　D. 可操作原则

E. 创意新颖原则

（三）简答题

1. 简述战略营销的特点。

2. 营销战略策划的具体内容有哪些？

3. 简述切入目标市场的方法。

 能 力测评 ‹‹

专业能力自评

	能/否掌握	专 业 能 力
通过学习本模块，你		营销环境因素分析
		SWOT分析
		营销战略思想提炼
		市场定位
		营销策略组合（4P组合）策划
通过学习本模块，你还		

注："能/否"栏填"能"或"否"。

核心能力与商业文化素养自评

	核 心 能 力	有 无 提 高
通过学习本模块，你的	观察思考能力	
	表达能力	
	学习能力	
	团队合作能力	
	创新能力	
通过学习本模块，你认识到的商业文化与素养	诚信	

自评人（签名）：	年　　月　　日	教师（签名）	年　　月　　日

注："有无提高"栏可填写"明显提高""有所提高""没有提高"。

【知识目标】

通过本模块的学习，深入理解企业 CIS 导入策划的重要性与重点、难点，初步掌握企业 CIS 导入策划的内容、程序步骤、方法和撰写 CIS 导入策划文案的技巧。

【技能目标】

通过本模块的训练，能够提炼企业的核心价值观、企业使命、企业经营宗旨、企业的核心口号、企业的行为目标与员工目标等企业形象识别系统的基本要素，能够设计企业的 logo 并对其释义，在此基础上，能够完成简要的企业 CIS 导入策划方案。

【素养目标】

通过本模块的学习与训练，培养勤于观察和思考的能力、乐于学习和探究的态度、善于合作和创新的精神。

【思维导图】

企业形象识别系统的含义
企业GIS的构成
企业之心——MI
企业之手——BI
企业之脸——VI

感知企业形象识别系统

CIS策划的程序及内容

调查分析
企业形象定位
策划企业CIS导入方案

企业形象识别系统（CIS）策划

企业CIS规划实施的流程
CIS策划与导入的基本原则

企业CIS的规划与导入步骤及原则

设计与开发企业CIS

企业理念的定位与策划
企业行为识别的传播与推广
企业VI的设计与开发

导 入案例　**肯德基的企业形象**

　　肯德基是世界上最大的鸡肉餐饮连锁店，1952年由创始人山德士（Colonel Harland Sanders）创建，全球总部设在美国肯塔基州的路易斯维尔市，全球最大的餐饮集团百胜餐饮集团拥有该品牌。

　　肯德基自1987年在北京前门开设中国第一家餐厅到现在，来到中国已经30多年了。如今中国肯德基已在1 200多个城市和乡镇开设了5 000余家连锁餐厅，遍及中国大陆的所有省、自治区、直辖市，是中国规模最大、发展最快的快餐连锁企业。营销专家认为肯德基在全球市场包括在中国市场能快速成功扩张，得益于企业本身强大的企业形象识别系统的支持。

（资料来源：肯德基中文官网。）

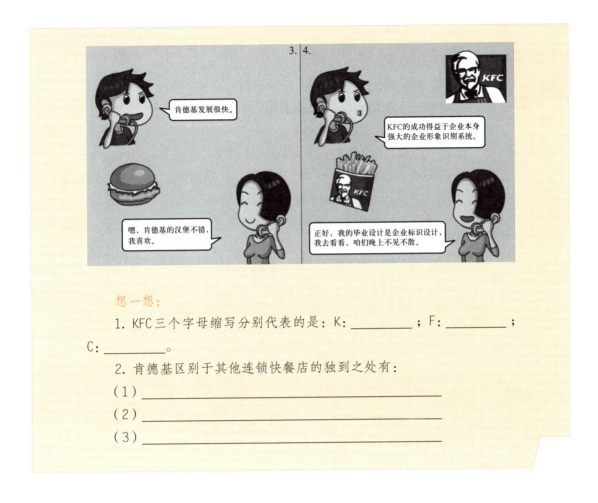

想一想：

1. KFC三个字母缩写分别代表的是：K：_____；F：_____；
C：_____。

2. 肯德基区别于其他连锁快餐店的独到之处有：

（1）_____

（2）_____

（3）_____

4.1　感知企业形象识别系统

4.1.1　企业形象识别系统的含义

企业形象识别系统（corporate identity system，CIS）是指企业将经营管理理念和精神文化，运用整体传递系统传递给社会公众，以塑造个性鲜明的企业形象，使公众对企业产生一致的评价和认同。

企业形象识别系统

1914 年，德国的 AEG 电气公司首次采用彼得·贝汉斯所设计的商标，其成为 CI 中统一视觉形象的雏形。1956 年，美国国际商用计算机公司以公司文化和企业形象为出发点，将公司的全称"International Business Machines"设计为蓝色的富有品质感和时代感的造型"IBM"，使这八条纹的标准字在其后 60 多年中成为"蓝色巨人"的形象代表，即"前卫、科技、智慧"的代名词，也是 CIS 正式诞生的重要标志。

保罗·兰德，当今美国乃至世界上最杰出的图形设计师、思想家及设计教育家，为世人留下了 IBM、西屋电气（Westhouse）公司、UPS 快递公司等不朽的企业形象设计。

4.1.2　企业 CIS 的构成

CIS 由企业理念识别（MI）、行为识别（BI）以及视觉识别（VI）三个有机整合运作的子系统构成。它通过确立符合企业实际且富有个性化的经营理念，策划设计体现企业的综合形象。

形象一点说，CIS 就是一支军队，MI 是军心，是军队投入战争的指导思想，是最不可动摇的一部分；VI 是军旗，是军队所到之处的形象标志；BI 则是军纪，它是军队取得战争胜利的重要保证。也有人把理念识别比作企业的心，把行为识别比作企业的手，而把视觉识别比作企业的脸。如图 4-1 所示。

在企业 CIS 战略中，标志，即我们通常说的 logo 作为 CIS 战略的最主要部

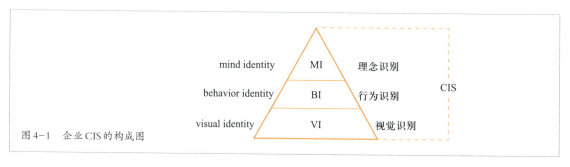

图 4-1　企业 CIS 的构成图

分，在企业形象传递过程中，是应用最广泛、出现频率最高，同时是最关键的元素。企业强大的整体实力、完善的管理机制、优质的产品和服务，都被涵盖于标志中，通过不断刺激和反复刻画，深深地留在受众心中。

认识企业形象识别系统

理念识别系统

案例
IBM 的企业文化

母亲的勇气——
台湾大众银行

4.1.3　企业之心——MI

1. 理念识别系统的概念

理念识别（MI）系统，就是得到社会普遍认同的、体现企业个性特征的、促使并保持企业正常运作及长足发展而构建的、反映整个企业明确经营意识的价值体系。

2. 企业理念识别系统的内容

一个企业的 MI 系统通常包括企业使命、经营哲学、企业行为准则和企业活动领域四项基本内容。

（1）企业使命（company mission），又称企业任务，就是企业在特定社会环境中所要完成的特定任务或要实现的特定目标。

企业使命一般包括五个基本问题：

① 我们的业务是什么？

② 我们的顾客是谁?

③ 我们能为顾客提供什么价值?

④ 我们未来的业务是什么?

⑤ 我们的业务应该是什么?

（2）经营哲学（business philosophy），是指工商企业的经营思想或经营方针。主要包括企业的经营方向、经营理念、营销战略的特征等。

（3）企业行为准则（company behavior standard），是指企业员工的行为标准与规范，是对员工的职业行为进行约束、评价的尺度和标准。具体包括服务公约、劳动纪律、工作守则、行为规定、操作要求、考勤制度、管理条例等。

（4）企业活动领域（company activity range），是指企业应在何种技术范围内或者在何种业务领域中开展活动。活动领域确定的原则有三：预见性、差异性、明确性。

4.1.4 企业之手——BI

1. 行为识别系统的概念

行为识别（BI）系统，是指企业对内管理和对外经营的活动，如确定制度、组织、管理和教育、营销等方面的规范。企业行为识别系统是企业思想的行为化。

2. 行为识别系统的内容

企业理念 MI 的传播主要通过两条渠道：一是静态的视觉识别系统；二是动态的行为识别系统。

BI 是非视觉化动态的识别形式。BI 系统对内负责组织管理，包括：干部教育、员工培训、规章制度、质量管理、行为规范、文娱活动、工作氛围、生产设备、研究发展、生产福利及员工教育（礼貌仪表、服务态度、上进精神）等。对外负责开展各种活动，包括市场调查、促销活动、公共关系、产品开发、流通对策、金融对策、公益性活动、文化性活动等。如图 4-2 所示。

员工是将企业形象传递给外界的重要媒体，如果员工的素质有问题，将有损于公司的形象。例如，员工的态度、举止不像样；营业员对顾客态度不佳，秘书接电话不礼貌，有公司标志的车辆不遵守交通规则，和客人约谈的聚会无法准时赴约等。以上情况发生将对公司形象造成损害。

联想集团企业宣传片

经营哲学

企业行为准则

企业活动领域

行为识别系统

案例
IBM 的员工培训

大众之车——造车全记录

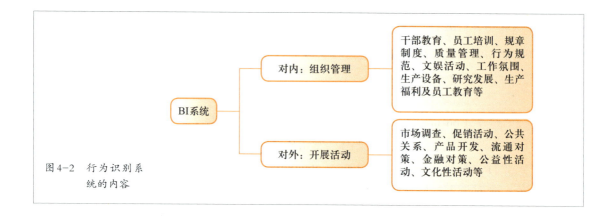

图 4-2　行为识别系统的内容

4.1.5　企业之脸——VI

视觉识别系统

1. 视觉识别系统的概念

视觉识别（VI）系统，是指将企业理念与价值观通过企业或品牌的统一化、标准化、美观化的对内对外展示，传递企业或品牌个性（或独特的品牌文化），树立统一的企业识别形象的静态传播系统。

理解 VI 应明确下列几个问题：

（1）企业视觉识别应以 MI 为基础；

（2）企业视觉识别系统设计不是单纯的美术设计；

（3）VI 并非简单的视觉表现手段。

VI 的关键和基础性工作是将企业信息进行概括、提炼、抽象，将其转化为企业视觉设计符号；其次，VI 必须带有鲜明的个性特征；最后，成功的 VI 还在于选择合适的设计题材和造型要素，形成有生命力的设计系统，制定严格的管理措施和科学的媒体策略，并做有效、长期的传播。

微软全新 LOGO

2. 企业视觉识别的内容

视觉识别包括基本要素和应用要素两个方面。

（1）基础要素包括企业名称、品牌名称、标志、标准字、标准色、辅助色、辅助图形、辅助色带、装饰图案、标志组合、标语组合等。

（2）应用要素包括办公用品、公关用品、环境展示、专卖展示、路牌招牌、制服饰物、交通工具、广告展示等。

案例

中交第三公路工程局有限公司视觉识别规范手册

在 CIS 设计系统中，视觉识别（VI）设计是最外在、最直接、最具有传播力和感染力的部分，是通过视觉符号的设计来传达企业精神与经营理念，有效地推广企业及其产品的知名度和形象的重要途径之一。因此，企业识别系统是以视觉识别系统为基础，将企业识别的基本精神充分地体现出来，使企业产品名牌化，同时对推进产品进入市场起着直接的作用。VI 设计从视觉上表现了企业的经营理念和精神文化，从而形成独特的企业形象，就其本身又具有形象的价值。

  VI设计各视觉要素的组合系统因企业的规模、产品内容而有不同的组合形式，通常最基本的是企业名称的标准字与标志等要素组成一组一组的单元，以配合各种不同的应用项目，各种视觉设计要素在各应用项目上的组合关系一经确定，就应严格地固定下来，以期达到通过统一性、系统化来加强视觉诉求力的作用。

小试牛刀4-1：收集知名企业的logo并了解其内涵

  背景资料：小张是F职业学院市场营销专业的学生，F职业学院坐落在风景如画的H市。在这里，既有美丽的自然风光，也有鳞次栉比的现代化高楼大厦，学校所在的高教园区又是H市非常有名的经济技术开发区，开发区内矗立着许多食品、饮料、家电等小张所熟悉的知名企业的大楼，这些企业生产的不少产品还是小张从小到大一直在购买的。在学校附近看到这些企业的大楼和它们的logo，自然有一种亲切感。刚巧到了大二，小张开始了营销专业的核心课程"营销策划"的学习。一次，老师布置了这样一个作业：收集5个自己所熟悉的知名企业的logo并了解其内涵。于是，小张自然而然地联想到在学校附近他经常看到的这些企业。

  分析与执行：小张首先要确定自己准备选择哪5家企业，先在校内超市购买了其中两家企业生产的产品，在产品的包装上找到了企业的logo，然后到另外3家企业，拍下了3家企业的logo。但这些logo究竟有什么内涵，小张并不清楚，因此，紧接着小张就进入5家企业的官网，将自己收集到的logo与网上展示的作比较，以确认自己收集的没错，并在网上找到它们各自logo的内涵。

  操练记录：

企　业　名　称	logo	内　　涵
企业1		
企业2		
……		
……		
……		

4.2　企业CIS的规划与导入步骤及原则

4.2.1　企业CIS规划实施的流程

企业 CIS 规划与实施导入的作业流程大约可分为五个阶段。

1. 企业实态调查阶段

这一阶段要把握公司的现状、外界认知和设计现状，并从中确认企业实际带给人的形象认知状况。

2. 形象概念确立阶段

这一阶段要以调查结果为基础，分析企业内部认知、外界认知、市场环境及各种设计系统的问题，来拟定公司的定位与应有形象的基本概念，作为 CIS 设计规划的原则依据。

3. 设计作业展开阶段

这一阶段要将企业的基本形象概念转变成具体可见的信息符号，并经过精致作业与测试调查，确定与完善符合企业的识别系统。

4. 完成与导入阶段

这一阶段的重点在于排定导入实施项目的优先顺序、策划企业的广告活动以及筹组 CIS 执行小组和管理系统，并将设计规划完成的识别系统制成标准化、规范化的手册或文件。

5. 监督与评估阶段

CIS 的设计规划仅是前置性的计划，在落实过程中，必须时常监督、评估，以确保符合原设定的企业形象概念。如发现原有的设计规划有缺陷，应进行修正。

4.2.2　CIS策划与导入的基本原则

企业 CIS 策划与导入应掌握以下 6 项原则：

1. 战略性原则

CIS 策划是创造企业优势、产品优势和竞争优势，以便全方位推出形象系统的新战略，是一项科学调控各种有效资源的系统工程。因此 CIS 绝不仅仅是设计上的变更或者企业名称的更改，而应该把它提高到企业存亡、经济兴衰的高度上去看待。

2. 民族化原则

CIS 策划既是一种经济的产物，也是一种文化的成果。文化都是植根于不同民族的土壤中。如果我们要策划具有民族化的 CIS 战略，必须对中西民族文化有一个比较深入的了解和分析。

3. 个性化原则

日本著名 CIS 设计专家申西元男说："CIS 的要点就是要创造企业个性。"企业形象策划就是企业个性的定位。定位就是在消费者的心中寻找空隙和位置，目的是在此位置上建立有个性的优秀企业形象。定位是 CIS 的出发点，是塑造企业形象的第一步。

4. 系统化原则

CIS 是一个系统工程，它是包括 MI、BI 和 VI 的整体企业识别系统。三者内聚外化，有机结合，相互作用，共同塑造富有个性的企业形象。也就是说，它是将企业的经营理念与企业文化通过具体可感知的视觉符号传达到企业外部的各种社会公益活动中，塑造出个性鲜明的优秀企业形象，对内产生凝聚力和激励力，对外提高企业的知名度和认同感。因此，在 CIS 的策划设计中一定不能将其进行割裂和肢解，要克服重形式轻内容、重设计轻传播的 CIS 策划形式。同时，CIS 是一个复杂的系统工程，是多种专业知识的融会贯通，需要各类专家和专业人才的通力合作，需要专家与企业决策者的密切配合，才能完成这一巨大的系统工程。如图 4-3 所示。

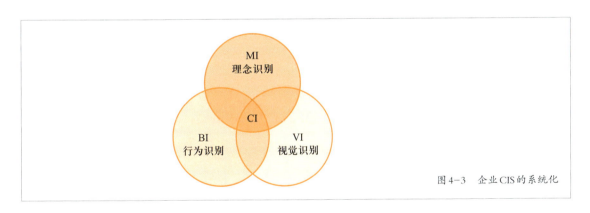

图 4-3　企业 CIS 的系统化

5. 创新性原则

CIS 的策划、设计有新鲜、奇特、超群、别致的创意，具有新意和独特性。美国设计界有这样一条原则：不允许模仿他人的设计，要不断地创新。有生命力的 CIS 策划与设计往往和"新"字分不开，只有意境新、形式新、构思新的策划和设计才能打动人、吸引人，使人过目不忘，留下深刻的印象。

6. 可操作性原则

企业理念是企业的经营宗旨、经营方针和价值观，它既是一种意识，又是一种经营战略，更是企业的灵魂，是企业运行的依据。企业理念具有导向力、凝聚力、激励力、辐射力。因此，CIS 不是一般的抽象思维的哲学，也不是一种宏观的世界观和方法论，它必须契合企业的经营实践并便于操作。

小试牛刀 4-2：评估一家企业的 CIS

背景资料：小张收集了学校附近5家知名企业的logo及其内涵，发现这些企业的logo设计得各有特色，而且非常有文化内涵，也体现了各家企业的核心价值，小张为自己学校能够身处这些知名企业附近而感到庆幸。在这些熟悉的企业中，小张对那家生产饮料的W企业情有独钟。因为小时候自己几乎每天都要喝上一瓶这家企业生产的儿童饮品，可以说，小张是喝着W企业生产的饮料长大的，那个熟悉的logo承载着小张许多童年美好的记忆。在"营销策划"课上，老师让同学评估一家企业的CIS。于是，小张就找来W企业的资料，仔细阅读了企业的愿景目标、使命、哲学理念、精神、经营方略、公司司训、用人标准、经营理念、执行理念、策略理念、决策理念、投资理念、理财理念等内容，决定深入剖析、评估这家企业的CIS。

分析与执行：小张在选择W企业后，需要从企业CIS策划与导入的六项原则，即战略性原则、民族化原则、个性化原则、系统化原则、创新性原则、可操作性原则来评估这家企业的CIS策划与导入的优劣。

操练记录：

W 企业 CIS 策划评估

CIS内容	战略性展现点	民族化展现点	个性化展现点	系统化展现点	创新性展现点	可操作性展现点
MI						
BI						
VI						

4.3　CIS策划的程序及内容

4.3.1　调查分析

1. 企业现状调查

调查的第一步作业，是展开企业现状调查。调查的内容大致有以下几个要点：

（1）社会公众对公司的印象如何？

（2）社会公众对公司形象的评估，是否与公司的市场占有率相符合？

（3）与其他同行业的活动比较，公司的企业形象中最重要的项目是什么？

（4）哪些地区对公司的评价好？哪些地区的评价不好？理由是什么？

（5）和公司保持往来的相关企业，最希望公司提供的服务是什么？对公司的活动有何意见？

（6）公司的企业形象有何缺点？未来应塑造出何种形象？

（7）公司目前的市场竞争力如何？

（8）公司对外界发送的情报项目中，在信息传递方面最有利的是什么？

（9）公司的高级主管对公司未来的发展有何计划？目的是什么？

对于企业现状调查工作，可从企业内部与外部两方面着手，如图4-4所示。

图4-4 企业现状调查重点

（1）企业内部调查。有关企业内部的调查工作，包括企业的经营理念、营运方针、产品开发策略、组织结构、员工调查、现有企业形象等，都需要逐一加以检讨、研判、分析，整理出企业经营的理想定位。

企业内部调查的重点是和高层主管人员的沟通，应以相互信赖和共同发掘问题为基础，将企业经营的现状、内部的组织、营运的方向等正面问题深入检讨，将开发设计导入正确的方向。方向确定，才能针对现有的缺失，开发完整的规划作业——从如何设定企业经营的目标、战略的设计和形象的表现等方面，来创造对企业本身的有利环境。

内部员工的认知，也是调查作业的工作重点之一。因为员工的忠诚度、归属感、向心力等意志的贯彻与否，足以决定企业经营的成败。员工对于内部作业环境、待遇福利、作业流程、管理体制等问题的反映与看法，也是开发新CIS最佳的参考资料。因此，进行企业实态调查的工作，必须包括与公司关系最密切的员工。

（2）企业外部调查。对外方面，有关消费市场与特定对象的分析研究，尤其是竞争厂商情报的收集与分析，是开发作业前调查工作的重要方面。

首先，必须寻找消费者对于企业现有的产品与服务，具有何种程度的印象；其次，依照市场需求与未来走向设定相应的战略，并兼顾竞争企业的经营战略和形象定位，分析、研判其相关经营问题点，采取相应的措施，创造有利的经营环境。

调查工作是否完善、确实，是决定 CIS 成败的关键。因此凡是想要引进 CIS 的企业，应先组织优良的调查系统，再根据调查结果进行设计开发作业，确立施行方针。

2. 企业形象调查

塑造良好的企业形象，是 CIS 作业的主要任务之一。但在展开作业前必须了解，对本公司而言什么样的企业形象才是良好的，而形成信赖感和好感的具体因素又是什么。

我们可以将构成企业形象的因素归纳为下列七种：

（1）市场形象。良好的市场形象表现为：企业认真考虑消费者问题，对顾客的服务很周到，善于宣传广告，销售网络相当完善，竞争力强。

（2）外观形象。良好的外观形象表现为：对企业的信赖感强，企业稳定性高，有优良传统，企业规模大。

（3）技术形象。良好的技术形象表现为：企业研究开发能力很强，技术优良，对新产品的开发很热心。

（4）未来形象。良好的未来形象表现为：企业合乎时代潮流，有积极性、未来性。

（5）经营者形象。良好的经营者形象表现为：企业经营者很优秀，有魅力。

（6）风气形象。良好的风气形象表现为：企业具有健康、清洁的形象，具有现代感，企业风气良好，员工和蔼可亲、有礼貌。

（7）综合形象。一流的企业，希望子女在此公司任职，想购买此公司的股票。

4.3.2 企业形象定位

首先，企业应确认本身在社会分工的体制中所扮演的角色，然后将角色内容广泛地让一般民众了解。通过企业的信息传递活动，大众才能获得"某某企业是属于某一种行业的企业"的形象，之后就自然地会以此种企业形象来设定自己的行动。企业形象模糊不清的公司，一般人也就无法了解它对社会有何功用，发展自然受到局限。

如何将企业定位呢？一般的经营者可能用演绎法来解决这一问题。其实，直接观察竞争市场而作出归纳性的决定，也是一种很合理的方法。理由之一是：大多数企业并未建立起明确的形象；第二个理由是：根据归纳法引出形象战略的方向，能使企业更了解本身应以技术、外观或规模等形象作为日后加强的目标。

到目前为止整理出来的调查报告可以归纳成下列两种：其一是资料明细报告，这是调查小组所做的第一次报告，说明各个调查的明细资料，当然也包括小组间的比较资料。另外一项是以明确报告为基准的总概略报告，概要列出调查种类，并提出简单结论的资料。

4.3.3　策划企业 CIS 导入方案

1. CIS 导入策划的步骤

总概略报告完成后，接下来就必须根据这份报告画出 CIS 的蓝图——CIS 导入策划方案。CIS 导入策划由三个步骤所构成，如图 4-5 所示。

图 4-5　CIS 导入策划的步骤

（1）企业实态的检讨和分析，也就是事前调查阶段。

（2）根据调查结果，展开企业形象策划的作业。CIS 的设计开发也属于这一阶段。

（3）实施管理作业阶段。企业经营者在推行 CIS 时，应按照上述三个步骤，循序渐进，确实执行，以真正发挥 CIS 的效果。

2. 策划方案的内容

在提出 CIS 企划案的构想之前，我们需要自问一个问题：引进 CIS 的真正目的是什么？是不是认为企业本身存在某些问题，必须加以改善？换个角度讲，我们可以说已经看出 CIS 能解决企业所面临或即将面临的问题。因此，策划方案的内容应该清楚地标示出"问题"和"解决办法"两大重点，并且对具体的实行步骤、方法和预期成果加以说明。如果能列出公司目前的问题，并加以精彩、详细地说明，相信就更能打动经营负责人的心。

一个完整的企业 CIS 策划方案必须包括下列八个项目：

（1）标题；

（2）提案的目的；

（3）引进 CIS 的理由与背景；

（4）引进的思路及计划；

（5）CIS 的策略及计划方针；

（6）具体的实施细则；

（7）CIS 计划的推动、组织、协办者；

（8）实施 CIS 计划所需的费用与时间。

在这八个项目中有两大重点：提案的目的和引进 CIS 的理由与背景。尤其是引进 CIS 的理由，一定要说明清楚，因为它可能决定了公司对 CIS 的运作方向。值得注意的是，不能只是针对企业目前的缺点，还要根据时代趋势、企业界和同业间的现状，提出周到的看法，并以远大的眼光来审视问题。

3. 执行工作大纲

CIS 的计划方针必然会牵涉施行方法、活动时间、经费、推行单位、营运技术等问题，各方面的配合是否得当，决定了 CIS 成效的好坏。以下是执行工作大纲的内容：

（1）明确主题。每一个策划方案都必须有其魅力标题，以拟定企业具有代表性的魅力话题较为妥当。

案例

九江清源集团导入 CIS 策划方案

（2）拟定具体实施活动办法。经研讨分析后的结论，认为有必要导入 CIS 时，则需将主题、着眼点、背景等予以评估，因为在导入作业实施的每一阶段，每项工作都环环相扣，因此在全盘作业大纲分类后，须依需要性拟定各种不同活动方式来配合推动。

（3）编列导入时间预定表。CIS 导入作业不是短期的作业，同时在进行中必须有许多事项的配合，因此要将作业阶段进行的项目与日程时间进行充分的掌握、调配，以确保作业的顺利进行。

案例

新视觉创意公司 CIS 形象策划

（4）明确作业组织功能。用什么方式推动与推选出适合人员来执行导入作业，是不可忽视的事。组织机能必须明确化，例如，在内部设置 CIS 委员会来负责，工作任务做到有效分配、执行等。另外，不妨聘请外界专家协助参与 CIS 导入作业的规划，因为企业形象的塑造是希望能获得社会大众的认同与喜爱，如果全部由内部人员推动的话，恐怕会受限于企业本身的主观偏好，而造成闭门造车的缺失。

（5）编列经费。通常在策划阶段，对实施作业经费的多少是比较难掌握的，但如果提案对成本没有一些具体的评估，实施的可行性就微乎其微了，因此需要先行预算出作业项目的主要经费。一般而言，所需经费包括调查策划费用、视觉设计费用、各类项目实施作业费用、内外沟通作业费、评估与管理费等，可由上述各项作业内容预估出大概的金额。但通常在进行 CIS 作业时，项目的或增或减是避免不了的事，所以在预估经费时要保留一些弹性。总体来说，CIS 的投资费用大致可分为四方面：① 企业实态调查及策划费用；② 设计开发费用；③ 实施管理费用；④ 其他费用，如推行计划时的花费、公司内部信息传递的经费等。

小试牛刀4-3：设计企业的 CIS 导入策划方案大纲

　　背景资料：小张已经进入大二下半学期的学习中。4月份，各家与学校有产学合作关系的企业纷纷进入学校进行订单招聘，小张对前期自己曾经关注过的W企业情有独钟，于是报名参加了该企业的招聘。小张精心的准备和对这家企业CIS的熟知，为他在招聘考试的笔试和面试中加分不少。最后，小张顺利通过考试，被W企业的订单班录取，成了这家企业的准员工。在最后一学期的顶岗实习期间，正值W企业迎来32周年庆典。为了在社会上树立一个新形象，W企业准备规划设计一套新的CIS，由办公室牵头完成。了解到小张在校期间曾经学习过"营销策划"课程，于是办公室领导交给他一个任务：让他一起参与设计企业新的CIS导入策划方案大纲。

　　分析与执行：接到这个任务后，小张首先需要进一步明确W企业优化CIS的目的、引进CIS的理由和背景。同时，通过向办公室领导以及企业领导的请教，明确引进CIS的思路及计划。在此基础上，运用对原有CIS的评估结论，尽量保留原有CIS的精华部分，设计出CIS的策略及计划方针，进而编制具体的实施细则以及实施CIS计划所需的费用与时间。在这期间，还需要对CIS策划的协办者向领导提出建议。

　　操练记录：

W企业CIS策划方案

项　目　名　称	主　要　内　容
CIS策划方案标题	
提案目的	
理由和背景	
思路及计划	
CIS的策略及计划方针	
实施细则	
计划的推动者 组织者 协办者	
费用与时间	

4.4 设计与开发企业 CIS

4.4.1 企业理念的定位与策划

1. 企业理念的定位模式

CIS 企业形象战略追求企业形象差异性的效果，即独特企业形象的塑造。而企业差异性首先来自企业理念的个性化，企业的不同理念决定了企业不同的形象定位。其模式主要有下面几类：

案例
麦当劳的"Q、S、C+V"精神

著名企业的愿景使命

（1）目标导向型。这种模式用精练的语言提纲挈领地反映企业追求的精神境界和经营战略目标。它们的目标十分广泛。例如，百度：给人们提供最便捷的信息查询方式；阿里巴巴：建立全球最大最活跃的网上贸易市场，让天下没有难做的生意。

（2）团结创新型。用简洁、精练、概括的语言反映企业团结奋斗的优良传统以及拼搏、开拓、创新的团体精神和群体意识。它的主要目标是企业的内部公众。例如，上海大众汽车有限公司：十年创业、十年树人、十年奉献；日本三井住友银行：保持传统更有创新。

（3）产品质量、技术开发型。用简洁、精练、概括的语言突出强调企业名牌产品的质量，或强调尖端技术的开发意识，以此来代表企业精神，展示企业形象，有效传达企业对社会的贡献。例如，广东容声电器股份有限公司：容声，质量的保证；格力集团：让世界爱上中国造。

（4）市场营销型。它的目标是企业的外部公众，强调市场的覆盖和开拓，争创最佳的经济效益。例如，美国麦当劳公司：顾客永远是最重要的，服务是无价的，公司是大家的；京东集团：让购物变得简单、快乐。

（5）优质服务型。它的主要目标也是企业的外部公众，它着重强调的是：顾客是上帝。例如，美国 IBM 公司：IBM 就是服务；中国海尔公司：海尔真诚到永远！

2. 企业理念的应用形式

理念识别（MI）是导入 CIS 的原动力，是企业的精神所在。企业理念通常通过下列形式加以应用：

（1）标语、口号。标语用于横幅、墙壁、标牌上，陈列于各处或四下张贴使员工随时可见，形成一种舆论气氛和精神氛围。口号是用生动有力、简洁明了的句子，呼之于口，激动人心，一呼百应。标语和口号的表达方式可以是比喻式、故事式、品名式和人名式等。表4-1列出了几家知名企业有代表性的广告语。

表4-1　知名企业的标语、口号

公　　司	广　告　语
苏宁易购集团股份有限公司	苏宁易购，让生活轻松e点
浙江吉利控股集团	吉利，开创世界汽车安全技术新格局
中国光大银行	共享阳光，创新生活
鲁花集团	中国味，鲁花香

（2）广告。企业理念一般比较稳定，而广告语可以根据不同时期、不同地域、不同环境加以灵活改变。例如，华为的广告语"如果你喜欢简单，我的细节会让你感动！"、小米手机的"你的我的大家的"。

（3）企业歌曲。优秀的企业歌曲能够激起人们团结、奋进、向上的激情，聪明的企业家用音乐这一艺术形式向职工进行巧妙地灌输，向社会各界广泛宣传。中国步步高公司的广告中常有企业的歌曲《步步高》，"世间自有公道，付出总有回报，说到不如做到，要做就做最好，步步高！"的歌词广为传唱。平安保险公司每天晨会齐唱《天下平安》的司歌。北京同仁堂集团、北京长城饭店也有自己企业的歌曲。

案例
百事可乐的广告语

4.4.2　企业行为识别的传播与推广

企业行为一般通过内部传播与外部推广两种形式被人们识别和接受，进而形成对企业的深刻印象。

1. 内部的传播与交流

贯彻 CIS 理念，建立行为识别制度，关键的一环是 CIS 意识的传播，即内部的传播与交流。所以，无论企业大小，不管是内部通信、公告栏、板报、标语，还是广播、简报、企业报，都会有一个正规的传播媒介。除此之外，非正规的员工之间的私下小道消息传播也是不可忽略的。从某种意义上说，这种私下小道消息传播比正规形式的宣传对员工意识的作用更大。如何对其进行控制、引导，也是行为识别系统建设的一个重要内容。

美国施乐公司原董事长马库罗曾认为："以设计来统一企业的形象，必须

百度公司宣传片

日本三井住友银行感人广告《一支葡萄酒》

由最高经营阶层至基层员工彻底实施，内部统一之后，方能对外诉求。"所以，在企业向外传播 CIS 计划之前，首先要对企业内部的员工做一次完整的说明，使他们了解企业导入 CIS 的主旨。只有先搞好内部传播，才能充分调动广大员工的积极性、创造性，使他们支持并参与实施 CIS 计划的行动中去，为塑造企业形象而努力工作。

对内部员工传播教育的主要方式有下列几种：① CIS 说明书；② 幻灯片；③ 公司汇报；④ CIS 消息；⑤ 员工手册；⑥ 海报；⑦ 讲习会。

2. 外部的推广与途径

（1）策划新闻事件。企业在 CIS 导入与推行过程中，结合 CIS 工程的总体计划主动联系媒体机构，策划一次以宣传企业形象为目的的有轰动效应的新闻事件，往往是一种理想的活动识别手段。活动识别就是借助种种有计划、有效的活动，广泛传播企业统一理念、价值观、精神风貌、品牌特色。新闻事件作为一种手段，具有集中、广泛的传播效果。如山东临沂新程金锣肉制品集团有限公司针对社会舆论、消费者对肉类食品安全问题的关注，以"做肉做良心、吃肉吃放心"为主题策划了"产品大检查、感恩大回馈"的新闻事件，制造强势舆论话题，在一批质疑食品安全的舆论中让自己脱颖而出。

（2）广告活动。以塑造企业形象为直接目的的广告称为企业形象广告，旨在向社会宣传企业特征，表明企业对社会所负的责任和为社会做了些什么。企业形象广告包括企业理念广告、社会责任广告、企业礼仪广告等。企业理念广告是向社会传播企业的经营哲学、价值观念、传统风格和企业精神的广告。它可以使企业形象连同它的观念和口号深入大众心中，对内产生凝聚力，对外产生感召力。社会责任广告是显示企业对社会公共事务和公益事业的热情和关心的广告。社会责任广告或以广告形式响应社会生活中某个重大热点主题，表示企业对社会生活的参与，或以企业名义率先发起某运动或提供某种有益的观念，这类广告使企业形象充满人情味和亲和感。企业礼仪广告是在企业周年纪念或其他企业开张、创业周年纪念或重大节日之际，向公众和合作者表示感谢和祝贺的广告。这类广告旨在联络和沟通感情，往往能收到好的效果。

（3）社区交往。按企业形象由近及远的传达规律，企业首先要求与当地居民搞好关系。如何提高企业在其所在社区的形象呢？一般做法有：优先录用当地居民；积极参加防止公害、保护当地自然景观、文化等活动；参与地方开发；欢迎各种社团参观和了解企业的一般作业状况；积极参与当地重大经济决策或建设项目；设立消费者窗口和服务地方社会的部门；关心社区老人、儿童等。

（4）大型活动策划。一些企业通过策划大型活动来传达企业理念，宣传企业实力。在策划大型活动时，企业首先应注意确立企业的市场目标，针对目标顾客的需求开展相关活动。如京东公益联合京东物流以及世界自然基金会（WWF）等多个公益组织、品牌商，积极参与 2019 年的"地球一小时"活动。以"与自然共生"为主题，策划了"一键呼叫京东快递小哥，全国近 50 城免费上门回收闲置衣物""我的快递箱我做主，绿色环保不含糊""免费回寄两个空奶粉罐，把内蒙古的树种起来"等一系列大型公益活动，既向京东的客户和社会传达了企业的环保理念，更进一步提升了企业的社会形象。

4.4.3 企业 VI 的设计与开发

1. VI 基本要素系统设计

VI 基本要素系统设计是企业形象的核心部分，它严格规定了图形标志、中英文字体字形、标准色彩、企业象征图案及其组合形式，从根本上规范了企业的视觉基本要素。企业视觉基本要素系统构成内容如图 4-6 所示。

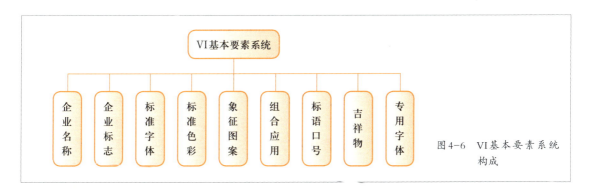

图 4-6　VI 基本要素系统构成

（1）企业名称。企业名称与企业形象有着紧密的联系，是 CIS 设计的前提条件。企业名称的确定，一是必须反映企业的经营思想；二是要有独特性，发音响亮并易识易读，同时要注意谐音的含义，以避免引起不佳的联想；三是名字的文字要简洁明了，同时要注意国际性，适应外国人的发音，以避免在外语中的错误联想；四是在设计表现或暗示企业形象及商品的企业名称时，应与商标，尤其是与其代表的品牌相一致，也可将在市场上较有知名度的商品作为企业名称。此外，企业名称的确定不仅要考虑传统性，还要具有时代的特色。如百度公司的名称来自于辛弃疾的《青玉案·元夕》里的词句"众里寻他千百度。蓦然回首，那人却在，灯火阑珊处"，独特而有意境。

（2）企业标志。企业标志是特定企业的象征与识别符号，是 CIS 设计系统的核心基础。企业标志是通过简练的造型、生动的形象来传达企业的理念，具有内容、产品特性等信息。标志的设计不仅要具有强烈的视觉冲击力，而且要表达出独特的个性和时代感，必须广泛地适应各种媒体、各种材料及各种用品的制作。其表现形式可分为：

① 图形表现，包括再现图形、象征图形、几何图形等。如三菱汽车的标志就是由三个菱形的几何图形所构成。

② 文字表现，包括中外文字和阿拉伯数字的组合。如国美电器的标志是由中外文字的组合所构成。

③ 综合表现，包括图形与文字的结合应用。如康师傅的标志就是由图形和文字结合应用的综合表现。

案例

安吉竹叶 VI 设计

企业标志要以固定不变的标准原型在 CIS 设计形态中应用，必须绘制出标准的比例图，并表达出标志的轮廓、线条、距离等精密的数值。其制图可采用方格标示法、比例标示法、多圆弧角度标示法等，以便标志在放大或缩小时能精确地描绘和准确复制。

（3）企业的标准字体。企业的标准字体包括中文、英文或其他文字字体。标准字体是根据企业名称、企业品牌名和企业地址等来进行设计的。标准字体的选用要有明确的说明性，直接传达企业、品牌的名称并强化企业形象和品牌。企业的标准字体可根据使用领域的不同，采用企业的全称或简称来确定。字体的设计，要求字形正确、富于美感并易于识读，在字体的线条粗细处理和笔画结构上要尽量清晰、简化和富有装饰感。在设计时要考虑字体与标志在组合时的协调统一，对字距和造型要作周密的规划，注意字体的系统性和延展性，以适应各种媒体和不同材料的制作，适应各种物品大小尺寸的应用。企业的标准字体的笔画、结构和字形的设计也可体现企业精神、经营理念和产品特性，其标准制图方法是将标准字配置在适宜的方格或斜格之中，并表明字体的高、宽尺寸和角度等位置关系。如图 4-7 所示。

图 4-7　标准字体制图方法示例

（4）企业标准色彩。企业标准色彩是用来象征企业，并应用在视觉识别设计中所有媒体上的定制色彩。通过色彩具有的知觉刺激与心理反应，可表现出企业的经营理念和产品特质，体现出企业的属性和情感。标准色在视觉识别符号中具有强烈的识别效应。企业标准色的确定要根据企业的行业属性，突出企业与同行的差别，并创造出与众不同的色彩效果。标准色的选用是以国际标准色为标准的。企业的标准色使用不宜过多，通常不超过三种颜色。如鲜艳的红色是奢侈品牌迪奥的标准色，杉杉的标准色由蓝、绿、黑三种颜色组成，也不超过三种颜色。

（5）企业象征图案。企业象征图案是为了配合基本要素在各种媒体上广泛应用而设计的各种图案，在内涵上要体现企业精神，发挥衬托和强化企业形象的作用。通过象征图案的丰富造型，来补充标志符号建立的企业形象，使其意义更完整、更易识别、更具表现的广度与深度。象征图案在表现形式上要求简单抽象并与标志图形既有对比也保持协调的关系，也可由标志或组成标志的造型内涵来进行设计。在与基本要素组合使用时，要有强弱变化的律动感和明确的主次关系，并根据不同媒体的需求做各种展开应用的规划组合设计，以保证企业识别的统一性和规范性，强化整个系统的视觉冲击力，产生视觉的诱导效果。如图4-8、图4-9分别是奢侈品牌LV和GUCCI的象征图案。

企业标准色彩

案例
千岛湖凤凰度假
村 VI 设计

企业象征图案

图4-8　LV的象征图案

图4-9　GUCCI的象征图案

案例

波利士机械 VI 设计

案例

千岛湖旅游服务有限公司 VI 设计

企业吉祥物

（6）组合应用。组合应用即是对企业标志、标准字、标准色等基本要素组合起来进行运用。为使企业建立统一的视觉识别体系，并适应于各种不同媒体和场合上的应用，应设计一套规范化、系统化、统一化并综合各种基本要素的组合模式，其中包括各种要素组合时的位置、距离、方向、大小等组合规范。当组合模式的编排确定之后，为方便制作和使用，确保企业视觉识别的统一性和系统化，要绘制出组合的结构图。

（7）标语口号。企业提出的标语口号是企业理念的概括，是企业根据自身的营销活动或理念而研究出来的一种文字宣传标语。企业标语口号的确定要求文字简洁、朗朗上口。准确而响亮的企业标语口号对企业内部能激发出员工为企业目标而努力，对外则能表达出企业发展的目标和方向，提高企业在公众心目中的印象，其主要作用是对企业形象和企业产品形象的补充，使社会公众在瞬间的视听中了解企业思想，并留下对企业或产品难以忘却的印象。

（8）企业吉祥物。企业吉祥物是用来唤起社会大众的注意和好感的平易可爱的人物或拟人化形象，如图 4-10 所示。

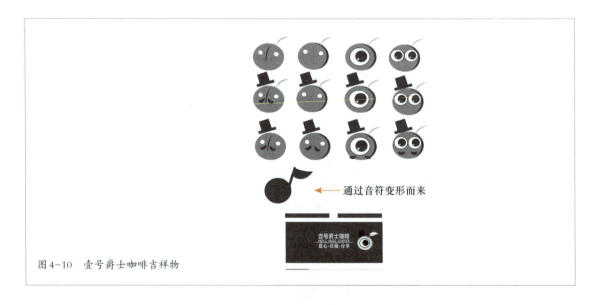

通过音符变形而来

图 4-10　壹号爵士咖啡吉祥物

企业专用字体

（9）企业专用字体。企业专用字体即是对企业新使用的主要文字、数字、产品名称结合对外宣传文字等进行统一的设计。主要包括为企业产品而设计的标志字和为企业对内、对外活动而设计的标志字，以及为报刊广告、招贴广告、影视广告等设计的刊头、标题字体。如图 4-11 所示。

图 4-11　企业专用字体示例

2. 应用要素系统设计

应用要素系统设计即是对基本要素系统在各种媒体上的应用所做出的具体而明确的规定。当企业视觉识别最基本要素如标志、标准字、标准色等被确定后，就要从事这些要素的精细化作业，开发各应用项目。VI 各视觉设计要素的组合系统因企业规模、产品内容而有不同的组合形式。最基本的是将企业名称的标准字与标志等组成不同的单元，以配合各种不同的应用项目。当各种视觉设计要素在各应用项目上的组合关系确定后，就应严格地固定下来，以期达到通过同一性、系统化来加强视觉诉求力的作用。应用要素系统大致有下列内容：

VI 应用要素系统设计

（1）办公事务用品。办公事务用品的设计与制作应允分体现强烈的统一性和规范化，表现企业的精神。其设计方案应严格规定办公事务用品形式排列顺序，以形成办公事务用品的严肃、完整、精确和统一规范的格式，给人一种全新的感受并表现出企业的风格，同时展示出现代办公的高度集中和现代企业文化向各领域渗透传播的趋势。包括信封、信纸、便笺、名片、徽章、工作证、请柬、文件夹、介绍信、账票、备忘录、资料袋、公文表格等。如图4-12 所示。

（2）企业内部建筑环境。企业内部建筑环境是指企业的办公室、销售厅、会议室、休息室、厂房等内部环境形象。设计时要把企业识别标志贯彻于企业室内环境之中，从根本上塑造、渲染、传播企业识别形象，并充分体现企业形象的统一性。主要包括：企业内部各部门标示、企业形象牌、吊旗、吊牌、POP 广告、货架标牌等。如图 4-13 所示。

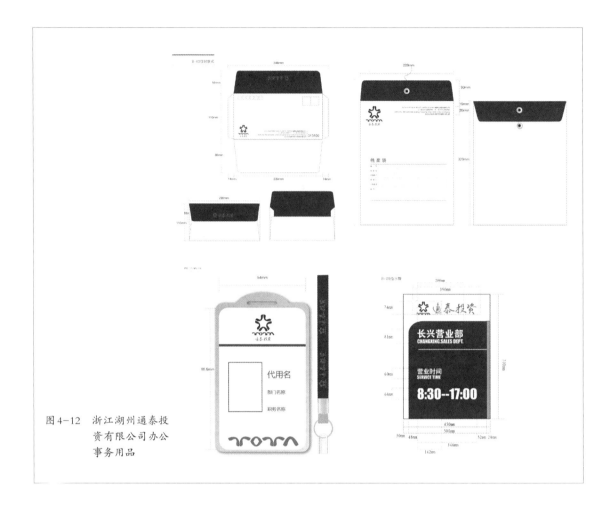

图 4-12 浙江湖州通泰投
资有限公司办公
事务用品

图 4-13 瑞丽嘉人吊旗

（3）企业外部建筑环境。企业外部建筑环境设计是企业形象在公共场合
的视觉再现，是一种公开化、有特色的群体设计。在设计上应借助企业周围的
环境，突出和强调企业识别标志，并贯彻于周围环境当中，充分体现企业形象
统一的标准化、正规化和企业形象的坚定性，以便使观者在眼花缭乱的视觉中
获得好感。主要包括：建筑造型、旗帜、门面、招牌、公共标志牌、路标指示
牌、广告塔等。如图 4-14 和图 4-15 所示。

图 4-14　雅戈尔门面

图 4-15　西点店可莎蜜儿外部环境

（4）交通工具。交通工具是一种流动性、公开化的企业形象传播方式，
其多次的流动会给人瞬间的记忆，有意无意地建立企业的形象。设计时应具体
考虑它们的移动和快速流动的特点，要运用标准字和标准色来统一各种交通工
具外观的设计效果。企业标志和标准字体应醒目，色彩要强烈以引起人们注
意，并最大限度地发挥其流动广告的视觉效果。主要包括轿车、中巴、大巴、
货车、工具车等。如图 4-16 和图 4-17 所示。

（5）服装服饰。企业统一设计的整洁、高雅的服装服饰，可以提高企业
员工对企业的归属感、荣誉感和主人翁意识，改变员工的精神面貌，促进工作
效率的提高，并促使员工遵守纪律树立责任心。服装服饰应严格区分工作范
围、性质和特点，设计出符合不同岗位的着装。主要有经理制服、管理人员制
服、员工制服、礼仪制服、文化衬衫、领带、工作帽、胸卡等。如图 4-18、图
4-19 和图 4-20 所示。

图 4-16　货拉拉工具车

图 4-17　顺丰速运工具车

图 4-18　上海大众工作服

图 4-19　上海大众工作帽

图 4-20　上海大众文化衫

（6）广告媒体。企业选择各种不同媒体的广告形式对外宣传，是一种长远、整体、宣传性极强的传播方式，可在短期内以最快的速度，在最广泛的范围中将企业信息传达出去，是现代企业传达信息的主要手段。主要有电视广告、报纸广告、网络广告、杂志广告、路牌广告、招贴广告等。

（7）产品包装。产品是企业的经济来源，产品包装起着保护、销售、传播企业和产品形象的作用。成功的包装是最好、最便利的宣传、介绍企业和树立良好企业形象的途径。产品包装主要包括纸盒包装、纸袋包装、木箱包装、玻璃包装、塑料包装、金属包装、陶瓷包装、包装纸等。如图 4-21 和图4-22 所示。

图 4-21　联想乐 Pad 外包装盒

图 4-22　香奈儿香水外包装

（8）赠送的礼品。企业礼品主要是为企业形象或企业精神更形象化和富有人情味而用来联系感情、沟通交流、协调关系的，是以企业识别标志为导向、传播企业形象为目的，将企业形象组合表现在日常生活用品上的一种企业形象传播方式。企业礼品同时是一种行之有效的广告形式，主要有T恤衫、领带、领带夹、打火机、钥匙牌、雨伞、纪念章、礼品袋等。如图4-23和图4-24所示。

图4-23　施华洛斯奇礼品袋

图4-24　太平洋保险纪念章

（9）陈列展示。陈列展示是企业营销活动中运用广告媒体，以突出企业形象而对企业产品或销售方式开展的传播活动。在设计时要突出陈列展示的整体感、顺序感和新颖感，以表现出企业的精神风貌。主要包括有橱窗展示、展览展示、货架商品展示、陈列商品展示等。如图4-25和图4-26所示。

图 4-25　橱窗展示示例

图 4-26　货架展示示例

（10）印刷出版物。企业的印刷出版物品代表着企业的形象，直接与企业的关系者和社会公众见面。在设计时为取得良好的视觉效果，应充分体现出强烈的统一性和规范化，表现出企业的精神；编排要一致，采用固定印刷字体和排版格式，形成一种特定的版式风格，造成一种统一的视觉形象来强化公众的印象。主要包括企业简介、商品说明书、产品简介、企业简报、年历等。如图4-27 和图 4-28 所示。

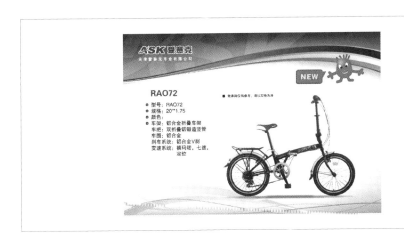

图 4-27　爱赛克折叠自行
　　　　车简介

173

图4-28 中信金通证券
宣传折页

小试牛刀4-4：设计企业VI应用要素中的办公事务用品

背景资料：小张在实习单位W企业参与制作的CIS导入策划方案的大纲得到了企业领导的肯定，接下去，企业办公室需要和通过招投标中标的B广告设计公司一起研究、开发单位的整套CIS导入策划方案。其中，小张主要参与了视觉识别系统中应用要素的开发设计工作，具体负责办公事务用品的开发和设计。接到任务后，小张认为企业的信封、信纸、便笺、名片、徽章、工作证、请柬、文件夹、介绍信、账票、备忘录、资料袋、公文表格等一系列办公事务用品的设计，首先必须充分体现出强烈的统一性和规范化，表现出W企业的精神，同时需要展示出W企业现代办公的高度集中和现代企业文化。为此，小张查找了大量的资料，并进一步熟悉了在校期间学过的Photoshop软件的应用，与广告设计公司合作开始了W企业办公事务用品的开发和设计。

分析与执行：接到这个任务后，小张首先需要通过调研了解一些中外知名企业视觉识别系统中办公事务用品的种类和经典的设计作品，既可作为设计的借鉴，也可避免在设计中与其他企业的办公事务用品雷同。同时，要分析W企业在新的发展要求下，新的企业经营理念的内涵需要如何体现在视觉识别系统的办公事务用品中。然后，在此基础上，分别设计企业的信封、信纸、便笺、名片、徽章、工作证、请柬、文件夹、介绍信、账票、备忘录、资料袋、公文表格等一系列办公事务用品。

操练记录：

W企业办公事务用品设计方案及内涵

主要内容	作品方案及内涵
信封	
信纸	
便笺	
名片	
徽章	
工作证	
请柬	
文件夹	
介绍信	
账票	
备忘录	
资料袋	
公文表格	

融 会贯通 <<<<<<<<<<<<<<<<<<<<<<<<<<<<<<<<<<<<<<<<<<<<<

阅读下面的案例，完成案例后的分析任务。

A教育公司导入企业形象识别系统策划方案

A教育公司是黑龙江省一家以专业从事外语教育培训起步的行业领跑者，在省内教育培训行业中有着较好的口碑和市场影响力，然而面对激烈的市场竞争和遍地开花的教育公司，传统的教育培训优势已经不在，必须谋求新的竞争优势，以延续品牌辉煌。为此，特制定A教育公司的企业形象识别系统（CIS）导入方案。

一、A教育公司概述

A教育公司始创于1997年，公司精心打造为一个以外语教育为核心，以幼儿教育、家庭教育为两翼，以师资培训和国际交流为辅助的多元化教育集团，集教学、科研、销售为一体的教育品牌。公司在创业初期打造了外语专业培训的"金字招牌",并成为省内首家获批"外教聘用资格单位",可直接从国外引进高素质外教资源,自主研发的"母语图解教学法"已获得完整知识产权并向社会传播和推广。其所创立的"丑小鸭学外语"英语培训项目曾风靡一时,并获得广泛社会好评。

公司确立了"一切为了学生发展"的服务理念,在教育学生时,不仅注重教会他们专业技能,而且在培养其怎么做事的同时还教育其怎么做人,从而最终使学生获得自信,懂得自尊,学会自立,变得自强。以上的服务理念是在A教育公司创立过程中积淀的优秀品质,是凭借创业者的艰苦努力和创业团队的默契达成的行为规范。但是尚未系统化升华为规范指导,因此亟需系统化、规范化的总结和提炼。

二、A教育公司理念识别系统设计

（一）企业核心价值观

造就优秀人才的培训机构。

A教育公司不仅要帮助学生获得专业技能,还要培养学生学会做人,懂得自尊、自信、自立、自强。把学生塑造成具有优秀品质的人才,把A教育公司打造成一个在教育培训领域中的领航者。

（二）教育理念

1. 用爱心浇注人生的根基

2. 用规则与界限构建人生的结构

3. 以思维为培养核心,造就学生可持续发展的能力

（三）管理理念

1. 专业、敬业、乐业

2. 坦诚、合作、分享

（四）经营理念

1. 诚信经营

2. 特色化、国际化

（五）服务理念

1. 教育就是服务

2. 三心服务

心灵——每一位员工都要有一颗诚实守信的心灵。

中心——以用户为中心。

舒心——保证家长和孩子感到舒适、惬意和愉快。

3. 教育全面质量管理

（六）人才理念

1. 教师走向专业成长

2. 把教师培养成国际化交流人才

三、A教育公司行为识别系统设计

树立A教育公司专业、统一、可信赖的企业品牌形象。

（一）企业内部行为识别

1. 环境营造

管理服务区与教育培训区明确分开。管理服务区参照开放式教育培训风格改造，通过公司内部的装饰布局来体现公司的文化导向。招生区、外语交流区、茶餐厅等直接和客户发生联系的区域明确功能定位，用开放、国际化的布局和装饰体现内部环境的温馨。而教育培训区则要保证安静的授课环境，宁静的授课氛围。

2. 员工培训

对管理层和员工进行培训。培训内容包括管理能力、表达能力、专业能力和服务理念。

3. 员工行为规范化

依据公司教育产品类型所涉及的不同层面人群，归纳总结教师行为规范、管理员工行为规范、服务人员规范，并建立一套有效的奖惩制度。

（二）企业外部行为识别

1. 招生策划活动

借助品牌宣传，达到让消费者认可A教育公司不仅仅是专业的外语教育培训领航者，更是专业化、多元化的教育培训公司这一企业品牌形象。所采用的工具有：宣传册、教育产品赠送、教育产品试听、外语角交流、宝宝成长大赛、各类学生课外技能比赛、出国留学人员项目推介、社区活动、公益赞助等活动的组织。媒体宣传推广工具有：看板、海报、室内广播、条幅、传单、路演、店外显示屏、邮报、电台、电视字幕、短信等手段，并借助自媒体、微信公众平台、微博等新媒体加强宣传力度，增加客户黏合度。

2. 社会公益活动

在全省范围内开展"外语素质爱心教育帮扶工程"，为偏远、贫困地区小学、初中、高中的在职教师提供免费的外语教学技能培训，利用A教育公司掌握的外教资源提供免费的外语口语能力培训，加强和提升偏远、贫困地区的小学、初中、高中外语教师的教学能力。同时与学校媒体、社区、社会公益组织联合，举办"宝宝成长大赛""家长爱心课堂""外语演讲比赛""流浪和失学儿童技能培训"等一系列公益活动。

四、A教育公司视觉识别系统设计

（一）公司名称

A教育公司1997年登记注册时使用"哈弗教育公司"，一直沿用至今，借助 Harbin insitute of foreign languages 表述的英文缩写，其英文简称采用 HIFL。这样，做到汉语与英文发音的统一，并彰显其外语培训领航者的地位。

（二）标识

（1）名称国际化，加入英文简称 HIFL，与哈弗教育中文发音接近，朗朗上口，便于记忆。

（2）标志造型：绽放开来的形态动静相生，层叠无穷，蕴含着希望与未来的美好愿望，寓意着教育是国家的希望和未来。

（3）八角花形无限衍生，仿佛天地运行，自然大道与四时更替，演绎万物生长的过程，寓意 A 教育公司所倡导的"致力于全人教育的实践和推广"理念与中国传统儒家思想秉承一脉，如图 4-29 所示。

图 4-29　标识

（三）公司办公室器具、设备及事务用品

标识应该体现在 A 教育公司的办公室器具、设备及事务用品上。

办公室器具包括：名片、信封、信纸、便签、文头纸、会议用纸、应聘/教师人员登记表、学生登记表、笔贴、笔记本、VIP 卡、访客证、听课证、资料袋、文件夹、鼠标垫等。

设备包括：黑板、讲台、投影仪、电脑、办公桌椅、传真机、饮水机、垃圾桶等。

事务用品包括：钥匙扣、踏步垫、一次性纸杯、标签、桌旗、吊旗、挂旗、司旗、贺卡、专用请柬、手提袋、日历、标识伞等。

（四）企业展示陈列规划

在每个教学基地开辟单独区域用于 A 教育公司的发展历史、企业文化、教育产品宣传等的展示。具体标识设计包括：招生宣传、店面设计、展厅展台设计、标准展板设计等。

（五）企业环境空间

企业环境空间标识设计包括：公司大门外观设计建造、公司名称徽章、灯箱的设计、名称招牌、楼层标识牌、方向指引标识牌、公共设施标识牌、门牌、教学基地停车场指示牌、布告牌、公告牌、标语墙、样品展板设计、特殊展台设计、接待台、背景板等。

（六）宣传口号

宣传口号：致力于全人教育的实践和推广，造就优秀人才的培训机构。用于电视宣传广告、户外宣传广告、灯箱广告等受众人群多的宣传媒介。

广告语："用爱心浇注人生的根基，用规则与界限构建人生的结构，以思维为培养核心，造就学生可持续发展的能力。"用于公司教育产品宣传册、公告板、教学基地黑板、电子显示屏滚动广告等处。

广告语："专业、敬业、乐业，坦诚、合作、分享。"用于各种对外宣传媒体中，也包括互联网宣传。

广告语："以优质教育为核心，以品质赢得客户。"用于招生广告宣传、招生策划、社会公益活动等主动性宣传活动中。

（资料来源：古庆公. A教育公司企业形象识别系统研究. 黑龙江大学，2014：16～38）

问题：

根据所学知识，结合本案例，请梳理A教育公司导入CIS策划的步骤及每一步的关键点。

分析步骤：

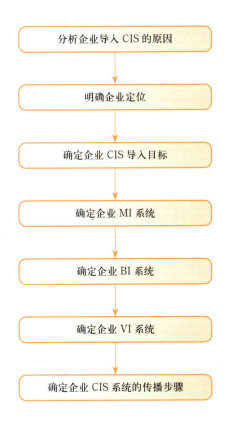

第一步，分析企业导入CIS的原因。关键点：＿＿＿＿＿＿＿＿。

第二步，明确企业定位。关键点：＿＿＿＿＿＿＿＿＿＿＿。

第三步，确定企业CIS导入目标。关键点：＿＿＿＿＿＿＿。

第四步，确定企业MI系统。关键点：＿＿＿＿＿＿＿＿＿。

第五步，确定企业BI系统。关键点：＿＿＿＿＿＿＿＿＿。

第六步，确定企业VI系统。关键点：＿＿＿＿＿＿＿＿＿。

第七步，确定企业CIS系统的传播。关键点：＿＿＿＿＿＿。

照猫画虎

企业 CIS 导入策划

一、实训目标

1. 能够提炼背景企业的核心价值观；

2. 能够提炼背景企业的使命；

3. 能够提炼背景企业的经营宗旨；

4. 能够设计一句反映背景企业理念的宣传口号；

5. 能够设计背景企业的行为目标和员工的行为目标；

6. 能够设计背景企业的logo；

7. 能够设计背景企业的吉祥物；

8. 能够设计背景企业CIS导入策划方案提纲。

二、环境要求

1. 具有上网功能的计算机；

2. Photoshop平面设计软件。

三、实训背景

各团队设立的公司经过近一年时间的运营，逐渐走入正轨，开始实现盈利，全公司上下也是信心满满，希望公司能有更好的发展。然而，摆在公司高层领导面前的问题还是不少：除了总经理和几位高管，普通员工几乎都不知道公司的核心价值和使命是什么，他们虽然能被动地遵守严格的规章制度，但是不清楚为什么要制定这样的规章制度，因此，工作中的主人翁意识不够强烈；消费者对公司的标志也不清楚；公司内部的交通工具、印有公司名称的牌匾字体不一；员工没有统一的服装……上述问题势必阻碍企业的发展步伐。正值公司周年庆典即将来临，管理层决定利用周年庆典的契机，制定公司的CIS导入策划方案，使全公司上下在核心价值引领下，走向规范、健康发展。

四、实训要求

根据背景资料所述情况，该公司首先需要确立本公司的核心价值和企业使命、经营宗旨，并将其传递给全体员工。其次要将这种核心价值和企业使命对内体现为企业目标和员工目标，对外体现为企业的宣传口号，在此基础上，需要设计企业 VI 中的基本要素企业 logo 和企业吉祥物。最后设计该企业的 CIS 导入程序。为此，本实训需要完成下列任务：

1. 提炼背景企业的核心价值观；
2. 提炼背景企业的使命；
3. 提炼背景企业的经营宗旨；
4. 设计一句反映背景企业理念的宣传口号；
5. 设计背景企业的行为目标和员工的行为目标；
6. 设计背景企业的 logo；
7. 设计背景企业的吉祥物；
8. 设计背景企业 CIS 导入策划方案提纲。

五、实训步骤

步骤一：企业核心价值观提炼。团队在讨论的基础上，提炼出背景企业的核心价值观。

步骤二：团队在讨论的基础上，提炼出背景企业的使命。

步骤三：团队在讨论的基础上，提炼出背景企业的经营宗旨。

步骤四：团队在讨论的基础上，设计出背景企业的宣传口号。

步骤五：团队在讨论的基础上，提炼企业的行为目标和员工的行为目标。

步骤六：团队在讨论的基础上，提炼出背景企业的 logo 设计思路，同时通过 Photoshop 软件设计企业的 logo。

步骤七：团队在讨论的基础上，提炼出背景企业的吉祥物设计思路，同时通过 Photoshop 软件设计企业的吉祥物。

步骤八：企业 CIS 导入策划方案提纲设计。团队在讨论基础上，在下列步骤的每一项后用 1~2 句话概括该项主要内容。设计企业 CIS 导入策划方案提纲。

（1）标题；
（2）引进 CIS 的理由和背景；
（3）提案的目的；
（4）CIS 的策略及计划方针；
（5）具体的实施细则；
（6）实施 CIS 计划所需的费用与时间；
（7）CIS 计划的推动、组织、协办者；

（8）引进的思路及计划。

六、注意事项

1. 各小组成员应了解、熟悉 CIS 策划的原则、内容、步骤、程序、方法，并掌握撰写 CIS 导入策划方案的格式内容及技巧；

2. 各小组应充分交流合作、合理分工、互相讨论、互相启发、整合思路，探索完成企业导入 CIS 策划。

七、实训报告

1. 在实训课中形成 CIS 导入策划方案框架内容，课后撰写 CIS 导入策划方案（3 000 字以上）；

2. 每个团队选 1 名代表面对全班同学陈述本团队策划的思路内容及感受（每组 5~8 分钟）。

八、评价与总结

1. 小组自评。

2. 小组成果展示介绍。

3. 组间互评。

4. 教师对团队总评。根据各组成果的优缺点，有针对性地点评，启发学生的创新思维；对各组普遍存在的问题进行重点分析；针对各团队具体项目的策划提出重点要注意的问题。

<<<<<<<<<<<<< 稳 扎稳打 <<<<<<<<<<<<<<<<<<<<<<<<<<<<<<<<<<<<<<<<<<<<

（一）单选题

1.（   ）首次采用彼得·贝汉斯所设计的商标，成为 CI 中统一视觉形象的雏形。

　　A. 美国国际商用计算机公司　　B. 德国的 AEG 电气公司

　　C. 美国的肯德基公司　　　　　D. 美国的麦当劳公司

2. 在企业 CIS 规划实施过程中，把握公司的现状、外界认知和设计现状，并从中确认企业实际给人的形象认知状况的阶段，属于（   ）。

　　A. 企业实态调查阶段　　　　　B. 形象概念确立阶段

　　C. 设计作业展开阶段　　　　　D. 监督与评估阶段

3. 一家企业研究开发能力很强，技术优良，对新产品的开发很热心，表明企业的（   ）良好。

　　A. 市场形象　　　　　　　　　B. 外观形象

　　C. 技术形象　　　　　　　　　D. 未来形象

4. 企业将目标定位于企业的外部公众，强调市场的覆盖和开拓，争创最佳的经济效益，这种企业形象定位模式属于（　　　）模式。

    A. 目标导向型   B. 团结创新型

    C. 产品质量、技术开发型   D. 市场营销型

5. "味道好极了"是（　　　）的广告语。

    A. 可口可乐   B. 孔府家酒

    C. 雀巢咖啡   D. 娃哈哈

（二）多选题

1. 下列属于企业经营哲学的是（　　　　　）。

    A. 经营方向   B. 服务公约

    C. 经营理念   D. 操作要求

    E. 管理条例

2. 下列活动属于企业行为识别系统内容的是（　　　　　）。

    A. 干部教育   B. 员工培训

    C. 研究发展   D. 质量管理

    E. 市场调查

3. 下列属于企业视觉识别系统基本要素的是（　　　　　）。

    A. 办公事务用品   B. 制服饰物

    C. 交通工具   D. 企业名称

    E. 标志组合

4. 企业内部调查的重点是（　　　　　）。

    A. 和高层主管人员的沟通   B. 对消费市场的研究

    C. 内部员工的认知   D. 对竞争厂商情报的收集与分析

    E. 企业的财务状况

5. 下列属于 BI 向外推广的途径与方法的是（　　　　　）。

    A. 策划新闻事件   B. 制作员工手册

    C. 开展广告活动   D. 开展讲习会

    E. 策划社区交往活动

（三）简答题

1. 简述 CIS 策划与导入的基本原则。

2. 一个完整的企业 CIS 策划方案应包括哪些主要项目？

3. CIS 的投资费用大致包括哪几方面？

能力测评 <<<<<<<<<<<<<<<<<<<<<<<<<<<<<<<<<<<<<<<<<<<<<<<<<<<<<

专业能力自评

	能/否掌握	专 业 能 力
通过学习本模块，你		MI 提炼
		BI 传播方法
		VI 设计
		CIS 导入策划
通过学习本模块，你还		

注："能/否"栏填"能"或"否"。

核心能力与商业文化素养自评

	核 心 能 力	有 无 提 高
通过学习本模块，你的	观察思考能力	
	表达能力	
	学习能力	
	团队合作能力	
	创新能力	
通过学习本模块，你认识到的商业文化与素养	诚信	
自评人（签名）： 年 月 日	教师（签名）	年 月 日

注："有无提高"栏可填写"明显提高""有所提高""没有提高"。

【知识目标】

通过本模块的学习，深入理解产品上市及品牌策划的重要性与重点、难点，初步掌握企业产品上市及品牌策划的内容、程序步骤、方法和撰写产品上市推广及品牌策划文案的技巧。

【技能目标】

通过本模块的训练，能够按照流程进行产品上市的准备，能够在市场分析的基础上设定新产品上市推广目标、提炼推广的基本思路，能够根据产品特点及基本原则进行品牌命名，在此基础上，能够完成简要的新产品上市推广策划文案。

【素养目标】

通过本模块的学习与训练，培养勤于调查和分析的能力、乐于学习和探究的态度、善于合作和创新的精神。

【思维导图】

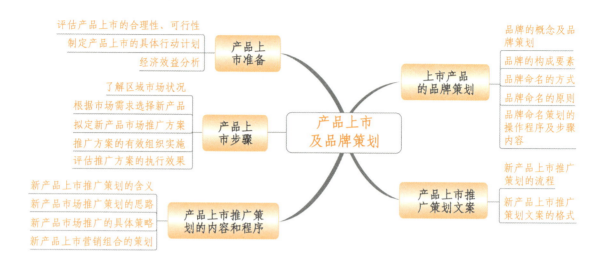

评估产品上市的合理性、可行性
制定产品上市的具体行动计划
经济效益分析

产品上市准备

了解区域市场状况
根据市场需求选择新产品
拟定新产品市场推广方案
推广方案的有效组织实施
评估推广方案的执行效果

产品上市步骤

新产品上市推广策划的含义
新产品市场推广策划的思路
新产品市场推广的具体策略
新产品上市营销组合的策划

产品上市推广策划的内容和程序

产品上市及品牌策划

上市产品的品牌策划

品牌的概念及品牌策划
品牌的构成要素
品牌命名的方式
品牌命名的原则
品牌命名策划的操作程序及步骤内容

产品上市推广策划文案

新产品上市推广策划的流程
新产品上市推广策划文案的格式

导入案例 **味央黑猪肉网易考拉首发上市**

　　2016年11月25日上午10时，引人注目的网易味央黑猪肉在网易考拉全网首发。2009年就宣布养猪计划的网易，在2016年黑色周五期间终于推出了旗下的猪肉产品。为了给公开拍卖的首头味央黑猪造势，网易公司CEO丁磊也同步推出专栏《三石的私物精选》，极力推荐网易猪肉，希望用户多多关注网易味央猪肉全球首发。他提出："这个冬天，我希望你用味央黑猪肉，认真地为自己做一次好菜。"

　　说起食品安全，这是每个国人都避不开的话题。早在2009年，网易公司就正式宣布进军农业，其初衷是以互联网精神去改变传统养殖业，将科技应用到农业，改变食品安全状况。当时，丁磊在接受媒体采访时称，网易公司做这个事情的主要目的，不是为了赚多少钱，是希望探索出一个可以提高食品安全保障、提供农村工作机会又能全国推行的养猪流程和模式。2011年3月，网易公司宣布养猪基地落户浙江安吉。

　　那么网易公司是如何用现代科技养传统的猪呢？根据有关报道，网易味央猪场悉心挑选了上等的本土黑猪品种，经过300天慢养才能上市。为了让网易味央猪肉成为安全有保障的猪肉，网易公司养猪的第一步就是"让猪先幸福起来"。网易味央黑猪不仅居住在良好的环境里，同时也具有健康的生活习惯。为了提高猪的免疫力，网易味央团队在猪舍引入自然光照的紫外线杀菌，使用创新的猪舍建筑材料和结构，从而达到更好的通风控温效果；为了让猪的生活环境更清洁，网易味央团队利用动物行为学，引导猪集中排泄，减少人工投入，提高粪污收集和处理能力；为了减小猪患呼吸道疾病的概率，将传统粉末状饲料换成了适合黑猪生长的液态饲料。除了之前对外公开的智能摄像头、传感器等技术手段，大约6名技术人员就能实现猪场的智能化管理外，丁磊还在专栏里透露："我们的猪蹲马桶、睡公寓、不打针、不吃药，生活习惯比很多人都要健康。平时吃的是网易独家饲料，是国际营养学家结合国内专家提供的科学配方。"为了证明网易猪肉的安全，丁磊还表示网易味央猪场会争取成为国内第一家将整个养殖过程公开的养殖场，未来还会将整个养猪过程直播给公众看。

事实上，网易味央猪还未上市就已经受到了极大关注，还未开卖已走红互联网。在乌镇世界互联网大会上，丁磊、马化腾、李彦宏、雷军、周鸿祎等许多企业家纷纷表示支持。

2016年从11月25日到11月27日的3天内，首批3头网易味央黑猪正式亮相网易考拉黑五大促，限时1元起拍，36小时冷链送达。整头网易

2016年11月25日，网易味央黑猪肉在网易考拉网首发。

这个冬天，我希望你用味央黑猪肉，认真地为自己做一次好菜。

网易CEO丁磊极力推荐网易猪肉。

食品安全是每个国人都关心的话题，网易称其初衷是改变糟糕的食品安全现状。

开售几日，黑猪肉礼盒都是瞬间被抢光。

网易味央猪场悉心挑选的本土黑猪品种，经过300天慢养才上市。

网易表示，未来将尝试更多线下售卖渠道，将猪肉真正卖到全国。

味央黑猪总计84斤，包括前腿肉、后腿肉、五花肉、纯精肉、里脊肉、去骨蹄髈、筒骨、肋排、前排、大排、猪肘、猪蹄、猪尾、汤骨。开售几日，黑猪肉礼盒都是瞬间被抢光，非常火爆。公司负责人表示，未来开启量产的网易味央猪肉也将尝试更多线下售卖渠道，逐渐形成线上、线下一体化的商业布局，将花了7年时间打造的精品猪肉真正卖到全国。

（资料来源：华龙网。）

想一想：

1. 网易公司推出的新产品味央黑猪肉靠什么特色来吸引消费者？

2. 网易味央黑猪肉新产品上市是如何进行宣传推广的？

十万台"红米"
招疯抢

5.1 产品上市准备

5.1.1 评估产品上市的合理性、可行性

1. 市场背景分析及上市目的分析

（1）该品类市场的总体趋势分析。

（2）该品类市场的区域市场占比分析。

（3）新品定位的市场整体趋势分析（或者是切入了空白/尚有较大空隙的细分市场）。

（4）市场机会分析（上市这个新品的目的正是利用这些市场机会达到怎样的销量、怎样的品牌成长效果）。

2. 企业现有产品 SWOT 分析

通过对企业现有产品和竞争产品及整体市场对比的 SWOT 分析，对我们在产品线组合上是否有可改进之处，是否有必要丰富、改良产品线并推出新品上市得出结论。

产品核心利益

3. 产品描述及核心利益分析

（1）产品的功能、包装、规格、价格、毛利、目标消费群等要素详细描述。

（2）各要素相对竞争产品的优势。

（3）产品的核心利益，是指本企业新产品相对竞争产品的诸多好处之中有什么特别的优势。准确分析产品的核心利益，能为产品的成功上市提供有力的支持。

海飞丝去屑洗发
水广告

4. 进入市场的策略选择

前期的总体产品营销策略并不能代表进入所有的目标市场都要千篇一律

地采用同样的策略。因为每个市场都有自己的特点，面临的竞争态势通常会有所区别，比如竞争对手的数量、竞争力大小、投入的策略、配备的资源、经销商的能力、销售团队的战斗力、零售业态的分布、媒体的特征、消费者的购买心理等。因此进入的策略在总体营销策略的指引下，要灵活地应用到当地市场。这些入市策略主要有：正面攻击、侧翼战略、强势终端、强势媒体策略等。具体采用哪一种或者哪几种，视自身的资源以及竞争态势而定。

5.1.2　制订产品上市的具体行动计划

1. 新品上市进度

产品在各区域是同时上市吗？如果不是，那么各区域产品上市时间安排是怎样的？

2. 铺货进度

产品在各区域的商超、批发、零售渠道进行铺货，要求各地在什么时间达到多少铺货家数和铺货率。

3. 通路和消费者促销

在商超、批发、零售、社区以及线上电商平台等各通路，企业针对店方和消费者应设计怎样的促销活动，以及具体的时间、地点、方式等细节的落实。

4. 宣传活动

针对本次新品上市工作，企业应进行宣传活动。如企业投入的广告具体播放时间、频率，各种广告宣传品、助陈物的样品和投放区域、方式及投放数字。如图 5-1 所示。

图 5-1　产品发布宣传活动图

5.1.3　经济效益分析

1. 产品销量预估

一般要预估新产品上市后一年内每个月的销量，至少也要预估三个月，否则生产单位和销售单位没有办法进行产销方面的协调动作。

苹果公司 iPad 发布会

2. 促销费用预算

促销费用预算就是新产品推动的广告和促销活动的费用计划，这一部分实际上是上市计划的重点。企业必须按照这样的上市计划估算他要付出多大的代价、花多少钱，来决定是否批准上市计划。

3. 成本效益评估

商业分析是根据所需投资、预期销售额、成本、价格、利润、预期投资收益等，对新产品上市进行更加详细的实质性的经济分析。除此之外，企业需要查看过去同类产品的销售记录，并且要调查市场将会出现的反应。企业必须估计最大销售额和最小销售额，以从中得出风险范围。完成销售预测后，企业就可以估计产品的期望成本和利润，包括营销、研究与开发、制造、会计和财务成本。然后，用销售和成本数据来分析新产品上市的财务吸引力。如图 5-2 所示。

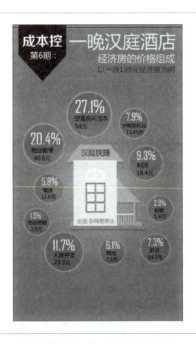

图 5-2 成本效益评估

小试牛刀 5-1：企业新产品上市的销售通路分析

背景资料：某乳业有限公司是外省一家大型现代化乳品加工企业，选用的优质奶源来源于绿色牧场，公司被评为全国农产品加工示范企业，通过了 ISO 9001：2000 质量管理体系认证，生产的纯牛奶通过了绿色食品认证。最近，公司新推出了一款营养丰富的学生健康奶，并计划在全国市场推广上市。为此，公司委托学校营销策划工作室的老师对该学生健康奶在本地区的上市推广进行策划。小张是高职市场营销专业的学生。在"营销策划"课上，老师布置了这样一个作业：调查、了解两家乳品企业新产品上市的通路策略，并加以具体分析。

分析与执行：小张组织小组团队通过实地走访和互联网搜索，锁定了两家企业及上市新产品。接下来就运用所学过的相关专业知识，从几个方面对这两家企业新产品上市的通路策略进行具体分析。

操练记录：

新产品上市通路策略	企业1	企业2
通路类型		
通路数量		
铺货情况		
促销策略		

5.2 产品上市步骤

当企业产品开发及上市准备工作结束，接下来就面临着产品上市宣传推广工作。企业产品上市的流程主要有以下几个步骤，如图5-3所示。

图5-3 产品上市步骤图

5.2.1 了解区域市场状况

中国的市场形态最为广阔，也最为复杂，因此，企业要想更好地在区域市场推广新产品，就必须对市场进行详细调研，通过真实了解经销商所处市场状况，做到"到什么山头，唱什么歌"，新产品的顺利推广才能了然于胸、水到渠成。企业所了解的市场状况包括如下几个方面：

1. 市场潜力和容量

新产品对于企业来说，都具有一定的战略意义。因此，在选择市场时，往往要选择人口基数大、消费水平高等潜力巨大的市场。因为这样的市场新产品一旦推广开来，往往具有影响和带动作用，从而可以辐射一方、传播一方，对于厂家可以起到四两拨千斤的辐射、拉动效果。

2. 市场的消费偏好

新产品能不能成功推广，与是否符合经销商所在市场的消费偏好有很大的关系。中国的消费差异很大，所谓的"南甜北咸，东酸西辣"即为此意。因此，新产品推广能否做到一打一个准，就要看产品是否能够满足市场的消费需求。

3. 市场的接受程度

城市市场与农村市场对于新产品的接受程度是不同的，城市市场理性消费多于感性，品牌认知度高，而农村市场则相反。因此，在选择推广新产品的经销商时，要根据城市与农村市场的差异性，选择新产品接受程度较高的市场以及经销商来进行大力度推广，这样做有助于有针对性、有选择性地推广新产品。

4. 渠道的推广意愿

很多新产品推广为何叫好不叫座？造成这一现象的根源往往跟厂家推广新产品时的一厢情愿不无关系。因此，厂家在选择所要推广的市场时，首先就要考虑经销商以及下游各级分销商的推广意愿。厂家只有合理设定了渠道利润，满足了渠道的意愿和需求，新产品成功推广才能不成为一句空话。

5.2.2 根据市场需求选择新产品

企业要想持续、健康地推广新产品，就必须根据调查的市场情况，抱着负责任的态度，为经销商选择合适的新产品。合适的新产品一般具备如下几个特点：

1. 新产品有新卖点

选择的新产品要遵循 FAB 法则，即产品要有它的属性或者说特点（feature）；要有它的作用或者说优点（advantage）；产品它能给消费者或顾客带来什么样的好处（benefit），即产品价值。所选择的产品只有具备了以上几点，才可能最大限度地为顾客所接受。

2. 新产品有新利润

不论是新产品还是老产品，作为以逐利为本性的经销商都是无利不早起的，因此，企业在推广新产品时，给经销商选择的新产品一定要符合互惠互利的原则，不能只顾企业自身的利益。而忽略经销商的利益。新产品只有有了新利润，经销商才会真正接受新产品，从而大力推广新产品。

3. 新产品有互补性

厂家选择的新产品要与原来的产品具有互补性。比如，产品的外在形式，如果现有产品是普通装，新产品就可以采用促销装或礼品装等。另外，新产品在层次结构上也可以与现有产品实现互补。比如，高、中、低档产品互补。产品的互补性强，可以更好地填补市场空白，从而增加新的盈利源。

4. 新产品有差异性

厂家推广的新产品要与市场上的竞争产品形成差异性。新产品只有坚持了差异化的策略，才能采取高价位、高促销的运作模式，才能在市场上灵活自主，游刃有余，才能真正让经销商盈利、厂家盈利，厂商才能建立坚实的战略合作伙伴关系。厂家只有根据经销商的市场状况，选择了合适的有利于市场推广的新产品，新产品的市场推广才算迈出了实质性的一步，才能为新产品在市场上更好地生根、发芽、开花、结果打下基础。

5.2.3　拟定新产品市场推广方案

企业推广新产品一般都要做新产品上市方案，但对于单个市场来说，那仅是一个纲领。作为企业代表的营销人员，根据经销商的市场情况选定新产品以后，还要重点做新产品推广实施方案。它包括如下几个方面的内容，如图5-4所示。

图5-4　推广方案要素图

1. 推广背景

即在什么情况和条件下推广新产品，它的前因后果是什么。比如，市场的竞争激烈程度、竞品的发展态势或已经构成的潜在或现实威胁等。

2. 推广目的

即新推广的产品要承载什么样的使命，通过新产品的推广，要达到什么样的战略目的，是应对市场的冲击还是引领市场潮流，等等，从而明确产品的推广方向。

3. 推广阶段

即新产品切入市场后，要通过几个阶段来达到占领市场的目的。该推广阶段一般以一个月为一个周期，通过明确推广阶段，从而有计划、有组织，达到稳步推进的目标。

4. 推广策略

即新产品推广过程中所要采取的营销组合策略。比如，产品策略方面，采取什么样的包装形式，产品卖点挖掘，产品功效，等等；价格策略方面，采取什么样的价格政策，是返利还是折扣；渠道策略方面，渠道的广度、深度以

推广策略

193

及宽度如何选择；促销策略方面，采取什么样的促销形式，才能更好地实施产品推拉结合，从而实现产品的回复力；等等。

企业的营销人员只有协助经销商做好了新产品推广实施方案，新产品上市推广工作才会有章可循，从而使新产品能够有条不紊地推广。

5.2.4　推广方案的有效组织实施

再好的新产品推广实施方案，如果没有强有力的执行，新产品的成功推广便会成为一句空话。推广方案顺利有效地实施与开展，要做好以下几个方面的工作：

1. 组织是保障

新产品的推广，最终都要落实到具体的团队组织上。有了优秀的营销推广团队，再加上严明的组织纪律，新产品推广才有坚实的基础，推广政策才会得到有效实施，推广策略才能真正落地。

2. 培训是前提

新产品要想很好地一推到底、一推成功，培训工作必不可少。很多企业新产品之所以推广不成功，其实与企业没有进行相关的培训有很大的关系。因为没有培训，经销商以及营销人员不能明白厂家的意图，不懂得推广的步骤、技巧与方法，所以，让很多的推广方案束之高阁，而得不到很好的贯彻落实。在新产品推广过程中，现场培训是达成新产品推广目标的有效手段。

3. 考核是关键

很多企业的新产品推广流于形式，往往跟缺乏有力的跟踪考核体系有很大的关系。厂家协助经销商推广新产品，要想让各项措施落实到位，考核这一环节必不可少。因为只有考核，才能让新产品推广切实地与营销人员以及经销商的经济利益挂起钩来，严格奖励与处罚。只有如此，营销人员以及经销商才会真正用心，才会让推广方案真正地落到实处，而不至于敷衍了事。

推广方案的有效组织实施，是企业协助经销商成功推广新产品的坚实基石。企业以及经销商只有注重推广方案的实效性，并关注实施操作的细节，新产品成功推广才能实现。

5.2.5　评估推广方案的执行效果

新产品的推广方案是否有效，以及厂家和经销商能否及时检核和修补、完善推广方案，是新产品能否得以持续、健康推广的保证。评估推广方案可行性的标准通常由如下几个方面组成，如图5-5所示。

1. 推广方案的可操作性

即在厂家协助经销商推广新产品时，通过现场操作，方案是否存在纸

图5-5 执行效果图

漏？在执行过程中，有没有不合时宜的地方出现或发生？如果有，应该如何改进或完善，是否已经及时向厂家有关部门进行沟通、反馈和汇报？

2. 推广方案的可延续性

通过操作方案阶段性的实施，新产品推广方案是否具备顺势推广的势头？方案能否继续推广和执行下去？新产品在方案的实施过程中，能否使渠道更加活跃？推广方案的环节是否环环相扣？

3. 推广方案的效果性

推广方案关键而核心的评估标准必然是销售数量和销售额、利润额，这才是最硬性的标准，也是评判推广方案和新产品是否适销对路的有效途径。考察推广方案的效果性，有助于厂家和经销商快速做出反应，及时拿出对策，从而让新产品更好地进入市场。通过检核、调整和完善推广方案，厂家和经销商才可能更好地联起手来，实现互动与联动，从而齐心协力，共同把新产品更好地推向市场。通过以上新产品上市的推广和执行流程，建立相应的管理流程，厂家和经销商才能在推广新产品上更好地达成一致意见，从而厂商一心，共同把新产品、新做法更加有效地推广于市场，运作于市场。

小试牛刀5-2：企业新产品上市的区域市场环境分析

背景资料：小张所在职业学院坐落在某大学城，周边分布着20多所高校。大学生普遍有早餐喝牛奶的习惯，学校周边的超市、小卖部充斥着各种品牌的牛奶产品。小张也有早餐喝牛奶的习惯，而且买过不少国内知名乳企的学生牛奶，因此对大学城内的大学生牛奶市场比较熟悉。外省某乳业有限公司新推出了一款营养丰富的学生健康奶，并计划在全国市场推广上市。为此，公司委托学校营销策划工作室的老师对该学生健康奶在本地区的上市推广进行策划。于是在"营销策划"课上，老师布置了这样一个作业：在对大学城区域内牛奶市场同类品牌产品进行调研的基础上，为这家乳业有限公司生产的学生健康奶新产品在本地区大学城的上市推广制定相应的差异化定位策略。小张觉得这个学习任务非常适合自己，于是就组建了一个小组来共同完成任务。

分析与执行：小张组建小组团队运用学过的专业知识对竞争产品实地走

访调查，在分析竞争对手产品定位的基础上，挖掘本公司学生健康奶新产品的属性和卖点，为新产品上市推广制定相应的差异化定位策略。

操练记录：

新产品的功能定位	
新产品的质量、属性	
新产品的核心利益（卖点）	
新产品的价格定位	
新产品的包装、售后服务	

5.3　产品上市推广策划的内容和程序

5.3.1　新产品上市推广策划的含义

当新产品上市或一个产品准备占领新的市场时，仅仅依靠暂时性促销和广告宣传是不够的，还必须有在企业营销战略指导下由众多的互相支持、互相联系的营销手段组成的战役性营销方案，以达到比较好的市场促销效果。这种在企业营销战略指导下由众多的互相支持、互相联系的营销手段组成的战役性营销方案就叫做市场推广策划。根据推广的目标不同，市场推广可以表现为不同的推广形式。在各种新产品上市、开拓新市场和建立品牌时，市场推广分别表现为产品推广、市场推广和品牌推广。它们的推广重心不同，策划的内容也有差异，但是其策划的基本思路是一致的，所以本书只对其中的新产品市场推广进行详细的介绍。

新产品上市推广策划

新产品上市推广策划，是根据市场竞争环境分析和企业自身优劣势分析，针对企业战略目标和目标市场需求，制定有效的市场推广计划，为产品上市销售做好准备。内容包括市场推广主题策略、营销策略、市场推广工具设计（VI设计及宣传品、销售工具设计）、广告设计创作、媒体投放、公关活动策划等。

5.3.2　新产品市场推广策划的思路

案例

亿利甘草饮料上市推广案

通常进行新产品市场推广策划时，首先要求了解该产品的特性，了解该企业为其产品的消费所设定目标市场以及市场定位。也就是说，要充分了解产品的实质和消费者对产品的认知，这样才能正式进入产品市场推广阶段的策划。其次，因为是产品市场推广策划，一定是以产品的销售量为目标的，那么就要在刺激购买欲望上下工夫。此时最重要的是寻找能充分展现推广主题的最佳切入点，亦即别具一格或标新立异的推广主题。如果一个企业能够提供给顾客某种具有独特性的比较优势，那么它就具备有别于竞争对手的经营差异性，企业就有可能获得竞争优势。实践中新产品市场推广策划思路经历以下几个阶段，如图 5-6 所示。

图 5-6　新产品市场推广策划思路图

1. 了解消费者的购买诱因——顾客需求

产品推广策划要站在顾客的立场上去发现顾客需求。

（1）企业要推广的产品与目标消费群要购买的产品类别的联系；

（2）消费者群的生活状态、心理状态；

（3）消费者对本类产品的态度如何。

2. 明确产品的特性和比较优势

弄清楚企业提供的产品对消费者意味着什么，运用 FAB 方法在明确顾客需求的情况下详细分析产品利益。

3. 明确竞争者及其产品特性

利用 FAB 分析工具和竞争对手逐一作比较，找到自己产品的比较优势，从而决定采取何种诉求策略。

4. 了解竞争者的推广手段及竞争资源

知己知彼方能百战百胜。有效的推广策划必须避开对手的锋芒，做出与其不同的策划，不要形成一一比较的局面。

5. 确定推广的切入点

了解企业产品市场推广要能满足消费者哪些方面的需要与欲求，确定推广切入点，即何时、何地与消费者沟通。

（1）消费者为什么要购买你的产品？产品是否能促进消费者的生活质量提升？

（2）购买的方便性有哪些？

（3）产品的价格是否合适？

（4）是否能给予消费者一个富有竞争力的购买理由？

（5）沟通的方便性是什么？消费者是否与产品有良好的接触？

6. 明确推广的刺激点

推广的刺激点是指推广活动中与消费者的接触点，即选择适合目标消费

推广的刺激点

者的传播工具（如广告、公关、营业推广、人员推销），并把各种传播工具进行有机组合的策略。

企业市场推广的工具多种多样。这些推广工具各有好处，关键是企业如何进行恰当的组合，使企业的市场推广独具特色。这种特色就来自于策划人对企业产品实质的掌握和对消费者对产品认知的理解。找出能够提供具有竞争力的消费者利益点是市场推广成功的关键。

5.3.3　新产品市场推广的具体策略

市场的风云变幻，消费者兴奋点的千变万化，领先产品的品牌压制，往往使企业新产品的营销工作难上加难。因此，企业进行新产品的上市推广必须讲求策略，以提高成功的概率。

企业新产品市场推广的具体策略应考虑以下几个方面的问题，如图5-7所示。

图5-7　新产品市场推广策略

1. 新产品的上市时机

企业必须分析何时是新产品推出的最佳时机。假如企业即将完成其新产品开发工作，而此时又听到竞争者的产品开发工作也将完成，那么企业面临三种选择：首先进入、平行进入和后期进入。企业应权衡利弊，择一而为。

2. 新产品的上市地点

除了对新产品上市时机进行周密计划以外，企业还需要决定向哪里投放新产品，尤其是要决定新产品由哪个地方首先推出。

企业在进行有计划的市场扩展，特别是中小型企业在选择投放地区时，往往选择吸引力较强的城市或地区，一次只进入一个，然后扩展。但这也只是通常的做法，对于具体产品未必适用。例如，波导在进行市场营销运作时，首先开发的市场区域是新疆，而且取得了非常好的营销效果。因此，在市场扩展中，企业必须对不同市场的吸引力作出评价。其主要评价标准是：市场潜力、企业的当地信誉、渠道建设的成本、该地区研究数据的质量、该地区对其他地区的影响和竞争渗透方式以及竞争对手实力等。只有对这些因素进行全面评估之后，才能最终确定投放区域。但要注意的是：无论选择哪一个区域，企业在此的资源应该是最有效的，最起码是可以保证新产品推广正常进行的。只有这样，新产品的推广才可能获得成功。

3. 新产品的目标市场

新上市的产品，最佳的促销对象应该是最有希望率先购买的一个群体，以及由这些新品使用者带来其他消费群体。新产品最理想的潜在顾客一般具有下列特征：喜欢创新、喜欢冒险、大量使用、对新产品颇有好感、某一方面的意见领袖、有宣传影响力、对价格不敏感等，即市场细分消费群体中的先锋型消费者。

4. 新产品的营销策略

新产品开发过程自始至终要有营销活动参与，企业必须制定把新产品引入扩展市场的实施计划，新产品的营销预算也要合理分配到各营销组合因素中，时机不同，地域不同，营销重点也不同。新产品的营销策略总体上应该服从公司已经制定的总体营销规划，除非新产品对公司的市场营销有决定性的意义，否则不宜改变原有的营销结构。而且除非新产品的利润非常可观，否则不宜对老产品的销售带来过大的冲击。但由于市场情况千变万化，各种产品本身的条件也不相同，因而这些内容只是一些原则上的概括而已。真要进行这样的策划，还必须对具体情况做深入、细致的研究。

5.3.4 新产品上市营销组合策划

新产品上市营销组合策划如图 5-8 所示。

图 5-8 新产品上市营销组合策划

1. 新产品上市价格策划

根据新产品在投放市场时定价水平的高低，可以有三种类型的定价策略：撇脂定价、满意定价与渗透定价。

在营销实践中，很多企业对新产品定价缺乏深入的调研和科学的规划，要么贪心不足把价位拉高，要么凭感觉定价无策略可言。这就要求，新产品定价根据目标市场特点、渠道对象、消费者心理以及竞争对手定价精心策划而定。

2. 新产品营销渠道策划

从试验市场到整个目标市场，渠道强度对新产品市场的扩散起着决定性的作用。

（1）选择渠道模式。新产品性质不同，选择的分销渠道的模式也不相同。特别是全新产品或那些需要高度认知、学习的复杂产品，新产品投放市场初期，应该采用短渠道与窄渠道。一般情况下，新产品适合采用独家代理或独家经销的方式，而产品进入成熟期后，则采用多家代理或多家经销的方式。

（2）激励中间商。在新产品投放市场初期，中间商的采购决策常常比消费者还要慎重。所以，在此阶段，需要通过举办培训班向中间商介绍新产品的使用方法与销售服务技巧。同时，要制定比较优厚和灵活的激励政策鼓励中间商经销或代理企业的新产品。

3. 新产品促销策划

新产品的促销策划主要应从以下两方面开展工作：

（1）设定促销目标。消费者接受新产品的阶段不同，对新产品的促销目标与促销方式也不同。广告在消费者认知新产品阶段应当作为促销组合的重点选择；在消费者兴趣阶段主要选择广告、公共关系和人员推销方式；在消费者评价和试用阶段，人员推销是重点；在采用阶段应主要选择人员推销和营业推广，并配合广告与公共关系。

（2）策划促销总策略。根据促销合力形成的总体方向，促销总策略划分为推式促销与拉式促销两种。

① 推式促销。主要指企业直接针对中间商开展促销活动。活动过程主要是运用人员推销、营业推广等手段，把产品从制造商推向批发商，由批发商推向零售商，再由零售商将产品推向最终消费者。运用这一策略的企业，通常有完善的促销队伍，或者产品质量可靠、声誉较高。

② 拉式促销。主要是指企业直接针对最终消费者施加促销影响，以扩大产品或品牌的知名度，刺激消费者的购买欲望，并产生购买行为。拉式促销策略一般以广告促销为主要手段，通过创意新、投入高、规模大的广告轰炸，直接诱发消费者的购买欲望，使得顾客向零售商、零售商向批发商、批发商向制造商求购，由下游至上游层层拉动，以实现产品销售。运用这种策略的企业一般具有较强的经济实力，能够花费昂贵的广告和公关费用。

4. 新产品销售系统

建立新产品销售系统是形成新产品市场推广执行力的有力保障。对于全新产品，企业建立的销售系统应该包括以下三部分内容：

（1）建立新产品营销队伍。应组建一支业务技能精湛，又熟悉新产品和目标市场的得力的销售人员队伍。针对新产品的促销特点，企业应设立专门的促销机构或专职的促销人员，全面负责新产品的促销工作。

（2）建立服务网络。只有建立一支反应迅速、解决问题及时、应变灵活的销售服务队伍，消费者才能获得良好的使用保证，对今后服务的承诺才感到放心。

（3）建立物流系统。只有建立一套完备的物流系统，才能保证中间商及顾客购买的产品及时交付，减少新产品的物流成本。

策划人常常需要通过市场调查，进行客户基本资料的收集。例如，收集所有目标客户（经销商或零售商）的资料，建立客户档案，档案内容包括店名、负责人、地址、电话等，编制客户地图；根据调查资料，绘制中间商销售网点布局图、促销人员行动路线图等。然后根据这些资料合理划分客户等级（如 A、B、C 级别），以确定开发目标，并予以区别对待。

小试牛刀 5-3：企业新产品上市的营销组合策略分析

背景资料：作为高职市场营销专业的学生，小张在逛超市时注意到经常有知名的食品饮料企业对一些新上市的品种进行现场推广活动，于是小张就注意仔细观察，留心记下各个厂家的新产品上市推广活动中不同的营销方式。在本学期的"营销策划"课上，老师布置了这样一个作业：调查、了解两家知名食品饮料企业新产品上市的营销组合策略，并加以具体分析。

分析与执行：小张通过实地走访和互联网搜索，锁定了两家知名乳制品企业及上市的新产品，接下来就运用所学过的相关专业知识，对这两家企业新产品上市的营销组合策略进行了具体分析。

操练记录：

新产品上市营销组合策略	企业 1	企业 2
新产品上市价格策略		
新产品营销渠道策略		
新产品上市促销策略		
新产品销售系统策略		

品牌

微软经典品牌形象宣传片

万科品牌形象宣传片

5.4 上市产品的品牌策划

5.4.1 品牌的概念及品牌策划

品牌是一种名称、术语、标记、符号、图案或是它们的组合，用以识别某个销售者或某群销售者的产品或服务，并使之与竞争对手的产品和服务相区别，促进消费者理性和感性需要的满足。

品牌是构成产品整体的一个重要组成部分。一个优秀的品牌策划，有助于新产品尽快为消费者所接受，吸引消费者购买，扩大销售，提高产品身价。

5.4.2 品牌的构成要素

品牌是一个包括许多名词的总称。品牌的构成如图 5-9 所示。

1. 品牌名称

品牌中可以念出来的部分——词语、字母、数字或词组等的组合。如海尔、雅戈尔、999、TCL、正泰等。

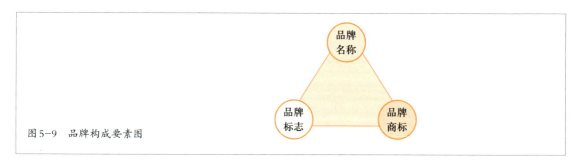

图 5-9　品牌构成要素图

2. 品牌标志

品牌中可以识别，但不能读出声音的部分——符号、图案或明显的色彩或字体。如耐克的钩造型、小天鹅的天鹅造型、IBM 的字体和深蓝色的标准色等。

3. 品牌商标

受到法律保护的整个品牌或组成品牌的某一个或几个部分。商标使用时应注册，用"R"或"注"明示，注册商标才享有其专用权。如图 5-10 所示。

图 5-10　耐克品牌商标图

　　使用品牌的目的是让消费者易于识别企业商品与其他商品的区别，树立良好的形象和信誉，扩大其市场覆盖面和占有率。"商标"是一个静态、单一的概念，而"品牌"是一个动态、多元的概念。前者强调的是法律保护，而后者强调的是经营策略。因此，品牌包含商标，但绝不仅仅是商标而已。品牌经营除了注册商标、获得法律保护外，还有它丰富的操作内涵，并形成了相应的研究领域。

5.4.3　品牌命名的方式

　　品牌的命名，既要能与其他商品相区别，突出给消费者带来的实际利益，又要富含深厚的文化底蕴，能渗入消费者的心灵，如图 5-11 所示。品牌的命名一般采用以下几种方式。

方太品牌命名的故事

图 5-11　品牌命名的不同方式

1. 效用命名

　　效用命名即以产品的主要性能和效用命名，使消费者能迅速理解商品的用途和功效，便于联想与记忆。如青春宝、立白、脑轻松、美加净等。

2. 人物命名

　　人物命名即以某一传奇人物、历史人物、产品发明者或制造者以及对产品有特殊偏好的名人姓名命名。如张小泉剪刀、李宁运动服、方太厨具等。

3. 产地命名

　　产地命名即以产品产地命名，意在反映产品的历史渊源和天时地利之禀赋，使消费者由此产生美好的联想。如东阿阿胶、青岛啤酒、古越龙山等。

4. 吉利命名

　　吉利命名即以良好的祝愿、吉利的词语命名，既衬托商品的优良品质，又迎合消费者美好的祝愿，激发愉悦的感情。如金六福酒、乐口福、金利来等。

5. 制法命名

　　制法命名即显示商品的独特制造工艺或艰苦研制过程，用以提高产品的品位，赢得消费者的信赖。如兰州拉面、北京二锅头酒、奉化千层饼等。

6. 形象命名

形象命名即以动植物之形象或含有某种寓意的图案给商品命名，烘托其优良品质和对目标顾客的适用性，并引发其美好联想。如小白兔牙膏、小天鹅洗衣机、吉利汽车等。

7. 企业命名

企业命名即以生产该产品的企业名称作为商品品牌。这主要适用于一些已在广大消费者心目中享有盛誉的著名企业，借助于企业的美誉，也可迅速提高产品的声誉。如海尔洗衣机、松下电器、长虹彩电等。

8. 译音命名

译音命名即将原产国品牌名称以正确译音进行命名，以便顺利进入别国市场。译音命名要求顺口、有趣、易生联想。如宝马、百安居等。

5.4.4 品牌命名的原则

品牌的命名一般要遵循以下几方面的原则，如图 5-12 所示。

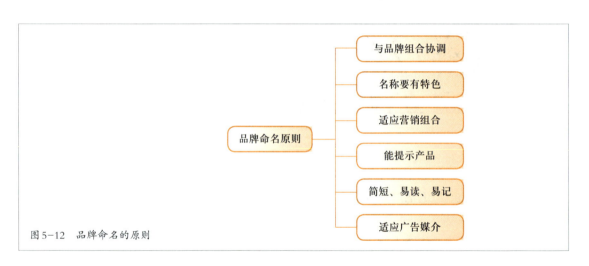

图 5-12 品牌命名的原则

案例
澳袋熊 AuzKid
童装品牌策划案

案例
奔驰汽车品牌故事

1. 品牌名称要有特色

特色是对品牌最重要的要求，因为品牌的第一作用是区分和识别产品。有特色的品牌和商标才具有吸引力，易引起消费者的兴趣和记忆，所以特殊的设计和强烈刺激力的图示是许多新品牌的共同要求。

2. 品牌要与营销组合相适应

首先品牌要与产品定位、产品所强调和拟建立的形象相适应。其次品牌要与所进入的市场和所服务的顾客相适应。

3. 品牌名称和商标应对产品具有提示作用

这种作用是通过唤起顾客兴趣促成其进一步了解产品的质量、效用、特色的欲望。

4. 品牌名称应简短、易读和易记

易读即不使顾客感到难念；简短有助于阅读和记忆；易记的品牌和产品是迅速扩散的重要条件。

5. 品牌名称应与广告媒介相适应

如产品主要通过广播传达商品信息，那么品牌名称要清晰，读起来有力；印刷品上的字形要优美。

6. 公司产品组合中各品牌要相互协调和对应

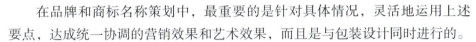

品牌命名原则

这样有利于产品线的扩展。比如"声宝"适用于家用音响设备、电视机和功放机等与声音关系密切的产品，而不适合洗衣机和电冰箱之类的产品。

在品牌和商标名称策划中，最重要的是针对具体情况，灵活地运用上述要点，达成统一协调的营销效果和艺术效果，而且是与包装设计同时进行的。

5.4.5 品牌命名策划的操作程序及步骤内容

通常来说，商业品牌视觉感知固然极为重要，然而品牌命名才是创立品牌的第一步。一个好的名字，是一家企业、一种产品拥有的一笔永久性的精神财富。一家企业，其名称、商标一经登记注册，就拥有了对该名称的独家使用权。一个好名字能时时唤起人们美好的联想，使其拥有者得到鞭策和鼓励。

品牌命名策划不单单是给某一产品取个名称。实际上，命名的过程是一个将市场、定位、形象、情感、价值等转化为营销力量并启动市场定位与竞争的过程。品牌名称不是一个简单的记号，它能强化定位，参与竞争，而且以其可能隐含的形象价值使某一品牌获得持久的市场优势。

因此，遵循严谨而科学命名程序有助于提高品牌命名的成功概率，从而促进品牌的快速成长。品牌的严谨而科学的命名程序通常有图 5-13 所示的六大步骤。

图 5-13 品牌命名策划操作步骤图

1. 确立目标

在品牌命名之前，应该对目前的市场情况、未来国内市场及国际市场的发展趋势、品牌主体的战略思路、载体的构成成分与功效以及人们使用后的感觉、竞争者的命名等情况进行摸底，明确需要什么类型的品牌名，要在多少个国家使用该品牌名，新品牌名与公司目前的众多品牌名是否适配，新品牌名与公司目前的命名文化是否适配，或者它是否是十足的创新，竞争对手将会做出

什么反应等等一系列的问题，以便确立品牌命名的目标，做到有的放矢。

2. 命名作业

确立目标之后，我们就可以进行命名作业。网罗各路精英，发动头脑风暴，让所有可以参与的人畅所欲言、集思广益，甚至采用计算机软件辅助命名。任何怪异的名称都不要放过，要一一记下。

3. 评价和筛选

将命名作业得到的名称，用品牌命名原则的标准一一评价和筛选，并列出相关结果。评价和筛选品牌名称的一个重要问题是由什么人来筛选。组织一个合理的评价小组十分重要。该评价小组的成员最好包括语言学、心理学、美学、社会学、市场营销学等方面的专家。可供评价和筛选的原则除了前面我们已经阐述的品牌命名原则外，还应注意品牌未来的发展，尽量避免品牌名称含义过于狭窄，以便品牌能够有效延伸。

4. 受众测试

专家对品牌名称的评价和筛选的结果还需要通过目标顾客的测试。品牌是主体与目标顾客心灵的烙印、思想共鸣的产物，因此要充分考虑目标顾客的感受。通常可采用问卷调查、电话访谈、网络聊天等形式了解目标顾客对品牌名称的反应。如果测试的结果表明目标顾客并不认同被测试的名称，那么不管专家还是企业决策者多么偏爱这个名称，一般都不应该采用而应考虑重新命名。

5. 法律审查

通过目标顾客测试的名称，还要经过详细、充分的法律审查。这个过程既费钱又费时，但却至关重要，因为不能注册就得不到法律的有效保护。例如，一个名称可能遭遇许多明显的异议，在这种情况下，就应当分析为何有这些异议，通常还要与异议者保持联系，有时还必须签署必要的商业协定。又如，在某些特殊情况下，还有必要独立地实施周密的调查，以查证某一商标是否被使用。如果是，那么用在哪种产品上，甚至有时还有必要通过诉诸法律废止某个商标，以便自己注册。

6. 确定注册

通过法律审查的名称可由企业决策者根据偏好做出选择并最终确定，尽快进入法律程序进行相关注册，在没有确保注册通过之前最好能够保密，不要事先发布。例如，Google 注册中文名谷歌时，被另一家公司抢先注册，导致不必要的法律纠纷。在这方面，联想发布新的英文名"Lenovo"时就要谨慎许多。

小试牛刀 5-4：分析企业品牌命名的策略

背景资料：作为一名高职市场营销专业的学生，小张最近在超市购买牛奶时，发现各种各样的牛奶产品摆满了货架，真可谓是琳琅满目。牛奶的品牌也五花八门，不但有国产的，还有进口的，甚至同一家乳品企业生产的产品也有命名为不同品牌的，简直让小张挑花了眼。那么，什么样的品牌名称才能深入消费者内心，让人记忆深刻和产生联想呢？在本学期的"营销策划"课上，老师布置了这样一个作业：调查、了解两家知名乳品企业的品牌命名策略，并加以具体分析。

分析与执行：小张通过互联网搜索，锁定了两家乳制品企业及产品品牌。接下来就运用本项目所学习的品牌命名的相关知识和技能，对这两家企业品牌的不同命名策略进行具体分析。

操练记录：

企业品牌命名策略	企业品牌1	企业品牌2
品牌名称		
品牌标志		
品牌命名的方式		
品牌的内涵		

5.5　产品上市推广策划文案

5.5.1　新产品上市推广策划的流程

产品上市推广策划对企业的新产品能否顺利走向市场，取得良好的营销业绩具有重要的影响。所以，进行新产品规范的市场推广策划十分重要。一般认为，产品上市推广策划的流程有图5-14所示的几个阶段。

图5-14　产品上市推广策划流程图

1. 界定问题，明确策划主题

针对不同推广目标，应该采取不同的市场推广方式。品牌推广应该集中在品牌的宣传及促销活动上，而产品推广则应该集中在产品的功能、差异性上。一般来说，在产品上市推广初期消费者对产品的认知程度低，产品市场推广的主要任务不是品牌宣传，而是产品特点的介绍、功能诉求，争取消费者对产品的认知。忽略了产品特点及功能介绍，市场就难以启动。对于一个处于成熟期的产品，市场推广的主要任务也不是品牌的宣传，而是通过一系列的销售促进措施，通过企业形象宣传来完成增加销售的任务。对于产品进入新市场的推广，强有力的促销和品牌宣传是促使产品迅速进入市场的重要武器。

2. 产品分析

产品分析

产品分析是产品上市推广策划的重要步骤。产品分析主要包括两个方面：一方面是对产品实质的认知；另一方面是分析消费者对产品的认知状况。

首先，产品实质包括企业产品里面有什么，包括产品的技术材料、性能、成本、价格以及产品在生产、销售中的历史等，这些都是进行策划的素材。产品实质还包括产品能给消费者带来什么竞争性的利益点。这包括对产品与消费者关系的比较，对竞争状况、竞争范畴以及竞争品牌与产品的了解。只有这样比较，才能有助于企业生产和策划出更具有竞争力的诉求点。

其次，分析消费者对产品的认知状况。消费者对产品的认知包括对产品大类的认知、竞争品牌的认知以及对产品品质的认知、对价格的认知状况、品牌的信赖感等众多方面。如果调查结果显示，消费者对产品的认知无法产生信赖感，应考虑采取什么样的市场推广方式；反之，如果调查结果认为消费者能够接受，并产生信赖感，那么应考虑采取什么样的推广策略。通过调查资料，策划者可以对消费者、企业、产品等多个方面进行全面的了解。这是策划的前提。

3. 选择目标市场

产品开发人员和市场策划人员在新产品投放市场之前，应合理地细分、选定目标市场，以达到合理有效投放的目的。

选择目标市场的目的在于找到对本企业有吸引力，有助于发挥本企业现有的人、财、物优势的市场。选择目标市场要有利于产品进入市场方法的确定。

4. 寻找独特的市场推广切入点，加快拓展市场

新产品进入市场初期，促销将成为实现铺货的最直接手段。以饮料市场产品促销和铺货的关系为例，可概括为以下三种情况：

（1）开发新市场时，注意配合广告宣传，实现品牌告知和产品出样。促销方式主要有新产品发布会、厂商联谊会等。

（2）扩大新市场的分销网络时，注意迅速、准确地抢占新市场的经销商资源，运用人力、物力和财力在渠道上实现推动。促销方式主要是以一定

的政策优惠、返利和适当的促销品、宣传品和优质的服务来吸引新客户的加盟。

（3）扩大重点市场的分销网络时，注意有计划地开展阶段性促销活动，稳固现有的网络成员，加强其经营的信心；活跃品牌的表现，提高分销能力，挤占竞争对手的分销网点。促销方式主要有节假日促销、重大事件促销以及反击竞争品牌的促销活动。在形式上要注意创新。刻意模仿的市场推广活动在消费者看来没有多少感觉，没有独特性，效果必然不佳。有独特的市场切入点的策划，主要来自于策划者自身的知识与经验的积累和大量的资料与案例分析。

一般企业的形象产品，价格偏高，适合进行产品直销，以确立产品的形象；企业核心主推品种，价格适中，适合进行产品直销、店面营销共同推进。运用一定的促销手段，促使此部分产品上量，成为市场的领导者；企业销售上量品种主要用于占有市场份额，价格有竞争力，强调市场的占有率。

5. 消除消费者的顾虑，使其尝试新产品

如何让消费者尝试企业的新产品，是产品市场推广策划必须加以考虑的重要因素。为达到降低成本，顺利地让消费者尝试新产品的目的，需要从不同的角度更多地了解消费者对新产品的顾虑，并使新产品尽量得到完善。

消费者对新产品的顾虑，往往建立在以老产品为参照物的基础上，要么对老产品的某些性能（或功能）不满，不知新产品能否改进，要么对新产品的新增性能（或功能）是否真的像推广人员说的那么好感到怀疑。在产品性能或功能相差不多的情况下，消费者更会从质量和实惠的角度考虑尝试新产品。此时，企业新产品虽然不可能让所有消费者满意，但要通过对消费者的个性化服务来弥补或提升消费者的满意度是可能的，因而在这方面可多下些工夫。

要消除消费者对新产品的顾虑，就必须解决与消费者的沟通问题。因为市场投资的有效性是建立在信息的有效沟通基础之上的，其中行为动机和情感沟通尤为重要。否则，企业会步入一个过分看重金钱给终端带来刺激的死胡同。曾经有人做过统计，如果消费者不买你的新产品，大多数情况下，只有1/3的客户是由于产品和服务有问题而放弃，其余2/3的问题出在沟通上。与消费者的沟通要以"傻瓜假设"作为标准，即傻瓜那种水平的人也能看懂我们的信息，也能了解我们的产品，也能从产品中得到一定的实惠。所以，向消费者传达的新产品的信息一定是浓缩的、高度简练的、有一定感情诉求的内容。以此为依据设计销售工具组合。

设计一套具备直击人心的、能在较短的时期内迅速提高产品知名度的产品上市创意，会对新产品成功推向市场起到推波助澜的作用。好的新产品推广创意是人性、人情的诉求加上直接利益的承诺，是一种出其不意而又非常漂亮

的沟通方式。它可能是经验的积累，也可能是失败的教训，来源于生活并运用于生活。

6. 把握新产品上市时机，安排好推广策略实施的时间

把握好新产品上市时机，安排好推广策略实施的时间是产品推广策划成功的重要前提。常规的思路是希望产品上市后遇到产品销售旺季，以利于新产品快速发展，但是新产品上市一旦不成功就会丧失退路，贻误市场销售旺季的战机。因此，类似于饮料、啤酒、冰淇淋、空调等夏季产品应该在冬季上市，虽然冬季消费此类产品的顾客较少，销量不大，但企业会由此关注成本和服务，期望在有限的淡季市场抢夺有限的消费者，为旺季市场销售上量打下坚实的基础。而白酒产品比较适合于在销售淡季 4—6 月上市，通过淡季做市场和点滴的经验积累，等到旺季来临之后，扎实的基本功就会使销售力量一下子壮大起来。

7. 完成策划案

一个完整可行的市场推广策划案要求有完整的策划内容、比较好的效果预测及独特的策划创意等。策划案是指导市场推广活动的计划，其重要性是可想而知的。

8. 产品市场推广方案的实施与改进

一项策划成功的关键在于实施，能否将策划思想贯彻进去是实施中的重要工作，这也是考察市场推广策划执行力的关键问题。一个好的策划创意只有经过各部门的配合、与消费者的沟通、贯彻策划思想等多个方面的工作，才能将策划思想传播、贯彻下去。策划方案在实施中不可能十全十美，这就要求在市场推广过程中不断改进，以达到提高策划效果的目的。

9. 市场推广策划的效果监测与反馈

产品市场推广是一个过程，企业应该正确看待。只要自己的产品是从人们潜在的市场需求出发进行研制的，产品推广策划又能够适应市场时机的变化和富有营销策略的创新，就应该坚定行动的信心。产品市场推广是企业的营销战略行为，应该是企业活动的中心议题，是一项必须持续不断努力的工作。在这个长期艰苦运作的过程中，除了企业全员要明确树立品牌的全面营销质量观外，企业应集思广益，建立为产品市场推广而配套的支持系统。

5.5.2 新产品上市推广策划文案格式

案例
迪彩洗发水上市
推广方案

新产品上市推广策划书的内容和格式不是一成不变的，产品、市场环境或策划活动的要求不同，上市推广策划书的内容和格式往往会有所差异。但是，从一般规律来说，其中一些要素是共同的。

新产品上市推广策划文案的文本格式一般包括图 5-15 所示的几个部分。

产品上市推广策划的文案格式和内容

一、前言 二、市场环境分析 　　1. 行业情势分析 　　2. 市场情况分析 　　3. 竞争者情况分析 　　4. 企业及其产品现状分析 三、SWOT分析 四、市场推广目标 五、市场推广战略 　　1. 推广思路 　　2. 目标人群确定 　　3. 市场定位 六、推广策略组合 　　1. 产品及品牌策略	2. 价格策略 　　3. 促销策略 　　（广告、营业推广、人员推 　　　销、公共关系） 　　4. 渠道策略 七、具体活动 　　1. 主题活动一 　　2. 主题活动二 　　3. 主题活动三 八、推广进度计划 九、经费预算 十、小结

图 5-15　产品上市推广策划
文案格式和内容

小试牛刀 5-5：设计企业新产品上市推广主题活动

背景资料：小张已经完成了大二学习。暑假期间，小张在一家饮料生产企业的营销部门实习，恰好该企业有一个新的果汁乳饮料品种要上市。为了顺利打开市场销路，公司领导要求营销部门设计一份新产品上市推广方案。了解到小张在校期间曾经系统地学习过"营销策划"课程，也曾经进行过乳饮料市场的调研策划，因此部门领导让小张一起参与这个新产品上市推广方案的策划任务，并让小张主持其中的主题活动部分的策划。

分析与执行：接到这个任务后，小张首先需要进一步明确企业新产品上市的有关背景，并对市场环境及竞争对手的有关情况进行调查分析。同时，通过向部门领导以及同事的请教，明确企业新产品上市推广总体目标及思路。在此基础上，运用所学的营销策划知识和技能，策划新产品上市的一系列主题活动方案，明确活动主题、流程、内容以及费用预算等，最后向部门领导提出活动的具体草案。

操练记录：

××新产品上市推广主题活动策划方案

项目名称	活动一	活动二	活动三
活动背景			
活动目的			
活动时间和地点			

项目名称	活动一	活动二	活动三
活动主题			
活动内容			
活动流程			
人员配置			
费用预算			

阅读下面的案例，完成案例后的分析任务。

VIVI 卫浴产品市场推广策划方案

——VIVI 卫浴：绅士卫浴，儒雅典范

一、概述

经过国内卫浴品牌 10 多年的渗透，美标、科马、TOTO、科勒、乐家等洋品牌已经在中国市场站稳了脚跟，其在国内卫浴市场上的品牌知名度尚无国内洁具企业所能及。然而，在这些洋洁具的夹缝中国内也闯出了鹰牌、唐山惠达、吉事多、箭牌、四维、东鹏等市场黑马，虽然整体实力同洋品牌尚不能相提并论，但其发展势头依然咄咄逼人。

现代卫浴产品不仅仅是满足居民的生活需要，而且在整个居民区、公共场合、办公设施、宾馆酒店、休闲地带等都有卫浴产品消费的需求。现代卫浴产品的竞争越来越激烈，各种高科技、艺术文化元素的大规模应用已成为卫浴产品的必然趋势。

二、卫浴市场现状

1. 高、中、低档互相挤压、渗透

目前在中国洁具行业，科勒、TOTO、美标、乐家是高档品牌；中档是箭牌、法恩沙、安华、东鹏、鹰牌；四维、惠达、恒洁、鹏佳是低档的品牌。在目前，有互相挤压、渗透的趋势。

高档品牌主要是占领一类市场，像北京、上海、深圳、大连这样的市场；中档品牌在二三类市场占主导的地位。高档品牌从去年开始，已经开始重视二类市场，在苏州、宁波这类城市也在加大推广的力度。高档品牌现在为了扩大市场份额也生产低端的产品，分体的产品在精装修中运用比较多。高档品牌向低端产品进行延伸；中档品牌也出了一些高档的产品，抢占高档品牌市场份额。

2. 尚未有市场领导品牌

有行业报告显示：所有国外大品牌，从市场份额来看，并没有主导性的市场品牌，它们之间相差不到 10 个百分点。仅从认知的角度来讲，尚无不可撼动的绝对市场领导品牌。

3. 品牌文化空有口号

生活水平的提高导致单纯的功能性营销已经行不通，各大卫浴品牌都在提倡一种卫浴生活理念和文化，着重诉求艺术与生活的完美结合，而功能性和为生活带来的方便、舒适退居第二。为此，各大产品上市之初都空"造"品牌文化，导致文化泛滥，甚至空有口号，少有精心打磨品牌文化的深度产品营销。

4. 产品同质化

没有哪一个品牌是在精心打磨独一无二的产品或独一无二的卖点，除了在外形、服务上有些微差别之外，产品的功能、产品品类等大致存在雷同。各品牌竭力追求满足消费者所有卫浴方面的需求，追求大而全，导致行业重复建设。

5. 传播形象同质化

提起科勒，九成左右熟知科勒的消费者认为具有亲切感、值得信赖、技术含量高、质量好的形象。这也是科勒的品牌传播带给消费者的信息。这些特质在几乎所有卫浴广告中都成了表现的基本元素，而产品的同质化加上传播形象同质化，造成消费者在消费体验中很难清楚地分辨 A 品牌的技术与质量究竟与 B 品牌有多大的差异。

6. 国内品牌疲于打价格战

卫浴行业虽然表面上一派欣欣向荣之景，但严格说起来，恐怕隐含很多危机。现在很多商家市场上搞活动，把竞争价格杀得一塌糊涂，商家与商家之间搞恶性竞争，导致利润摊薄，很多企业处于亏损状态。在这种情况之下，价格营销已经走到绝路。

7. "整体卫浴"方兴未艾

日渐提倡追求生活品位的消费者逐渐接受一种理念：从整体上布局卫浴空间，使整个卫生间显得高雅，不落俗套，并且格调鲜明。有些人甚至把卫浴空间的装修当成主人品位和实力的象征。因此，一大批提倡整体设计的艺术家参与进来，为城市的卫浴空间进行整体布局和设计，相关卫浴品牌推出此项服务，逐渐被消费者接受。

8. 节水环保智能产品相继推出

高端产品侧重于各方面满足消费者需求，从卫浴质量及档次方面力求完美。比如新推出的智能化坐便器、智能马桶、感应水龙头等。有的还推出洗澡时可以观看的视频电视等，从各方面满足消费者需求。而在有些水资源匮乏地区，马桶的节水功能深受消费者欢迎。

三、卫浴发展方向

从近期卫浴界几大品牌的举动来看，大都是国际品牌在唱主角，而国内企业仍然把心思放在价格战上，这表明国内企业对品牌营销认知度不深。现在，品牌营销仅仅成为大部分企业的一种促销手段，而并没有将文化沉淀下来，精雕细刻，渗入品牌，从而造成品牌塑造简单而粗糙的局面，而且品牌核心竞争力也凸显不出来，这使国内企业无法对抗国外卫浴企业的强大品牌攻势。

新的一年，公司应该在营销思路上寻找突破，需要进行有意义的创新。沉淀下来走精品路线，或者打磨自己的品牌文化，走真正的品牌营销路线。

四、卫浴消费群体相关趋势分析

1. 卫浴消费理念日趋成熟

卫浴消费理念的进化和人们经济条件的改善、住宅条件的提升休戚相关。旧宅翻新、新城建设等直接决定了消费者卫浴层次的提高。据不完全统计，在中等收入水平的新业主当中，平均会在卫浴产品购买上花费 6 000~8 000 元，中上收入阶层的投入可达 10 000~20 000 元，甚至有投入超过 10 万元的，但只是少数人。

人们对卫浴的重视，除了体现在产品的升级换代，还体现在他们的意识上。除了功能性，还有更高层次的追求——从注重质量、比较价格提升到比服务、谈设计、讲品牌。

2. 品牌成为卫浴消费的主导因素

选择高档品牌的倾向不仅会出现在家庭消费者当中，很多酒店、商厦等公共场所在选择卫生设施的时候也会考虑品牌，甚至考虑得更多、更全面。他们会先根据自己的情况选择合适档次的卫浴品牌，再根据功能、设计、科技含量等元素作为决策参考，最后选出一个配套方案，然后统一购买或定制。

3. 专业服务的需求层次不断上升

服务也是现在消费者选择卫浴产品的一个重要标准。比如吉事多曾在专卖店里新推出一个计算机导购系统，专门为来参观的顾客提供最专业、最系统的分析和指引，让消费者购买的时候更加清晰与便捷。这是服务从售后延伸到售前的一个最具代表性的例子。

4. 新式卫浴空间和卫浴文化推动市场进化

随着城市的发展，浴室功能的需求正在朝健康、享受、享乐、休闲的方向发展。随着消费者追求高品质需求的发展势头，新式卫浴空间和卫浴文化将是未来卫浴的发展走向。

五、VIVI 卫浴推广策略组合

1. 功能定位

"智能化卫浴专家"或"自动化卫浴专家"。

阐述：综观市场卫浴产品，诉求质量好的、环保节能的、节水的、艺术与科学完美结合的……各种诉求完全占据了消费者的眼球。在"整体卫浴"逐渐兴起的中国卫浴市场，以智能马桶为主要产品，兼有智能感应水龙头等产品系列的 VIVI 何以能从市场中脱颖而出？

答案是：智能化专家。

把自己的短处变成长处，越是单一的产品，越诉求专业化，才能赢得消费者的青睐。VIVI 第一个站出来，专营"高档智能化"卫浴产品，不求大而全，只求精准针对某一细小领域做出大市场。

2. 品牌定位

从产品本身功能上出发，诉求"绅士文化"，主打"儒雅卫浴"，多方面满足消费者卫浴生活享受的需求。

何谓绅士？彬彬有礼，待人谦和，衣冠得体，谈吐高雅，知识渊博，见多识广，有爱心，尊老爱幼，尊重女性，无不良嗜好，举止文明，人际关系良好。

卫浴关键词：高雅、细心、体贴、文明、儒雅。

（这是卫浴与绅士的切合点，也是消费者在卫浴空间里希望卫浴产品能带来的感觉）

3. 广告语

VIVI 卫浴——绅士风范，儒雅典范。

阐述：广告语传达的信息有产品本身的利益诉求点、区隔其他同类产品的卖点。

国外卫浴巨头入主中国国内各大品牌纷争的卫浴市场，争相推出文化品牌诉求，在产品理念的各个领域为消费者洗脑。然而真正能打动消费者的，还是真正能体会他们需求的产品诉求。比如智能马桶的防噪音设计，是一个非常人性化的设计，普通马桶坐垫造成的噪音，非常让人烦躁。所以，人性化、贴近消费者需求的产品永远能打动消费者的心，就像是绅士那样贴心、细心。

VIVI 智能产品并非只追求产品单一功能，而是在各方面都考虑消费者需求。比如，除臭、清洗、加热、节水、安装等各方面都是从消费者利益出发，就像是一个温文尔雅的绅士，无时无刻不为消费者的需求耐心而周到地服务。

VIVI 产品不落俗套的设计，倍增主人的品位和时尚感，就像衣着得体的绅士，为卫浴空间增光添彩。

儒雅、绅士卫浴，因此而来。

4. 渠道策略

"专营店展示＋多渠道营销＋战略联盟合作"三种方式相结合。

（1）专营店展示：产品功能展示＋产品品牌宣传。

卫浴行业，很大一部分的销售额是通过专营店来获得的。所以对专营店的要求非常高，对专营店的装修档次也要求非常严。

（2）多渠道营销。

①工程渠道——酒店、房地产、学校等。

②建材超市渠道——百安居工程、东方家园等这些大的家居超市，现在已经超过100家，占到零售的20%左右。

③家装公司。

④网上团购。

（3）战略联盟合作：成为智能化高档卫浴供应商。

①与房地产公司结盟，成为战略供应商。

②与存在高档卫浴需求的大型团体结盟，如高档酒店、高档写字楼、高档商务宾馆、高档餐饮娱乐场所等，智能化产品提升了这些场所的档次感。

③与大型建材城结盟。

5. 广告推广策略

（1）推广方式：电视传播为主，渠道传播第二，报纸、网络及信件投递入户等为辅的推广策略。

根据之前对以科勒为代表的知名卫浴品牌市场认知度的相关调查显示，对于卫浴品牌的传播渠道，电视广告仍然是最有效的宣传方式，在卫浴品牌的消费者当中有44.87%的人表示他们是通过电视广告获知该品牌的。而作为家居装潢用品，商店的宣传广告因其目的性较强而成了排名第二的有效宣传方式，有28.02%的消费者表示他们是通过该渠道获知卫浴品牌的。比较之下，官方网站的宣传效率最低，仅有2.73%的消费者通过此渠道获知卫浴产品。

因此，VIVI卫浴的广告宣传要注重传播渠道的有效性，使品牌提升和功能性诉求有机结合，从而吸引消费者、商家、团体的关注并达成销售的目标。

（2）推广内容：功能性定位（智能化卫浴专家）＋品牌广告语（绅士风范，儒雅典范）＋其他宣传。

（3）CIS设计：包括形象店（全国统一）设计、形象店牌匾设计、企业logo设计、产品代言人（卡通形象）设计等。

注：如果新的功能性定位确定，产品的相关设计及形象展示、宣传全部要统一，整合的品牌形象永远比杂乱的品牌形象具有冲击力，并且传播速度快。

例如，原有的卡通人物，由于诉求点不够集中，且可识别性不强，现在建议改为"卡通绅士形象"，另配广告语"绅士风范，儒雅典范"等。同样的设计图案和卡通形象要出现在每个产品上、报纸上、电视上、形象店牌匾上等，统一视觉形象。

（4）相关文案

VIVI卫浴——绅士风范，儒雅典范 《妻子篇》

别让他抢了你的风头

你怎么可能会想到

妻子频繁走进卫生间

只是为了和一位绅士约会

VIVI卫浴——绅士风范，儒雅典范 《智能篇》

家里安装了VIVI智能马桶

您的生活就因此变得舒适和简单

全自动智能化卫浴专家

为您省略了所有环节

您所需要做的只是

坐下，站起来

注：全部围绕智能化和品牌定位进行，从多个角度及消费者心理层次宣传产品的功能和品牌。

（5）相关报纸及网络广告软文

《别墅里装了个马桶机器人》——从消费者的角度介绍自动化、智能化功能，以及给生活带来的变化。

《"聪明"的马桶给了主人什么惊喜》——节水，分辨男用、女用等智能化功能介绍。

《马桶与交响乐：卫生间里的高雅生活》——从能播放音乐的角度来解读卫浴空间的高雅文化。

《厕纸失业：VIVI卫浴引发的卫生间革命》——提出问题，引起警醒，推出VIVI的革命性功能。

《"绅士卫浴"带来自动化生活新体验》——品牌及产品功能诉求。

反复围绕产品功能及人性化设计，把产品的品牌高度提升，融入消费者的脑海之中，提升产品的美誉度，通过统一的视觉形象，让消费者心中有一个"智能卫浴专家"的形象，并且和VIVI联系起来——做智能化、人性化、自动化卫浴产品，我们才是值得信赖的专家。

资料来源：改编自新浪网博客。

问题：

根据所学知识，结合本案例，请梳理VIVI卫浴产品市场推广策划的步骤及每一步的关键点。

分析步骤：

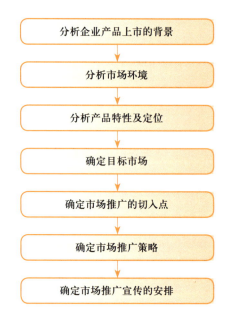

第一步，分析企业产品上市的背景。关键点：＿＿＿＿＿＿＿＿＿＿＿＿＿＿＿。

第二步，分析市场环境。关键点：＿＿＿＿＿＿＿＿＿＿＿＿＿＿＿＿＿＿＿＿＿。

第三步，分析产品特性及定位。关键点：＿＿＿＿＿＿＿＿＿＿＿＿＿＿＿＿＿＿。

第四步，确定目标市场。关键点：＿＿＿＿＿＿＿＿＿＿＿＿＿＿＿＿＿＿＿＿＿。

第五步，确定市场推广的切入点。关键点：＿＿＿＿＿＿＿＿＿＿＿＿＿＿＿＿＿。

第六步，确定市场推广策略。关键点：＿＿＿＿＿＿＿＿＿＿＿＿＿＿＿＿＿＿＿。

第七步，确定市场推广宣传的安排。关键点：＿＿＿＿＿＿＿＿＿＿＿＿＿＿＿＿。

照猫画虎

产品上市及品牌策划

一、实训目标

1. 能按照流程进行产品上市的准备；

2. 能在市场和产品分析的基础上设定新产品上市推广目标、提炼推广的基本思路；

3. 能根据产品特点及基本原则进行品牌命名；

4. 能制定新产品上市推广策划文案。

二、环境要求

1. 具有上网功能的计算机；

2. 交互式动画系统。

三、实训背景

各团队设立的公司经过近一年时间的运营，逐渐走入正轨，开始实现赢利，全公司上下也是信心满满，希望公司能有更好的发展。然而，摆在公司高层领导面前的问题还是不少：公司产品的同类竞争对手越来越多，市场的价格竞争越来越激烈，公司产品的市场份额已经出现了下降的趋势。因此，公司高层多次召开会议进行研讨。在会上，公司领导决定针对消费者的潜在需求开发一种新的产品，并根据产品的特色进行准确的定位和命名，在目标市场推广上市，从而打开新的市场。于是，管理层要求营销部门尽快进行市场调查，明确推广的目标、时机、进度及宣传策略，制定公司新产品的上市推广策划方案。

四、实训要求

根据背景资料所述情况，该公司首先需要由营销团队分工协作，就本实训项目进行全面的市场分析和产品分析，确定本公司新产品的目标市场及定位，厘清新产品命名及上市推广的思路，按步骤策划、创意相关内容，最终以团队的方式共同策划完成一份完整的策划方案。为此，本实训需要完成下列任务：

1. 进行目标市场环境分析；

2. 进行新产品的品牌命名；

3. 设定新产品上市推广目标及战略；

4. 设计新产品上市推广组合策略；

5. 撰写产品上市推广策划方案。

五、实训步骤

步骤一：策划目的陈述。团队在讨论的基础上，总结本策划的背景、理由或原因。

步骤二：市场环境分析。团队共同商讨、策划创意并达成共识后，分析本实训项目所面临的市场营销环境。

步骤三：SWOT 分析。团队共同商讨、策划创意并达成共识后，对本实训项目进行 SWOT 分析。

步骤四：推广目标设定。团队共同商讨、策划创意并达成共识后，确定本实训项目的市场推广目标。

步骤五：推广战略分析策划。团队共同商讨、集思广益、策划创意并达成共识后，设计本实训项目新产品的上市推广战略。

步骤六：推广组合策略策划。团队共同商讨、集思广益、策划创意并达成共识后，设计本实训项目包括品牌策略在内的新产品上市推广营销组合策略。

步骤七：制定主题活动行动方案。团队共同商讨、集思广益、策划创意并达成共识后，设计本实训项目新产品上市推广的主题活动方案。

步骤八：费用预算。团队共同商讨、集思广益、策划创意并达成共识后，进行本实训项目新产品上市推广的费用预算。

步骤九：形成团队项目实训成果。团队共同商讨、集思广益、策划创意并达成共识后，汇总和整理上述各步骤所完成的策划方案框架内容，并以此为基础撰写本实训项目的产品上市推广策划整体方案。

六、注意事项

1. 各小组成员应了解、熟悉产品上市推广策划的原则、内容、步骤、程序、方法，并掌握撰写产品上市推广策划方案的格式内容及技巧。

2. 各小组应充分交流合作、合理分工、互相讨论、互相启发，整合思路，探索产品上市推广策划整体方案。

七、实训报告

1. 在实训课中完成产品上市推广策划方案框架内容，课后撰写产品上市推广策划方案（3 000 字以上）。

2. 每个团队选 1 名代表，面对全班同学陈述本团队策划的思路及感受（每组 5~8 分钟）。

八、评价与总结

1. 小组自评。

2. 小组成果展示介绍。

3. 组间互评。

4. 教师对团队总评（根据各组成果的优缺点，有针对性地点评，启发学生的创新思维；对各组普遍存在的问题进行重点分析；针对各团队具体项目的策划提出重点要注意的问题）。

<<<<<<<<<<<<<< 稳扎稳打 <<<<<<<<<<<<<<<<<<<<<<<<<<<<<<<<<<<<

（一）单选题

1. 产品的（　　），是指本企业新产品相对竞品的诸多好处之中有什么特别的优势。

　　A. 价格策略　　　　　　　　　　B. 市场定位

　　C. 功能描述　　　　　　　D. 核心利益

2.（　　　）是根据所需投资、预期销售额、成本、价格、利润、预期投资收益等，对新产品上市进行更加详细的实质性的经济分析。

　　A. 产品销量预估　　　　　B. 促销费用预算

　　C. 成本效益评估　　　　　D. 产品定价测算

3. 推广的（　　　），是指推广活动中与消费者的接触点，即选择适合目标消费者的传播工具（如广告、公关、营业推广、人员推销），并把各种传播工具进行有机组合的策略。

　　A. 切入点　　　　　　　　B. 刺激点

　　C. 实施方案　　　　　　　D. 目标

4. 企业直接针对最终消费者施加促销影响，以扩大产品或品牌的知名度，刺激消费者的购买欲望，并产生购买行为。这属于（　　　）促销模式。

　　A. 推式　　　　　　　　　B. 拉式

　　C. 广告　　　　　　　　　D. 营业推广

5. 上海家化公司生产的美加净系列产品深受消费者的欢迎，美加净品牌采用的命名方式是（　　　）。

　　A. 效用命名　　　　　　　B. 吉利命名

　　C. 企业命名　　　　　　　D. 制法命名

（二）多选题

1. 在企业新产品上市前，应调查、了解的区域市场状况主要包括（　　　）。

　　A. 市场潜力和容量　　　　B. 市场的消费偏好

　　C. 市场的接受程度　　　　D. 渠道的推广意愿

　　E. 距离的远近

2. 企业拟进行推广的理想的新产品一般应具备的特点有（　　　）。

　　A. 新卖点　　　　　　　　B. 新利润

　　C. 互补性　　　　　　　　D. 竞争差异性

　　E. 新品牌

3. 企业新产品市场推广的具体策略一般应考虑的问题有（　　　）。

　　A. 上市时机　　　　　　　B. 上市地点

　　C. 目标市场　　　　　　　D. 宣传策略

　　E. 渠道策略

4. 品牌是构成产品整体的一个重要组成部分，主要的构成要素有（　　　）。

A. 品牌名称　　　　　　　　B. 品牌标志

C. 品牌商标　　　　　　　　D. 商标价值

E. 品牌策略

5. 遵循严谨的命名程序有助于提高品牌命名的成功概率，从而促进品牌的快速成长。命名程序通常包括的步骤有（　　　　　　）。

A. 确立目标　　　　　　　　B. 命名作业

C. 评价和筛选　　　　　　　D. 受众测试

E. 法律审查及注册

（三）简答题

1. 产品描述及核心利益分析应包括哪些主要内容？

2. 在新产品上市推广时，如何才能发现独特的市场推广切入点？

3. 品牌的命名一般要遵循哪些方面的原则？

能力测评 <<<<<<<<<<<<< <<<<<<<<<<<<<<<<<<<<<<<<<<<<<<<<<<<<<<

📒 专业能力自评

	能/否掌握	专 业 能 力
通过学习本模块，你		产品分析
		品牌命名
		上市推广策略
		产品上市及品牌策划
通过学习本模块，你还		

注："能/否"栏填"能"或"否"。

核心能力与商业文化素养自评

	核 心 能 力	有 无 提 高
通过学习本模块，你的	分析能力	
	表达能力	
	学习能力	
	团队合作能力	
	创新能力	
通过学习本模块，你认识到的商业文化与素养	诚信	

自评人（签名）:	年　月　日	教师（签名）	年　月　日

注："有无提高"栏可填写"明显提高""有所提高""没有提高"。

【知识目标】 通过本模块的学习，深入理解常用促销工具的具体作用和相互关系，初步掌握广告、营业推广、公关、促销组合等具体促销策划的内容、程序步骤、方法，熟练掌握各种促销工具的策划内容和撰写促销策划文案的技巧。

【技能目标】 通过本模块的训练，能够正确选择广告媒体、应用广告策略占领目标市场，能恰到好处地运用营业推广刺激消费需求，鼓励中间商大批进货，能制定公共关系活动方案，能正确处理公关危机。

【素养目标】 通过本模块的学习与训练，养成自主学习的习惯，培养良好的团队协作能力、善于探索和不断创新的精神、强烈的事业心和责任感。

【思维导图】

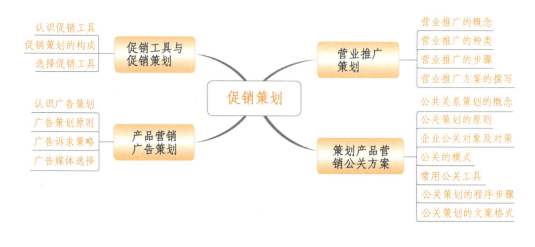

认识促销工具　促销策划的构成　选择促销工具 — 促销工具与促销策划

营业推广策划 — 营业推广的概念　营业推广的种类　营业推广的步骤　营业推广方案的撰写

促销策划

认识广告策划　广告策划原则　广告诉求策略　广告媒体选择 — 产品营销广告策划

策划产品营销公关方案 — 公共关系策划的概念　公关策划的原则　企业公关对象及对策　公关的模式　常用公关工具　公关策划的程序步骤　公关策划的文案格式

导入案例　永久自行车如何促销？

上海永久股份有限公司从1940年就开始生产自行车。它是中国最早的自行车整车制造厂家之一，至今已有70多年的历史。尤其是中华人民共和国成立以后，它作为最大的国有自行车厂为中国自行车行业的发展作出了不可磨灭的贡献。永久研制了统一全国自行车标准、规格的标定车，又开发了中国第一代660 mm轻便车、载重车、赛车及电动自行车、LPG燃气助力车等产品。半个多世纪以来，永久品牌自行车已生产销售近1亿辆，成为中国单一品牌、单一产品消费者最多的交通产品。如图6-1所示。

虽然永久牌自行车品牌知名度很高，产品质量可靠而稳定，但过去几十年里由于市场观念不强，产品的款式和品种不能跟上市场需求的变化，因此新生代并不了解永久，对永久的品牌印象不深甚至非常模糊。对此，近年来公司针对新生代开发了很多款时尚的自行车。

公司认为，永久自行车的质量口碑很好，价格经济实惠，再加上

图6-1　永久自行车

丰富、时尚的产品款式，很适合年轻人的需求，于是公司将高校和中学生父母锁定为重要目标市场，先期打算主攻全国的高校市场。

想一想：

1. 结合自己的切身体会，你认为永久自行车有哪些竞争对手？（填写3家）

（1）_____；（2）_____；（3）_____。

2. 结合自己的切身体会，你认为永久自行车可以采取哪些促销手段？

（1）_____；（2）_____；（3）_____。

6.1　促销工具与促销策划

6.1.1　认识促销工具

在营销活动中，企业可以运用的促销手段有多种。企业开展促销活动需要事先进行系统的分析、策划以达到成功沟通与推动销售的目的。这就要求准确把握促销的本质。

1. 促销的概念

促销指企业应用各种方式和手段，向消费者传送企业及其商品信息，实现双向沟通，使消费者对企业及其商品产生兴趣、好感与信任，进而做出购买决策的活动。促销的本质是沟通信息，作用在于赢得信任、诱导需求，促进购买与消费。

2. 四大促销工具及其特性

一般来讲，促销的四大工具为广告、营业推广、公共关系及人员推销，它们组成了营销沟通组合。这四个方面从沟通的角度来讲，实际上是一个信息传播的过程。任何营销传播的信息，如广告、促销活动、公共关系、特殊事件营销活动或商品展销会，都是为了一个目的：让公司形象和产品信息尽可能多地进入消费者心中，以期影响他们日后的购买决策。

每一种促销方式都有各自独有的特性和成本，营销策划人员在选择它们时一定要了解这些特性：

（1）广告。广告具有公开展示、普及性、增强表现力、非人格化等性质，其一方面能够用于建立一个产品的长期形象，另一方面能促进快速销售。广告就传达给地域广阔而分散的广大消费者而言，每个显露点只需要较低的成本，是一种有效的方法。但是广告又是一个预算很高的促销形式，对企业来讲如何使用广告具有非常重要的意义。

（2）人员推销。人员推销在建立购买者的偏好、信任和促成购买行动方面是最有效的工具，其具有个人之间面对面接触、培植各种关系、对促销迅速作出反应的特性。但是人员推销费用比较昂贵，并对企业营销管理要求比较高。

（3）营业推广。营业推广又叫销售促进，是使用各种赠券、竞赛、赠奖等方式的一种集合，具有沟通信息、刺激销售、吸引顾客交易的特征。销售促进能在短时间内引起消费者对产品的注意，扭转销售下降。但是它的影响常常是短期的，对建立长期的品牌偏好不甚有效。

（4）公共关系。公共关系具有高度可信性等特征，是一种融合公司与公众关系的重要工具，对建立企业的形象并在长期内促进产品销售有积极影响。

6.1.2 促销策划的构成

促销策划是指在对各种促销方式进行组合运用时具有创造性的谋划与设计。它包含两个层面：

促销策划

1. 整体促销策划

它是对企业整个促销工作的谋划和设计。即人员推销、广告、营业推广和公关促销如何实现最佳配合。策划的目的是使企业形成整体促销合力，在有限的促销预算下达成最好的促销效果。如促销策略策划、市场进入策划、产品整体促销策划等。

2. 单一促销策划

它是对企业在一定时间针对确定的市场采用特定的促销方式进行的单项促销活动进行策划，如公关促销策划、广告促销策划、营业推广策划和人员推销策划等。它是整体促销策划的基础，具有相对的独立性和完整性。在现实生活中，人们通常所说的促销策划多指营业推广策划。

6.1.3 选择促销工具

企业为了达到促销目标要选择最恰当的促销工具。促销工具选择得当，可收到事半功倍的效果；相反，如果促销工具使用不当，则可能与促销目标南辕北辙。

金龙鱼开创"油爸时代"

选择促销工具时主要应注意以下几种因素：

（1）促销目标因素。选择的工具必须能最有利于达到所制定的促销目标。

（2）企业市场战略因素。

（3）时间因素。

（4）市场因素。根据市场特性选择相应的工具。

（5）产品因素。产品因素是指选择工具时要考虑产品的类型、商品内在价值和所处生命周期。

（6）企业自身因素。就是要充分考虑企业自身的优劣势和可利用资源，并要符合企业自身的外在形象。

很多促销手段可以用来实现促销目标。通常的促销手段大致分为对消费者、对中间商和对企业内部三大类。

1. 针对消费者促销手段

（1）赠送样品；

（2）优惠券；

（3）付现金折扣；

（4）特价包装；

（5）赠品；

（6）奖励；

（7）免费试用；

（8）消费者组织化；

（9）销售现场陈列和表演等。

2. 针对中间商促销手段

（1）折扣政策，如购买折让、广告折让、陈列折让等；

（2）销售竞赛；

（3）广告技术合作；

（4）从业员工教育；

（5）派遣店员等。

3. 针对企业内部促销手段

（1）公司内部公共关系；

（2）营销人员销售竞赛；

（3）营销业务员教育培训；

（4）销售用具制作；

（5）促销手册等。

实际上促销手段的形式千变万化，出新是促销策划的生命。不同的企业，由于行业特点不同，业务性质差异，经营范围大小、顾客类型的不同，对人员推销、广告、公共关系和营业推广等促销工具的综合运用也有很大的不同。

小试牛刀 6-1：拜访陌生客户

背景资料：A公司是现代烘焙坊的代表。优质的甜品、时尚的卡通玩偶、明快的音乐、田园的浪漫情感，不仅深受18—38岁时尚消费者的喜爱，而且在某区域市场，焙烤产品、现调饮品、精致糕点是不二之选。企业强调自信、自律、自立、自强，为客户提供高质量和最大价值的专业化产品和服务，以真诚和实力赢得客户的理解、尊重和支持。信任员工的努力和奉献，承认员工的成就并提供相应回报，为员工创造良好的工作环境和发展前景。为客户降低采购成本和风险，为客户投资提供切实保障。企业追求永续发展的目标，并把它建立在客户满意的基础上。

小李毕业于高职院校市场营销专业，现已成为A公司的一名职员。领导希望公司能够在大客户团购市场上开拓更多的客户，为此，安排小李去拜访公司的一个意向客户。

分析与执行：小李接过任务，首先详细了解了意向客户所在公司的经营理念、企业文化的内涵以及产品种类等。在此基础上，小李针对自己需要营销的产品，分析了拜访意向客户前期准备工作的内容及拜访陌生客户的流程，填写以下表格中相应的内容并演练整个拜访流程。

操练记录：

流程	内　　容	备　　注
前期的准备工作		有关本公司及业界的知识、本公司及其他公司的产品知识、有关本次客户的相关信息、本公司的销售方针、广泛的知识、丰富的话题、名片、电话号码簿
拜访流程一：打招呼		在客户未开口之前，以亲切的语调向客户打招呼问候
拜访流程二：自我介绍		说明公司名称及自己姓名并将名片双手递上，在与客户交换名片后，对客户抽空见自己表达谢意
拜访流程三：旁白		营造一个好的气氛，以拉近彼此之间的距离，缓和客户对陌生人来访的紧张情绪
拜访流程四：开场白		开场白的结构：① 提出议程；② 陈述议程对客户的价值；③ 时间约定；④ 询问是否接受
拜访流程五：巧妙运用询问术，让客户一次说个够		要点：① 设计好问题漏斗；通过询问客户来达到探寻客户需求的真正目的。② 结合运用扩大询问法和限定询问法。③ 对客户谈到的要点进行总结并确认
拜访流程六：结束拜访		约定下次拜访内容和时间

6.2　产品营销广告策划

6.2.1　认识广告策划

1. 广告策划的概念

广告策划是根据广告主的营销策略，在广告调查基础上围绕市场目标的实现，制定系统的广告策略、创意表现与实施方案的过程。它以科学、客观的市场调查为基础，以富于创造性和效益性的定位策略、诉求策略、表现策略、

广告策划

产品营销广告策划

媒介策略为核心内容，以具有可操作性的广告策划文本为直接结果，以广告运动的效果调查为终结，追求广告运动进程的合理化和广告效果的最大化。

2. 广告策划的作用

广告策划的重要作用表现在以下四个方面：

（1）保证广告活动的计划性。现代意义上的广告活动必须有高度的计划性，必须预先设计好广告资金的数额和分配、广告推出时机、广告媒体的选择与搭配、广告口号的设计与使用、广告推出方式的选择等，而这一切都必须通过策划来保证和实现。

（2）保证广告工作的连续性。促进产品的销售，塑造名牌产业和名牌产品形象，这是广告的根本目的。而要达到这一目的，必须通过长期不懈的努力和持之以恒的追求，通过逐步累积广告效果才能实现广告的最终目标。

（3）保证广告活动的创造性。创造性地开展广告活动，使每一次广告活动都能像精确制导导弹一样击中消费者，使其采取相应的购买行为，可以说，这是每一个广告活动所追求的目标。创造性是保证达成此目标的关键所在。广告策划，可以把各个层次、各个领域的创意高手聚集起来，利用集体的智慧，集思广益，取长补短，激发创意，从而保证广告活动的各个环节都充满创新。

（4）保证广告活动的最佳效果。广告策划，可以使广告活动自发地沿着一条最简捷、最顺利、最迅速的途径运动，可以自发地使广告内容的特性表现得最强烈、最鲜明、最突出，也可以自发地使广告功能发挥得最充分、最完全、最彻底，从而降低成本、减少损耗、节约广告费用，形成广告规模效应和累积效应，确保以最少的投入获得最大的经济效益和社会效益、短期效益和长期效益。

6.2.2 广告策划原则

广告策划应遵循下列四项原则：

1. 真实性原则

广告的真实性包括以下几个内容：首先，广告必须以事实为依据；其次，广告要以信为本，讲求信誉；最后，广告内容要完整，既介绍产品的优点，也可根据具体情况向社会公众提出必要的忠告。

《中华人民共和国广告法》规定："广告不得含有虚假或者引人误解的内容，不得欺骗、误导消费者。"企业从事广告活动必须依法进行。

2. 科学性原则

广告工作者必须遵照科学的原理、手段、技术与方法对广告活动进行经营与管理。同时必须充分运用现代的科学技术与手段，对广告从宏观和微观上进行定性与定量的科学研究，以使广告事业产生应有的社会效益与经济效益。

3. 艺术性原则

广告的艺术性是指广告必须通过运用美术、摄影、歌曲、音乐、诗词、戏剧、舞蹈、书法、绘画、文艺等丰富多彩的艺术形式，生动活泼地表现它的主题。广告的艺术形象越鲜明，越具有创造力，就越会感染社会公众，从而产生的广告效益越大。

4. 针对性原则

企业进行广告策划时要根据广告目标，有针对性地设计产品信息，选择合适的诉求对象及广告媒体。

6.2.3 广告诉求策略

广告是以说服为目的的信息传播活动，广告诉求策略也就是广告的说服策略。

广告要达到有效诉求的目的，必须具备三个条件：正确的诉求对象、正确的诉求重点和正确的诉求方法。因此，广告诉求策略也由三部分构成：诉求对象策略、诉求重点策略、诉求方法策略。

1. 诉求对象策略

广告的诉求对象即某一广告的信息传播所针对的那部分消费者。广告诉求对象应该是广告主产品的目标消费群体、产品定位所针对的消费者，而且是购买决策的实际做出者。

（1）诉求对象由产品的目标消费群体和产品定位决定。诉求对象决策应该在目标市场策略和产品定位策略已经确定之后进行，根据目标消费群体和产品定位而作出。因为目标市场策略已经直接指明了广告要针对哪些细分市场的消费者进行，而产品定位策略中也再次申明了产品指向哪些消费者。

（2）产品的实际购买决策者决定广告诉求对象。根据消费角色理论可以知道，不同消费者在不同产品的购买中起不同作用。如在购买家电等大件商品时，丈夫的作用要大于妻子，而在购买厨房用品、服装时，妻子的作用则大于丈夫。因此，家电类产品的广告应该主要针对男性进行诉求，而厨房用品的广告则应该主要针对女性进行诉求。儿童是一个特殊的消费群体，他们是很多产品的实际使用者，但是这些产品的购买决策一般由他们的父母做出，因此儿童用品的广告应该主要针对他们的父母进行。

2. 诉求重点策略

关于企业和产品的信息非常丰富，并不是所有信息都需要通过广告来传达，广告也不能传达所有信息，因为广告运动的时间和范围是有限的，每一次广告运动都有其特定的目标，不能希望通过一次广告运动就达到企业所有的广告目的；广告刊播的时间和空间是有限的，在有限的时间和空间中不能容纳过多的广告信息；受众对广告的注意时间和记忆程度是有限的，在很短的时间内，受众不能对过多的信息产生正确的理解和深刻的印象。

广告中向诉求对象重点传达的信息称为广告的诉求重点。制约广告诉求重点策略的因素如下：

（1）广告目标。广告的诉求重点首先应该由广告目标来决定。如果开展广告活动是为了扩大品牌的知名度，那么广告应该重点向消费者传达关于品牌名称的信息；如果广告目的是扩大产品的市场占有率，那么广告的诉求重点应该是购买利益的承诺；如果广告目的是短期的促销，那么广告应该重点向消费者传达关于即时购买的特别利益的信息。

全新沃尔沃XC90安全技术展示

（2）诉求对象的需求。广告的诉求重点不应该是对企业和产品最重要的信息，而应该是直接针对诉求对象的需求，诉求对象最关心、最能够引起他们的注意和兴趣的信息。因为企业认为重要的信息，在消费者看来并不一定非常重要。因此，诉求重点策略的决策应该在对消费者的需求有明确把握的基础上进行。

全新沃尔沃XC90五星级测试

（3）产品定位。定位是美国营销专家艾·里斯和杰克·特劳特提出的。该理论指出，传播的目的在于使品牌在顾客头脑中获得一个独特的位置。最好是"一词占领头脑"。例如，"沃尔沃——安全""宝马——驾驶乐趣"等。

宝马X5 SUV官方广告

① 定位观念的演变历经三个阶段：

A. 瑞夫斯 USP 观念。20 世纪 40 年代，罗瑟·瑞夫斯对广告运作规律进行了科学的总结，提出 USP（unique selling proposition）理论即独特的销售主张。这在当时的广告界产生了巨大的影响。罗瑟·瑞夫斯正式提出理论要点有三：首先，一则广告必须向消费者明确陈述一个消费主张；其次，这一主张必须是独特的，或者是其他同类产品宣传不曾提出或表现过的；最后，这一主张必须对消费者具有强大的吸引力。

宝马 HIRE 广告网络电影精选

B. 奥格威品牌形象理论。20 世纪 60 年代由大卫·奥格威提出的品牌形象论是广告创意策略理论中的一个重要流派。其基本要点是：

a. 为塑造品牌服务是广告的最主要目标。广告力求使品牌具有并维持一个高知名度的品牌形象。

宝马 Hire 广告系列第四季之《大明星 Star》

b. 任何一个广告都是对品牌的长远投资。从长远的观点来看，广告必须尽力去维护一个好的品牌形象，而不惜牺牲追求短期效益的诉求重点。

c. 描绘品牌的形象要比强调产品的具体功能特征重要得多。因为随着同类产品差异性减小，品牌之间的同质性增大，消费者选择品牌时所运用的理性就会减少。

d. 消费者购买时所追求的是"实质利益＋心理利益"。对某些消费群来说，广告尤其应该运用形象来满足其心理的需求。

C. 里斯和特劳特的定位观念。实际是将前两者所表达的"我具有某种特性"变为"我可以满足你某种需求"，其实质是树立"需求第一"的价值观念。也就是说企业做广告并不是实事求是地传达产品的特点，而是"你需要我有什么特点，我就有什么特点"。

② 广告诉求的定位策略。考虑产品定位，来确定广告诉求重点的策略，就是广告诉求的定位策略。在实际运用中有以下几种方法：

A. 功效定位。消费者购买产品主要是为了获得产品的使用价值，希望产品具有所期望的功能、效果和效益。因而以强调产品的功效为诉求是品牌定位的常见形式。

案例
黄太吉：一个互联网思维先锋的败落

B. 高级群体定位。企业可借助群体的声望、集体概念或模糊数学的手法，打出入会限制严格的俱乐部式的高级团体牌子，强调自己是这一高级群体的一员，从而提高自己的地位、形象和声望，赢得消费者的信赖。如美国克莱斯勒汽车公司宣布自己是美国"三大汽车公司之一"，使消费者感到克莱斯勒和第一、第二一样都是知名轿车，从而收到了良好的效果。

一汽大众迈腾广告之冰淇淋篇

C. 生活情调定位。生活情调定位就是使消费者在使用产品的过程中能体会出一种良好的令人惬意的生活气氛、生活情调、生活滋味和生活感受，而获得一种精神满足。该定位使产品融入消费者的生活中，成为消费者的生活内容，使品牌更加生活化。如美的空调的"原来生活可以更美的"给人以舒适、惬意的生活感受。

D. 比附定位。比附定位就是攀附名牌，以沾名牌光而使自己的品牌生辉。主要有两种形式：一种是甘居第二。如美国阿维斯出租汽车公司强调"我们是老二，我们要进一步努力"，从而赢得了更多忠诚的客户；蒙牛乳业启动市场时，宣称"做内蒙古第二品牌"。另一种是攀龙附凤，其切入点亦如上述，承认同类中某一领导性品牌，本品牌虽自愧弗如，但在某地区或在某一方面还可与它并驾齐驱、平分秋色，并和该品牌一起宣传。

E. 消费群体定位。该定位直接以产品的消费群体为诉求对象，突出产品专为该类消费群体服务，来获得目标消费群的认同。把品牌与消费者结合起来，有利于增进消费者的归属感，使其产生"我自己的品牌"的感觉。如金利来定位为"男人的世界"。

3. 诉求方法策略

（1）理性诉求策略。理性诉求策略指的是广告诉求定位于受众的理智动机，通过真实、准确、公正地传达广告企业、产品、服务的客观情况，使受众经过概念、判断、推理等思维过程，理智地作出决定。这种广告策略可以作正面表现，即如果消费者购买广告产品或接受服务会获得什么样的利益，也可以作反面表现，即消费者不购买产品或不接受服务会对自身产生什么样的影响。这种诉求策略一般用于消费者需要经过深思熟虑才能决定购买的产品或服务，如高档耐用消费品、工业品等。

理性诉求广告常常传达以下几个方面的信息：

① 产品或服务的质量；

② 消费者购买产品或接受服务可能获得的利益；

③ 服务的范围或产品的性能。

（2）感性诉求策略。感性诉求策略指广告诉求定位于受众的情感动机，通过表现与广告企业、产品、服务相关的情绪与情感因素来传达广告信息，以此对受众的情绪与情感带来冲击，使他们产生购买产品或服务的欲望和行为。它适用于装饰品、日用品、化妆品、其他时髦商品和可以给消费者带来某种积极的心理感受的服务。

感性诉求广告以向受众传达某种情绪或情感、唤起受众的认同为主要目的。如中国台湾中华汽车的广告，画面是父亲背子下山看病，广告词为"阿爸的肩膀是我的第一部车"；再如，金帝巧克力的"金帝巧克力，只给最爱的人"。这些都是典型的感性诉求。

（3）情理结合策略。在广告诉求中，既采用理性诉求传达客观的信息，又使用感性诉求引发受众的情感，结合二者的优势，以达到最佳的说服效果。

4. 广告设计内容要素

广告设计，从平面设计角度来讲，其构成要素可分为语言文字和非语言文字两部分。语言文字部分包括广告标题、广告正文，以及商标和公司名称等；非语言文字部分包括广告构思、广告形象及衬托要素等。广告设计就是创造性地组合上述诸种要素，使之成为一件完整的广告作品。设计的具体内容包括五个方面：

（1）广告主题。广告主题是广告的灵魂，它决定着广告设计其他要素的运用。鲜明地突出广告主题，能使消费者接触广告后就理解广告告诉人们什么，要求人们去做什么。广告主题在广告作品中大多以标题的形式出现，排列在能够最快被人注目的位置。标题应具有图形的视觉效果以及文案的说明效果，既要注意标题字形的选择，又要注意其文案内容的可读性。

（2）广告构思。广告构思是对广告主题的形象化表现所进行的一系列思维活动，也称为广告创意。有了明确的广告主题，如果缺少表现主题的构思，就无法引起消费者的注意，难以取得良好的广告效果；如果构思与主题不协调，主题就不能得到充分表现，甚至会干扰主题而转移消费者的注意力，削弱广告效果。

（3）广告文案。文案是表达主题、创意的文字。文字是平面广告不可缺少的构成要素，配合图形要素来实现广告主题的创意，具有引起注意、传播信息、说服对象的作用。文案要素有标题、广告语、正文、附文等元素。

标题是文案中的关键元素，即为广告的题目，有引人注目、引起兴趣、诱读正文的作用。标题在版面编排时，要运用视觉艺术语言，引导公众的视线自觉地从标题转移到图形、正文。

标题文案分三类：① 直接标题；② 间接标题；③ 复合标题。

广告语，也称标语，它是在整体广告策略中某个阶段内反复使用的，用以体现企业精神或宣传商品特征，吸引公众注意的专用宣传语句，能给人留下深刻印象。编排时可放置于版面的任何位置，但要位居广告标题之后，不能本末倒置。

正文即为广告要传播的商品说明文。它详细地叙述商品内容，有说明、解答、鼓动、号召的作用。

附文是指广告主的公司名、地位、邮编、电话、电报、传真号码。

（4）图形。图形是平面广告的构成要素，它能够形象地表现广告主题和广告创意。图形要素有插画、注册商标、画面轮廓线元素。

图形是主题的形象化，非文字化表现。要求准确、细腻、生动地表现主题。

（5）色彩。色彩在广告表现中具有迅速诉诸感觉的作用。公众对广告的第一印象是通过色彩而得到的。艳丽、典雅、灰暗等色彩感觉，影响着公众对广告内容的注意力。鲜艳、明快、和谐的色彩组合会对公众产生较好的吸引力，陈旧、破碎的色彩会导致公众产生"这是旧广告"的第一反应，而不会引起注意。

6.2.4　广告媒体选择

广告媒体选择指根据广告的目标市场策略、诉求策略的要求，对可供选择的广告媒体进行评估，从而选择最符合要求的媒体。

目前的广告媒体一般分为三大类：视觉媒体、听觉媒体和视听两用媒体。

案例
城市营销杭州如何植入冯小刚电影

各种媒体都有自己的特点，互相取长补短，很少互相代替。

1. 主要媒体及其特点

（1）视觉媒体。视觉媒体中历史最悠久的是印刷媒体，印刷媒体也是传播最迅速和最广泛的，主要类型包括：

① 报纸媒体。② 杂志媒体。③ 户外媒体。主要包括：销售现场广告、霓虹灯、车体、产品包装、路牌、灯箱、气球、横幅等。④ 直邮广告。其他视觉媒体：小册子、函件等印刷媒体。

（2）听觉媒体。主要类型有：

① 广播媒体。② 电话媒体。向消费者直接诉求或提供某些服务，如天气等消息、音乐。

（3）视听媒体。主要类型有：

① 电视媒体。② 电影院媒体。分为广告短片、幻灯片、广告商品作道具等。③ 网络媒体。网络以其高速的发展和互动性的特点正吸引越来越多的广告主。

为了适应企业广告目标和创作策略的需要，选择适当的广告媒体是非常重要的。

2. 媒体选择考虑的因素

媒体选择应考虑以下因素：

（1）媒体的特性。各种媒体都有自己的特点，在进行媒体选择和组合时必须重点考虑各种媒体的特性是否适合发布企业的广告信息。

（2）目标对象的媒介习惯。虽然在人的一生中要接触各种各样的媒体，但由于社会和经济因素及生活习惯的不同，每个人接触某一具体媒体的机会还是有很大差别的。应根据目标受众的媒体接触率及习惯来选择媒体。

（3）产品特征及信息类型。在选择广告媒体时，必须考虑所宣传产品的特点，应重视两点。

① 产品功能多，需要较多文字表达时，应以平面媒体为主。平面媒体如报刊就因不受时间限制，可以用较长篇幅的文字进行说明。

② 产品单纯，不需大段文字说明时，以选用电视媒体为宜。

（4）媒体的成本。广告媒体的成本是媒体选择中备受关注的一项硬性指标。广告费用包括两个方面：一是广告制作成本；二是广告发布费用。不同的媒体，其成本价格自然不同；不同的版面、不同的时间，也有不同的收费标准。

（5）广告预算。广告主投入广告活动的资金使用计划中，媒体费用占很大的比例。一个广告主所能投入多少广告预算，对广告媒体的选择产生直接的影响。

（6）媒体的灵活性。能否对媒体渠道上的广告作一定程度的调整和修改，这是衡量广告媒体灵活性高低的标准。一般来说，若在广告推出前，可较容易地修改广告文本，调整推出的时间与形式，则此媒体的灵活性就高；若在某一媒体上确定广告，推出之前不太容易修改文本或调整推出时间、形式，则此媒体的灵活性就差。凡是促进短期销售、推销产品多样化、推销产品多变、广告文本中需标示可能调整的价格等情况，就应该选择灵活性较强的媒体。

小试牛刀6-2：分析广告诉求的定位策略

背景资料：小李要在大二的暑期参加专业实习。C公司与其所读专业有校企合作项目，希望暑期能够选拔一批学生去该公司进行专业实习。小李对C公司所在行业的前景十分看好，且对C公司提供的岗位非常喜欢，于是报名参加了C公司的招聘。小李经过精心准备，顺利通过了公司的笔试和面试环节。最后，小李被C公司录用，被分到了广告部。部门领导希望公司的产品在广告诉求的定位策略上能够更精准，为此，安排小李收集和分析本公司以及竞争对手的广告诉求定位策略。

分析与执行：小李接过任务，首先详细了解和分析本公司产品的广告诉求定位策略，在此基础上也整理和分析了多家竞争对手产品的广告诉求定位策略并将其填写到相应的表格中。

操练记录：

序号	广告诉求的定位策略	案　例
1	功效定位	1. 2.
2	高级群体定位	1. 2.
3	生活情调定位	1. 2.
4	比附定位	1. 2.
5	消费群体定位	1. 2.

6.3　营业推广策划

6.3.1　营业推广的概念

营业推广

营业推广（sales promotion）又称销售促进，是一种适宜于短期推销的促销方法，是指为了能够迅速刺激需求，鼓励购买而采取的除广告、公关和人员推销之外各种促销活动的总称。

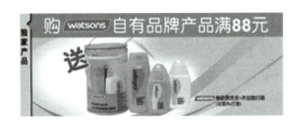

营业推广已经成为促销组合中的一大关键因素。它具有以下特征：

1. 营业推广促销效果显著

在开展营业推广活动中，可选用多种方式。一般说来，只要选择的推广方式合理，就会很快地收到明显的增销效果，而不像广告和公共关系那样需要一个较长的时期才能见效。因此，营业推广适合于在一定时期、一定任务的短期性促销活动中使用。

2. 营业推广是一种辅助性促销方式

人员推销、广告和公共关系都是常规性的促销方式，而多数营业推广方式则是非正规性和非经常性的，只能是它们的补充。亦即，通过营业推广的销售增加通常是暂时的，一旦活动停止，销售额就大幅下降，销售还需要广告等促销方式配合，以使那些试用该产品的顾客变为长期顾客。

3. 营业推广有贬低产品之意

营业推广的一些做法也常使顾客认为卖者有急于抛售的意图。若频繁使用或使用不当，往往会引起顾客对产品质量、价格产生怀疑。因此，企业在开展营业推广活动时，要注意选择恰当的方式和时机。

因此，营业推广不能成为促销的唯一方式。它是一种短期的促销行为，必须与广告、公共关系和人员推销配合使用才能更好地发挥作用。

6.3.2　营业推广的种类

1. 针对消费者的营业推广

故事促销的魅力

可以鼓励老顾客继续使用，促进新顾客尝试使用，动员顾客购买新产品或更新设备。引导顾客改变购买习惯，或培养顾客对本企业的偏爱行为等。

其推广方式有两类，一类是线上推广，另一类是线下推广。其中线下推广手段有：

（1）赠送。即向消费者赠送样品或试用样品。样品可以挨户赠送，在商店或闹市区散发，在其他商品中附送，也可以公开广告赠送。赠送样品是介绍新商品最有效的方法，费用也最高。

（2）优惠券。也称折扣券，给持有人一个证明，证明他在购买某种商品时可以免付一定金额的钱。

（3）廉价包装。即在产品质量不变的前提下，使用简单、廉价的包装，比通常包装减价若干。它可以是一种商品单装，也可以把几件商品包装在一起。

（4）有奖销售。即通过给予消费者一定奖项的方法促进购买，奖项可以是实物，也可以是现金。常见的有幸运抽奖、刮奖、买赠、积分换物、捆绑销售等方式。

（5）现场示范。即企业派人将自己的产品在销售现场当场进行使用示范表演，把一些技术性较强的产品的使用方法介绍给消费者。

（6）组织展销。即企业将一些能显示企业优势和特征的产品集中陈列，边展边销。

线上推广手段有：

（1）打折促销。价格变动直接明显，用户可以通过价格的对比清晰地知道该商品比以往便宜了多少，因此容易引起用户的购买欲望。

（2）买满即减。即只要购物者购买一定金额的商品就可以得到一定的减价优惠。这样可以引起用户的购买欲望，刺激消费额增加。

（3）限量秒杀。能刺激用户进行快速消费，因为秒杀的数量是有限定的，会造成一种商品的稀缺感，用户会害怕错失机会而尽快下单，从而能使交易量大幅度上升；同时也会提高用户对商店的认同感与关注，并且可以产生话题感。

（4）团购。可以引诱用户进行二次分享，抱团购买，在一定程度上能实现用户的拉新；供应链压力减轻，因为团购的货物出售量是可控的，如果人数不足可以解散这次的团购，所以可以确保每次团购的人数都是一个准确的数值；邮费成本降低，运输的区域比较集中，节约邮费。

（5）好友砍价。跟团购的意义差不多，都是对用户社交购买圈的资源进行抓取，引诱用户进行主动的二次宣传，使活动的曝光率与商店的关注量得到提高；增加购物的趣味性，用户往往在砍价过程中注意力会放在砍价的额度上，但是因为砍价的数额是不确定的，所以会给人带来刺激性与趣味性。

（6）抽奖活动。能引起用户的交易欲望，提高交易成功率，增加销售量；

符合用户"占小便宜"的普遍心理，例如支付宝的消费获取刮刮卡的活动，每笔消费都会获得一张刮刮卡，但是不一定能中奖，这就是抽奖次数的吸引。

（7）会员制度。有利于维持用户的长期购买，为商店形成一定的循环系统，从而提高店铺的活跃度，增强品牌忠诚度；成本低，培养会员的成本比吸引新用户的成本要低，并且容易产生长尾效应。

2. 针对中间商的营业推广

目的是鼓励批发商大量购买，吸引零售商扩大经营，动员有关中间商积极购存或推销某些产品。其方式可以采用：

（1）批发回扣。企业为争取批发商或零售商多购进自己的产品，在某一时期内可给予购买一定数量本企业产品的批发商或零售商以一定的回扣。

（2）推广津贴。企业为促使中间商购进企业产品并帮助企业推销产品，还可以支付中间商一定的推广津贴。

（3）销售竞赛。根据各个中间商销售本企业产品的实绩，分别给优胜者以不同的奖励，如现金奖、实物奖、免费旅游、度假奖等。

（4）交易会或博览会、业务会议。

（5）工商联营。企业分担一定的市场营销费用，如广告费用、摊位费用，建立稳定的购销关系。

3. 针对销售人员的营业推广

鼓励销售人员热情推销产品或处理某些老产品，或促使他们积极开拓新市场。其方式可以采用：

（1）销售竞赛，如有奖销售，比例分成。

（2）免费提供人员培训、技术指导。

6.3.3 营业推广的步骤

一个公司在运用营业推广时，必须确定目标，选择工具，制定方案，实施和控制方案，以及评估效果。如图6-2所示。

1. 确定营业推广目标

就消费者而言，目标包括鼓励消费者更多地使用商品和促进大批量购买；争取未使用者试用，吸引竞争者品牌的使用者。就零售商而言，目标包括吸引零售商经营新的商品品目和维持较高水平的存货，鼓励他们购买落令商品，贮存相关品目，抵消各种竞争性的促销影响，建立零售商的品牌忠诚和获得进入新的零售网点的机会。就销售队伍而言，目标包括鼓励他们支持一种新产品或新型号，激励他们寻找更多的潜在顾客和刺激他们推销落令商品。

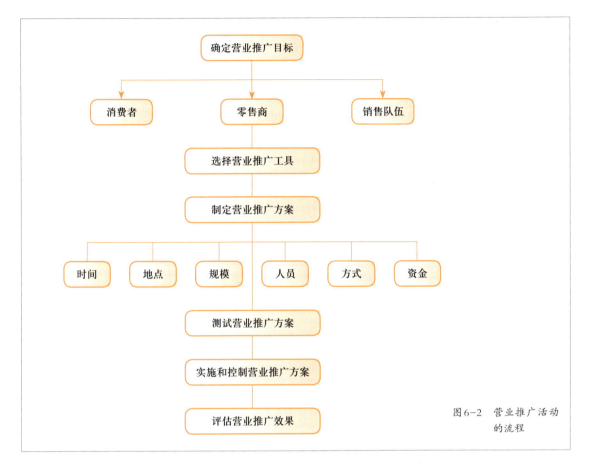

图6-2 营业推广活动的流程

2. 选择营业推广工具

可以在上述的各种营业推广方式中，灵活有效地选择使用。

3. 制定营业推广方案

营业推广方案因素包括：

（1）时间。即何时开展营业推广活动以及持续多长时间。营业推广的时间要适当，不应过长或过短。调查显示，最佳频率是每季度有3周的促销活动，最佳持续时间是产品平均购买周期的长度。

（2）地点。营业推广活动地点选择要方便消费者，而且要事前和城管执法局、工商行政管理局等部门沟通好。

（3）规模。根据企业的实力确定促销营业推广的规模。

（4）人员。营业推广活动可以针对任何一个顾客，也可以是经过选择的一部分顾客。

（5）方式。营业推广的方式方法很多，但如果使用不当，则适得其反。因此，选择合适的推广方式是取得营业推广效果的关键因素。企业一般要根据目标对象的接受习惯、产品特点和目标市场状况等来综合分析选择推广方式。

243

（6）资金。营业推广费用与推广方案设计密不可分，费用要能够支持营业推广活动的开展。

4. 测试营销推广方案

面向消费者市场的营业推广能轻易地进行预试，可邀请消费者对几种不同的、可能的优惠办法作出评价，也可以在有限的地区进行试用性测试。

5. 实施和控制营业推广方案

实施的期限包括前置时间和销售延续时间。前置时间是从开始实施这种方案前所必需的准备时间。它涉及的事务包括：最初的计划工作、设计工作，以及包装修改的批准、材料的邮寄或者分送到家；配合广告的准备工作和销售点材料；通知现场推销人员，为个别的分店建立地区的配额，购买或印刷特别赠品或包装材料，预期存货的生产，存放到分配中心准备在特定的日期发放。销售延续时间是指从开始实施到大约95%采取此促销办法的商品已经在消费者手里所经历的时间。

6. 评估营业推广效果

对营业推广方案的评估很少受到注意，以盈利率加以评价不多见。最普通的一种方法是把推广前、推广中和推广后的销售进行比较。

6.3.4 营业推广方案的撰写

1. 营业推广方案撰写的内容要求

一份完善的促销活动方案分 12 部分：

（1）活动目的。即对市场现状及活动目的进行阐述。市场现状如何？开展这次活动的目的是什么？是处理库存，是提升销量，是打击竞争对手，是新品上市，还是提升品牌认知度及美誉度？只有目的明确，才能使活动有的放矢。

案例
促销活动方案
——中秋

（2）活动对象。活动针对的是目标市场的每一个人还是某一特定群体？活动控制在多大范围内？哪些人是促销的主要目标？哪些人是促销的次要目标？这些选择的正确与否会直接影响促销的最终效果。

（3）活动主题。在这一部分，主要是解决两个问题：确定活动主题；包装活动主题。

选择什么样的促销主题，要考虑到活动的目标、竞争条件和环境及促销的费用预算和分配。

在确定了主题之后要尽可能艺术化地淡化促销的商业目的，使活动更接近于消费者，更能打动消费者。例如"我是江小白，生活很简单"可以说是当代新青年的集体宣言，成了一句传递品牌精神的经典文案，拉近了和青年人之间的距离。

这一部分是促销活动方案的核心部分，力求创新，使活动具有震撼力和排他性。

（4）活动方式。这一部分主要阐述活动开展的具体方式。有两个问题要重点考虑：

① 确定伙伴。拉上政府做后盾，还是挂上媒体的"羊头"来卖自己的"狗肉"？是厂家单独行动，还是和经销商联手？或是与其他厂家联合促销？和政府或媒体合作，有助于借势和造势；和经销商或其他厂家联合可整合资源，降低费用及风险。

② 确定刺激程度。要使促销取得成功，必须使活动具有刺激力，能刺激目标对象参与。刺激程度越高，促进销售的反应越大。但这种刺激也存在边际效应。因此必须根据促销实践进行分析和总结，并结合客观市场环境确定适当的刺激程度和相应的费用投入。

（5）活动时间和地点。促销活动的时间和地点选择得当会事半功倍，选择不当则会费力不讨好。在时间上尽量让消费者有空闲参与，在地点上也要让消费者方便，而且要事前与城管、工商等部门沟通好。不仅发动促销战役的时机和地点很重要，持续多长时间效果最好也要深入分析。持续时间过短会导致在这一时间内无法实现重复购买，很多应获得的利益不能实现；持续时间过长，又会引起费用过高而且市场热度难以形成，并降低产品在顾客心目中的身价。

（6）广告配合方式。一个成功的促销活动，需要全方位的广告配合。选择什么样的广告创意及表现手法，选择什么样的媒体炒作，这些都意味着不同的受众抵达率和费用投入。

（7）前期准备。前期准备分三块：① 人员安排；② 物资准备；③ 试验方案。

组建营销团队

在人员安排方面要"人人有事做，事事有人管"，无空白点，也无交叉点。谁负责与政府、媒体的沟通，谁负责文案写作，谁负责现场管理，谁负责礼品发放，谁负责顾客投诉，各个环节都要考虑清楚，否则就会临阵出麻烦，顾此失彼。

在物资准备方面，要事无巨细，大到车辆，小到螺丝钉，都要罗列出来，然后按单清点，确保万无一失；否则必然导致现场的忙乱。

尤为重要的是，由于活动方案是在经验基础上确定的，因此有必要进行必要的试验来判断促销工具的选择是否正确，刺激程度是否合适，现有的途径是否理想。试验方式可以是询问消费者，填调查表或在特定的区域试行方案等。

（8）中期操作。中期操作主要是活动纪律和现场控制。活动纪律是战斗力的保证，是方案得到完美执行的先决条件，在方案中应对参与活动人员各方面纪律作出细致的规定。现场控制主要是把各个环节安排清楚，要做到忙而不乱，有条有理。

同时，在实施方案过程中，应及时对促销范围、强度、额度和重点进行调整，保持对促销方案的控制。

（9）后期延续。后期延续主要是媒体宣传的问题，即对这次活动将采取何种方式在哪些媒体进行后续宣传。脑白金在这方面是高手，即使一个不怎么样成功的促销活动也会在媒体上炒得盛况空前。

（10）费用预算。没有利益就没有存在的意义。对促销活动的费用投入和产出应作出预算。当年爱多VCD的"阳光行动B计划"以失败告终的原因就在于没有做好费用预算，直到活动开展后，才发现这个计划公司根本没有财力支撑。一个好的促销活动，仅靠一个好的点子是不够的。

（11）意外防范。每次活动都有可能出现一些意外。比如政府部门的干预、消费者的投诉，甚至天气突变导致户外的促销活动无法继续进行等。必须对各个可能出现的意外事件作必要的人力、物力、财力方面的准备。

（12）效果预估。预测这次活动会达到什么样的效果，以利于活动结束后与实际情况进行比较，从刺激程度、促销时机、促销媒介等各方面总结成功点和失败点。

以上12个部分是促销活动方案的一个框架，在实际操作中，应大胆想象，小心求证，进行分析比较和优化组合，以实现最佳效益。

有了一份有说服力和操作性强的活动方案，才能让公司支持你的方案，也才能确保方案得到完美的执行，使促销活动起到四两拨千斤的效果。

2. 营业推广策划的一般文案格式

营业推广策划的一般文案格式包括：① 前言。② 市场及产品分析。③ 活动传播对象（目标人群）。④ 活动目的。⑤ 活动的时间。⑥ 活动主题。⑦ 活动的策略或框架内容。⑧ 活动信息传播计划。⑨ 具体活动（工具）安排与开展。⑩ 活动费用预算。⑪ 活动效果评估。

小试牛刀6-3：撰写促销活动方案

背景资料：A公司是现代烘焙坊的代表品牌。其优质的甜品、时尚的卡通玩偶、明快的音乐、田园的浪漫情感，深受18~38岁时尚消费者的喜爱，在杭州市场，焙烤产品、现调饮品、精致糕点将是不二之选。A公司强调自信、自律、自立、自强，为客户提供高质量和最大价值的专业化产品和服务，以真诚和实力赢得客户的理解、尊重和支持。A公司信任员工的努力和奉献，承认员工的成就并提供相应回报，为员工创造良好的工作环境和发展前景。A公司为客户降低采购成本和风险，为客户投资提供切实保障。追求永续发展的目标，并把它建立在客户满意的基础上。

小李毕业于高职院校市场营销专业，现已成为Ａ公司的一名职员。2018年10月25日Ａ公司成立10周年，公司决定借10周年之际举办周年庆活动，感恩消费者，提升消费者对公司的认同。领导希望小李担负起重任，完成Ａ公司10周年店庆活动策划。

分析与执行：小李接过任务，首先详细了解了公司的经营理念、企业文化的内涵以及产品种类等，确定了10周年店庆活动的目的。在此基础上，小李凝练出了10周年店庆活动的主题，创意设计了此次活动的方式、内容、时间、地点，对整个活动的前期准备、中期操作、后期延续都做了规划，并对策划方案进行了可行性测试，然后对活动方案进行了修正，最后确定了活动方案。

操练记录：

项目名称	内　　　容
活动目的	
活动对象	
活动主题	
活动方式	
活动时间、地点	
广告配合方式	
前期准备	
中期操作	
后期延续	
费用预算	
意外防范	
效果预估	

6.4　策划产品营销公关方案

6.4.1　公共关系策划的概念

1. 公共关系的含义

公共关系是一个企业或组织为了增进内部及公众的信任和支持，为自身事业发展创造最佳的社会关系环境，在分析和处理自身面临的各种内外关系

公共关系

时，采取的一系列科学的政策与行动。"公共关系"一词是舶来品，其英文为public relations，缩写符号为PR。其主要含义表现在以下方面：

第一，公共关系是一个组织与公众之间的关系。这种关系是一个组织在与公众的相互作用和相互影响中形成的。

第二，公共关系是一种特殊的思想和活动。作为一种思想，它渗透在一个组织的全部活动之中；作为一种活动，它又具有区别于组织的其他活动的特殊性和特殊要求。

第三，公共关系是现代组织管理的独立职能。公共关系就是要协调组织与公众的相互关系，使组织适应于公众的要求，使公众有利于组织的成长与发展。

第四，信息沟通与传播是公共关系的主要手段。主要依赖现代大众传播媒介为物质工具，包括新闻、演说、事件、公益活动、出版刊物、视听资料、企业识别媒介、免费电话。

公共关系与商业广告的区别如表6-1所示。

表6-1　公共关系与商业广告的区别

类　　别	公　共　关　系	商　业　广　告
传播内容	与组织形象有关的信息	产品及相关技术
传播对象	公众与舆论	顾客及潜在消费者
传播目的	"爱我"：交朋友，树形象	"买我"：卖产品，做生意
营销功能	间接促销	直接促销
传播色彩	公众色彩较浓	商业色彩较浓
影响模式	公众→企业→产品	公众→产品→企业
表现方式	客观性强	主观性强

2. 公关策划的含义

公共关系策划

公共关系策划，是指公共关系人员根据组织形象的现状和目标要求，分析现有条件，谋划并设计公关战略、专题活动和具体公关活动最佳行动方案的过程。

公关策划的核心，就是解决以下三个问题：一是如何寻求传播沟通的内容和公众易于接受的方式；二是如何提高传播沟通的效能；三是如何完善公关工作体系。

6.4.2　公关策划的原则

一般来讲，公关策划应遵循的原则有：求实原则、系统原则、创新原则、弹性原则、伦理道德原则、心理原则和效益原则。

1. 求实原则

实事求是，是公关策划的一条基本原则。公关策划必须建立在对事实的真实把握基础上，以诚恳的态度向公众如实传递信息，并根据事实的变化来不断调整策划的策略和时机等。只有这样，才能获得公众的信任，达到提高企业形象的目的。

2. 系统原则

系统原则指在公关策划中，应将公关活动作为一个系统工程来认识，按照系统的观点和方法予以谋划统筹。

3. 创新原则

创新原则指公关策划必须打破传统、刻意求新、别出心裁，使公关活动生动有趣，从而给公众留下深刻而美好的印象。公关策划要倡导逆向思维、出奇制胜。

4. 弹性原则

公关活动涉及的不可控因素很多，任何人都难以把握，留有余地才可进退自如。

5. 伦理道德原则

伦理道德原则的核心内容是：组织公关活动及其策划与从业人员行为的道德要求日趋加强。

6. 心理原则

心理原则指公共策划人员在谋划公关活动过程中，要运用心理学的一般原理及其在公关中的应用，正确把握公众心理，按公众的心理活动规律，因势利导。

7. 效益原则

一般而言，提高企业公关的经济效益是公关策划的重点，就是说要以较少的公关费用，去取得更佳的公关效果，达到企业的公关目标。

6.4.3　企业公关对象及对策

"内求团结，外树形象"是公关的职能。内部公关（即组织内部沟通）和外部公关是企业公共关系中两个不可或缺的部分。

1. 内部公关

企业内部公众主要包括员工和股东，员工又包括普通员工、管理层和企业主要领导。因此，企业搞好内部公关，就要区分员工和股东而采取不同的对策和公关工具。

（1）员工关系。包括企业组织内部的全部人事关系，企业要高度重视处理好与员工的关系。其意义在于：首先，员工是企业直接面对的公众，如果不能处理好与其员工的关系，甚至劳资关系紧张，将极大影响企业各项工作的效率，造成企业内耗过大，增加企业的协调成本，甚至影响企业正常运转；其次，员工处在企业对外公关的第一线，广大社会公众认识企业，很大程度上是通过与企业的员工接触过程中完成的，员工的态度、言行、业务素质和技能水平都会影响公众对企业的印象。

对内部员工公关的对策有：① 承认和尊重员工的个人价值；② 了解员工的想法；③ 学会与非正式群体打交道；④ 做好思想工作，培养员工的忠诚；⑤ 建立基本的价值观念，共同价值观是灵魂。

处理企业内部公共关系，必须依赖于有效的内部信息交流。可充分利用企业内部刊物、内部广播、张贴栏、内部网络系统、公司领导接待日、思想动态反馈等形式，通过信息的立体化交流，让企业可以及时、准确地将经营目标、管理决策、经营状况、人事变动、工资福利，以及企业宏观环境报告给全体员工。同时，员工可以根据这一信息渠道将自己的意见、建议上传到企业。这样，就可以达到劳资双方的了解和信任，消除隔阂，密切合作。

另外，为了增强内部凝聚力，企业可以利用传统习俗开展内部公关活动。很多企业为了强化组织内部员工的凝聚力，多采取为员工集中过生日、聚餐、唱卡拉 OK 等活动。也可以选择在传统的节日（如中秋节、端午节等）时组织内部职工参与活动，让员工感受到来自集体的温暖。

（2）股东关系。企业对股东进行公关，搞好与股东的关系。其意义在于：首先，股东就是企业的老板，他们掌握着企业的财源和权源，决定着企业的发展方向，对企业的决策、政策和经营活动有重大影响；其次，争取股东对企业经营政策的支持；最后，股东群体本身就是企业最忠诚的顾客群。

对股东公关的对策要点是：① 尊重股东的主人意识；② 及时向股东通报情况；③ 让股东成为企业的公关人员；④ 处理好与持股员工的关系。

常用方法有：股东大会、年报、专刊等。

2. 外部公关

企业的外部公众主要包括顾客、新闻媒介、政府及其管理部门、社区、团体等，如图 6-3 所示。

（1）顾客关系。企业要搞好同顾客的关系。其意义在于：首先，顾客是企业的生命线。其次，顾客导向是企业成功的关键。企业经营的核心是顾客需求，谁抓住了顾客的需求，并加以满足，谁就能取得成功。

对顾客公关的主要对策有：① 提供品质优良的产品是基础；② 完善的服务是良好顾客关系的保证；③ 树立"顾客总是正确的"消费原则；④ 妥善处理一切中间环节；⑤ 加强顾客心理研究；⑥ 科学的消费管理。

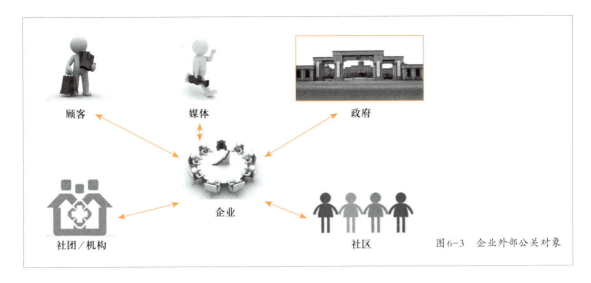

顾客　　　　媒体　　　　政府

社团/机构　　　企业　　　社区　　　图6-3　企业外部公关对象

（2）媒体关系。"成也媒体，败也媒体"，"媒体可载舟，亦可覆舟"。对这两句话，很多企业有着刻骨铭心的体会。媒体公关被予以重视，主要原因是：首先，媒体不仅是企业联系公众的渠道，它还是具有话语权的公众，其影响面广。其次，媒体是政府的喉舌与参谋。最后，媒体拥有法定的监督权，在公众中有非常高的公信力，影响力深远。

对新闻媒体公关的基本对策是：① 以礼相待，友好热情；② 提供真实、准确的材料；③ 尊重其内部工作程序和新闻规律，不越权；④ 不威胁，不利诱；⑤ 着眼长远，未雨绸缪。

企业开展媒体公关需要从以下几个方面做好工作：① 建立完善的新闻发布与传播渠道。② 加强媒体公关传播的计划管理。③ 企业要做到与媒体沟通主动化。企业要主动"制造"并"奉献"新闻。④ 企业要建立与媒体多层次对话机制。⑤ 企业要把媒体视为自己的客户进行管理。⑥ 要认识、了解并理解媒体，少做那些互相为难的事情，要把事情想在媒体前面。⑦ 企业必须提供增值服务。如培训、体验等方面。在这方面，一汽大众做得很出色，在新车上市之际邀请专家培训试车记者，让记者在与企业"合作"的过程中也拥有提升自己的机会。

（3）政府关系。企业经营活动离不开宏观环境的影响，国家和地方的政策法规，以及政府各级管理部门的规章都是企业活动不可逾越的框架。搞好与政府部门的关系，其意义主要有：首先，政府代表最广泛公众的利益。其次，政府的政策、法规、规章都会对企业的外部环境带来重大影响。企业只有了解政府的政策含义和意图，对政策法规的发展趋势进行正确的预测和把握，才能在经营活动中不逾矩，合规、合法地经营，才能得到政府的支持和鼓励，为企业的长远发展创造良好的环境。

企业处理同政府关系的基本对策有：① 与政府有关部门和人员进行有效的沟通。② 熟悉政策、法规及其变动。③ 熟悉各部门的职责、办事程序、办事人员等。④ 及时向政府反映企业的困难，争取立法支持。⑤ 正确处理企业与国家的利益关系。

（4）社区关系。社区关系主要指企业与其经营所在地周边居民和组织的关系。处理好社区关系的意义在于：首先，社区是企业的人力资源基地；其次，企业也是公民之一，应服从当地领导，对社区公益事业负有义务。

在处理同社区的关系方面，企业的对策有：① 搞好环境保护、卫生；② 社区公众事务的实施；③ 向社区公众开放一些设施；④ 注意安全生产，不要因事故侵害公众。

（5）社团 / 机构关系。社团 / 机构主要指与企业有业务往来的单位或行业组织。如供应商、金融组织、行业组织、学校等。

企业处理好与社团 / 机构的关系的主要对策有：① 与有关社团部门和人员进行有效的沟通；② 熟悉相关机构的职能和相关章程；③ 熟悉各机构办事程序、办事人员等；④ 及时向相关机构反映企业的困难，寻求协助和支持。

6.4.4　公关的模式

公关模式分五种：

1. 宣传性公共关系

通过各种大众传播，向广大公众特别是顾客传播有关企业发展、服务社会、产品创新等信息，以控制舆论，树立形象。

2. 交际性公共关系

通过开展各种社会交际活动，如举办各种联谊会，建立与顾客亲和融洽、长期稳定的关系，是一种感情投资。

3. 服务性公共关系

向社会与顾客提供各种服务，使顾客获得实实在在的利益，以取悦公众与顾客，促进营销目标的实现。

4. 社会性公共关系

通过积极参与社会公益事业，为社区发展做贡献等形式，扩大企业影响，树立企业形象，以有利于企业市场营销目标的实现。常见形式如公益性赞助。

5. 征询性公共关系

企业通过民意调查，征求用户意见，开展消费咨询等方式，扩大影响，促进销售。如民意测验等。

6.4.5 常用公关工具

1. 新闻

新闻指适时将企业经营过程中产生和发现的有价值新闻，按企业营销目标要求进行整理，并通过新闻媒体进行传播。

2. 公关活动

企业通过开展各种各样的公关活动，吸引公众关注和参与，以传播企业的营销主张，扩大企业的知名度和美誉度，树立良好的企业形象。主要有开业典礼、展览会、公益活动等，如图 6-4 所示。

图 6-4 企业公益广告——包装二次利用

3. 公关宣传资料

公关宣传资料指企业通过各类宣传资料，向目标公众传播信息。主要包括宣传手册、产品说明书、多媒体演示等。

4. 人员交际

这是以个人感情交流为主体的活动安排。如酒会、慰问等。

5. 赞助

赞助指企业通过向社团、机构或其他公众提供各种资源，帮助其完成一些社会公益活动。如赞助大型体育赛事、赞助文艺演出等，如图 6-5 所示。

华硕感恩 20 年公益活动回顾

燕京啤酒赞助中国女足

图 6-5 企业赞助活动广告

6.4.6　公关策划的程序步骤

公关策划一般经过分析公关现状、确定公关目标、选择和分析目标公众、制定公关行动方案和编制公关预算五个步骤。

1. 分析公共关系现状

在公关调查的基础上，进行公关现状的分析，是公关策划的第一步。为此，应做好以下三项工作：

（1）审核已收集的公关资料，分析公关现状。分析前进行一次充分的公关调研。公关调研使企业了解其在公众心目中的形象地位，展开公关工作的条件、困难，竞争对手的情况，实现目标的可能性，为企业决策提供科学依据，增强公关活动的针对性，提高公关活动的成功率。

（2）明确公共关系存在的主要问题及其原因。在做好上述工作的基础上，找出当前企业形象存在的主要问题及其原因。只有把主要问题找准了，公共关系人员才能抓住关键、对症下药，才能有效地开展方案策划。

（3）了解企业形象的选择和规划。分析阶段还应该充分了解和把握企业对自身公众形象方面的规划设想，企业形象应能促进企业发展，形象设计要求即公众的要求和企业能做什么有机统一。

2. 确定公共关系目标

明确问题后，策划人员需要进一步明确问题要解决到什么样的程度，是全面解决还是部分解决。这就需要确定公关的目标。目标定得越高，可能取得的收获越大，但工作的强度和实现的难度也越大。从解决问题的角度看，公关目标分成以下几类：

（1）全新塑造目标。全新塑造目标指企业在创办、改制或合并时，为树立一个新企业的形象而设置的公关目标。这时候，企业面临的关键问题是在公众的心目中没有什么印象。

（2）形象矫正目标。形象矫正目标是为改变公众对企业的原有不良印象所设置的公关目标。由于企业前段工作的失误或由于公众的误解、偏见等原因，企业存在形象受损、声誉下降等严重问题。需要通过公关工作来矫正企业形象，挽回声誉，使公众逐渐淡化并改变对企业的不好印象。

（3）形象优化目标。形象优化目标是在原有企业形象的基础上，依据企业整体的目标和公众的需要与意向制定的继续强化企业形象的公关目标。形象优化目标主要体现为进一步提高企业的知名度和美誉度。

企业的公关目标应有先进性和可行性。就是所谓的"篮球架"原理——既不是高不可及，也需要努力跳跃才能摸到。

企业的公关目标应服从企业目标，注意公关目标与各子目标之间的协调。

公关各子目标针对不同的公众，有可能发生相互矛盾和抵触，所以必须协调公关子目标之间的关系。

（4）问题解决与危机公关目标。由于企业经营环境处于不断变化中，企业生产经营中也会因为某些方面的工作疏漏，给企业造成许多突发事故。如产品质量事故、生产安全事故等造成企业的营销危机。营销危机一旦爆发，企业就应当及时、正确地作出反应，利用危机公关处理好企业的危机，减小乃至消除事故给企业带来的负面影响。因此，危机问题的解决就是企业危机公关的一种目标。

案例

"封杀王老吉"
背后的公关营销

3. 选择和分析目标公众

企业的公关对象包括很多。但在一定时期内，依据企业所面临的主要问题和已经明确的公关目标，只能将一些公众作为企业的重点工作对象即为目标公众。

（1）选择目标公众。选择目标公众的主要依据是企业面临的主要问题和公关目标。公关问题就是企业和某些公众的关系存在的问题，而目标则是对解决问题所能达到的程度要求和抱负水平的描述。

（2）分析目标公众。首先，要收集目标公众的有关信息。一般包括以下四个方面：一是目标公众的基本情况信息，如目标公众的地域分布、性别比例、职业类型、收入情况等。二是目标公众的认知方面的信息，如目标公众对企业的产品服务、基本情况等的知晓程度。三是目标公众的态度信息，如目标公众对企业及产品服务是如何看待的，是喜欢还是讨厌，是支持还是反对。四是目标公众的行为信息，如目标公众是怎样获得企业产品信息的，是通过广告还是由朋友介绍的。

其次，要鉴别目标公众的需求。对目标公众的各种要求进行概括和分析，找出其中的共同点，把满足目标公众的共同要求作为开展公关工作的基本出发点。

4. 制定公关行动方案

在公关目标与公关对象确定之后，就可以着手制定具体的公关行动方案。主要涉及以下四个基本问题：做些什么？怎么做？谁来做？什么时候做？第一个问题提出了明确公关活动项目的要求；第二个问题提出了明确活动策略的要求；第三个问题提出了明确活动主体的要求；第四个问题提出了明确活动时机的要求。

案例

公关营销策划
案例

方案制定尤其要注意：公关时机选择；重视细节；策动传播；选好公关模式；等等。

5. 编制公关预算

公关预算是估算实现公关方案所需要的资源。公关费用主要分两类：　是基本费用，包括人工费、办公经费、器材费；二是活动费用，包括招待费、庆典活动费用、广告费用、交际应酬费用等。

6.4.7　公关策划的文案格式

（1）前言（背景、构思或目的）。

（2）公关的目标。根据公关调查的结果确定公关实际工作的目标。

（3）公关的主题。

（4）时间。

（5）地点（地域、空间范围）。

（6）公关的目标人群。包括：消费大众、公司员工、经销商、供应商、传播媒体等；主要影响者、次要影响者、再次要影响者。

（7）公关的策略。

（8）公关的沟通媒介。包括：① 大众传播媒介。② 公司传播媒介。③ 其他传播媒介。

（9）公关的活动方式。包括：① 针对消费大众的活动方式。② 针对某一地区（或城市）大众的活动方式。③ 针对公司员工的活动方式。④ 针对经销商的活动方式。

（10）预算。

（11）成效评估。

小试牛刀6-4：A公司H市高教园区运动会赞助策划

背景资料：小李就读于H市高教园区某高职院校市场营销专业。在大二的时候，他通过自身努力成为了校企合作企业订单班的一名学生。在校期间，他学习了该公司的经营理念和企业文化，毕业后顺利进入该企业下属的A公司，负责企业市场推广工作，工作得到了领导和同事的一致认可。每年10—11月是各高校举办秋季运动会的时间，也是各路商家努力争夺的一个消费市场。了解H市高教园区情况的小李主动请缨，向公司提出了通过赞助运动会的方式来吸引人气、推广企业品牌、扩大产品影响力、培养更多消费者的想法。在听取了小李的初步汇报后，公司对此方案表示出极大的兴趣，要求小李完成一份详细的H市高教园区运动会赞助策划案。

分析与执行：接到这个任务后，小李首先在公司运营策略的基础上，确定赞助的目标；其次收集了H市高教园区各高校运动会的时间表、赞助需求的形式，确定赞助的目标人群、策略、沟通媒介、赞助方式，制定赞助预算；最后对这次赞助活动的效果和风险进行评估。

操练记录:

序号	项 目	文 案 内 容
1	前言(目的)	
2	目标	
3	赞助主题	
4	时间	
5	地点	
6	赞助人群	
7	策略	
8	媒介	
9	活动方式	
10	预算	
11	赞助评估	

融 会贯通 <<<<<<<<<<<<<<<<<<<<<<<<<<<<<<<<<<<<<<<<<<<<<<<<<<<<<<<<<<

阅读下面的案例,完成案例后的分析任务。

当家超浓洗衣液全国市场广告策划案

一、市场竞争情况分析及对策建议

(一)间接竞争对手分析及对策

我们认为,对当家洗衣液产品市场推广构成主要威胁的间接竞争主要来自两大方面:

1. 洗衣粉市场

(1)分析。当前,国内洗衣粉市场的竞争特征主要表现在:

① 品种、功能日渐丰富。由于市场需求的拉动和科技开发步伐的加快,洗衣粉产品已由几年前单纯的普通洗衣粉迅速发展成为包括有浓缩、超浓缩、特白超浓缩、低泡、无泡、高效、增白、加酶、加香、灭菌、消毒、无磷等在内的多品种、多功能的产品类型。

② 名牌产品瓜分市场。目前,中国洗衣粉市场十大品牌是汰泽、奥妙、立白、雕牌、碧浪、白猫、超能、奇强、安利优生活、活力 28,其中立白的销售额占洗衣粉整体市场的 24.3%,汰渍占 20.6%,雕牌占 17.7%,而这占据洗衣粉市场销售额六成的"三强"名单中,有"两强"就是本土品牌。

业内专家对洗衣粉的竞争形势分析,宝洁继续垄断高端市场;纳爱斯、立白在占据中低端市场的基础上,也在加快拓展高端市场的步伐。

（2）对策。由于洗衣粉的产品概念已为广大的消费者所接受，人们已经形成了相对稳定的定势消费心态。而且，目前洗衣粉产品的功能和品种尚能满足消费需求，消费者对洗衣用品暂未有强烈的替代品期待。因此，这一时期推广当家洗衣液产品，我们以为必须认真做好以下两项工作：第一，进行洗衣液产品与洗衣粉的功能比较，突出其无可比拟的优点，从理性上引导消费，如表6-2所示；第二，树立一种消费新潮的产品概念，首先吸引一批具有超前意识和赶潮心态的消费者试用产品，创造一个崭新的洗衣用品消费市场。

表6-2　当家浓缩洗衣液与一般浓缩洗衣粉的比较

比较的内容	当家浓缩洗衣液	一般浓缩洗衣粉
形状	瓶装液体，不易散落和变质，容易携带和存放	袋装粉末，容易散落、吸潮变质，不便携带和保存
使用	不用浸泡，方便省时	必须浸泡
功能	1. 内含特别的SILO高效助洗剂，能迅速渗入衣服纤维深层瓦解污垢，具有极强的去污力，能完全替代衣领净及其他各种专用洗涤剂的功能 2. 内含增白剂 3. 在冷水中发挥同样效能 4. 适宜各种布料的洗涤	1. 去污力一般，顽垢难以洗净 2. 除特制增白洗衣粉外，其他类洗衣粉均无增白功能 3. 需用温水浸泡，才有最佳效能 4. 特殊的布料必须用专用洗衣粉或洗衣剂

2. 专用洗衣剂市场

（1）分析。此市场的明显特点是分工日渐精细。目前已出现的有羊毛衫专用洗涤剂、丝绸专用洗涤剂、丝毛香波、专门用于清洗高级衣物的干洗精、专用于清洗衣领袖口污迹的衣领洁和衣领净、专用于漂白浅色织物的漂白水、可使颜色织物色彩鲜艳的彩漂粉等。

（2）对策。针对这一市场的竞争策略，我们的建议是依然采取比较的方式。其比较侧重点如表6-3所示。

表6-3　当家浓缩洗衣液与专用洗衣剂的比较

比较的内容	当家浓缩洗衣液	专用洗衣剂
功能	综合（增白、彩漂与特效助洗），既能重点去污，也能全面干净	专项，只能重点去污
价格	综合洗涤成本低	综合洗涤成本高
使用	方便，一瓶通用	不方便，需准备多个品种

（二）直接竞争对手分析及对策

1. 分析

（1）就目前国内洗涤用品市场来看，虽然洗衣粉与专用衣物洗涤剂的竞争已日趋白热化，但是洗衣液产品的竞争却尚未开始。主要竞争品牌有上海的扇牌超浓缩高级洗衣液、西安的开米涤王超浓缩多功能中性洗衣液、南京的鼓楼牌液体皂及芭蕾多功能液体皂、唐山的丽华王和广州的高富力快洁超浓缩洗衣液等几个品牌在市场上作试探性销售，其广告投放及促销攻势均未大规模铺开，且广告诉求并未形成强有力的个性，消费者对以上品牌的认知度和好感度都未有明显的倾向。因此，洗衣液市场尚处于萌芽状态，消费者对洗衣液的产品概念尚未形成，品牌认知更是空白。所以，我们认为，现在是当家洗衣液切入市场的有利时机。

（2）各品牌同类产品推向市场的功能诉求点，几乎都集中在以下几点：

① 含有高效助洗剂，去污力特强；

② 含有漂白成分，无须再加漂白剂；

③ 不用浸泡，省时省力；

④ 在冷水中发挥同样效能；

⑤ 适用于各种布料和衣物的洗涤；

⑥ 是当今国际洗衣用品最新潮流。

2. 对策

（1）鉴于市场上其他品牌的洗衣液在其产品推广中着重于产品功能的介绍，并没有强调其特殊的科技含量，更没有进行一种科学概念上的关联与诉求，而从消费者的接受心态来说，科技含量高的产品更容易使消费者产生兴趣与信任。因此，突出当家产品特别含有 SILO 高效助洗剂、去污力特强的个性特点，强调其领先国际科技水平的高科技含量，并在 SILO 与当家品牌之间建立一种相应的关联，才能在短期内有效建立起当家品牌实力雄厚、品质超群的个性形象。

（2）加强广告宣传和媒体投放的力度和广度，以期在尽可能短的时间内迅速抢占市场空当，创造国内洗衣液市场的第一品牌。有一个很能说明问题的例子：广东江门洗衣机厂是我国第一个生产全自动洗衣机的厂家，其生产的金羚牌洗衣机是我国全自动洗衣机的第一代产品。但是，在新产品推向市场的时候，厂家并没有意识到大力度投放广告、迅速抢占第一品牌位置的重要性。当其他品牌的后续跟进产品如雨后春笋般涌现出来的时候，全自动洗衣机产品的市场已经被严重瓜分，金羚此时再推出"全自动洗衣机，金羚第一家"的广告，也于事无补了。

二、广告策略

（一）广告目标

（1）协助完成公司 12 936 万元的年总体销售目标。

（2）促成目标消费群体由使用洗衣粉到使用洗衣液的消费习惯的转变，达到引领消费时尚的目的。当家洗衣液市场推广的总体指导思想应以创造一种消费时尚为主，并由此开辟更广阔的市场空间，而不能仅仅徘徊在与洗衣粉瓜分市场这一档次。

（3）树立当家为国内浓缩洗衣液市场第一品牌的形象。第一品牌的含义包括：

① 江苏当家洗涤剂有限公司是我国第一家生产超浓洗衣液的企业；

② 江苏当家洗涤剂有限公司是我国生产超浓洗衣液规模和产量最大的企业；

③ 当家超浓洗衣液在国内目前是质量最好的。

（二）广告定位

洗衣液目前在国内尚属高档日用消费品，广告宣传应侧重于突出产品超凡的功能品质，科技含量，方便的使用性能和创造一种时尚消费的新潮流。

1. 市场定位

首期重点目标市场为北京、上海、广州、西安四大城市，次重点市场为南京、成都、武汉、沈阳等地，并以此带动华北、华东、华南、华中、西北、东北地区的销售推广。

2. 商品定位

替代洗衣粉，更具优异性能的新一代高科技洗涤用品。

3. 广告定位

更方便、更高效、更适合现代生活消费习惯的新一代洗涤用品。

（三）广告对象

（1）城市中有一定超前意识家庭的家庭主妇、赶时潮的年轻人、单身贵族。

（2）大中型企业及星级宾馆的集团消费者。

（四）广告阶段策略

广告实施时间段：2×××年 1—12 月。

（1）前期——以功能诉求为主，情感诉求为辅，重在突出产品与众不同的个性特点，迅速抢占市场空当，打开知名度，创立第一品牌的先导形象。

（2）中期——在继续进行产品功能诉求的基础上，加强情感诉求的力度，有效增强产品和企业对市民尤其是家庭消费者的亲和力，用观念引导和情感打动相结合的方式，进一步扩大市场的占有份额。

（3）后期——强化公司企业形象的宣传，以实力的展示推动产品的市场拓展。

三、广告语

（1）我们今天用"当家"！

（2）用"当家"，当好家。

（3）"当家"洗衣，省心爽意。

（4）当家，好舒心！

（5）"当家"做主，全家无忧！

四、广告表现

因为同类洗衣液产品并未构成实质性的威胁，而此一时期的广告重点在于首先给予目标消费群体灌输当家洗衣液产品无论在性能、品质还是使用方式上均优于洗衣粉及其他专用洗衣剂产品，代表着国际洗衣用品新潮流的产品概念，所以，我们认为，此一时期的广告策略重在比较，采取与间接对手进行功能比较的方式，强力诉求当家作为新一代创潮流的洗涤用品与众不同的功能品质，重点突出当家独具优势的含有 SILO 高效助洗剂的科学配方，借助这一新名称的科学内质，创造一种高科技含量的产品概念。我们认为，如果能通过广告的手段，在当家与 SILO 之间建立起一种同位的关系，当家作为一种新一代高科技产品的概念才能既快也牢固地在消费者头脑里建立起来。

在重点进行 SILO 产品概念诉求的同时，对于其不用浸泡、内含增白剂、在冷水中能发挥同样效能等有异于一般洗衣粉的功能品质，在这一时期的广告诉求中将作为其个性卖点进行强力诉求。

在进行功能诉求的时候，我们要坚持以功能带品牌的原则。只有功能，没有品牌，只是为他人作嫁衣裳。在具体诉求和告知的时候，我们要集中强调只有当家才具有独特的功能，只有当家才能让您有这些功能的满足。以此树立起当家品牌在消费者心中的地位。

（一）电视广告

将基于以下三个创意点：

（1）SILO 与当家产品概念的形象树立；

（2）"重击污垢，全面干净"的视觉冲击效果；

（3）产品的其他功能展现。

我们在这一时期拟推出的三条广告片分别为：

去污篇：主要诉求 SILO 功能。

浪潮篇：主要诉求当家品牌形象。

当家篇：主要诉求当家品牌特征和功能。

（二）报纸广告

拟采用悬念广告的出街模式，推出当家产品的系列报纸广告。系列广告一共有 8 款：前 3 款为悬念，以吸引消费者的强烈关注；第 4 款点题，承上启下，后 4 款分别为功能强化，全面、细致而有重点、有特色地介绍当家产品的独特功能，一方面可以采取一个广告诉说一个功能的单兵突进、各个击破的战术，另一方面可以将四个功能综合成一篇推出。在投放策略上有分有合，从而强化消费者对产品的充分认知和全面了解，有力配合电视广告，形成全方位的广告攻势。

1. 悬念系列

《30 年代用皂角洗衣服，我们今天用什么？》。

《50 年代用肥皂洗衣服，我们今天用什么？》。

《70 年代用洗衣粉洗衣服，我们今天用什么？》。

《洗衣第三次浪潮由当家掀起——我们今天用"当家"》。

2. 比较系列

《一样的溶解，不一样的时间》。

《一样的去污，不一样的力度》。

《一样的洗衣，不一样的增白》。

《一样的价格，不一样的效果》。

3. 功能篇

《SILO 开道，重击污垢》。

4. 促销广告

（1）《自填数字，幸运抽奖》。

（2）《美好家庭，夫妻共建》。

（3）《完成一句话，获得大奖品》。

（三）杂志广告

《浪潮篇》。

（四）广播广告

《浪潮篇》。

（五）其他媒体

以电视和报纸广告的基调和内容为基础，进行创意和设计。

五、广告规范性向针对性方面转化的策略

如果资金允许的话，我们建议此一阶段的功能广告应针对不同目标区域选择不同的功能诉求点，如表 6-4 所示。这主要是考虑我国内陆与沿海、南方与北方的消费习惯与消费期待存在明显的差异。

表6-4　各目标区域的功能诉求点

地域	北方	内陆	华东	华南
代表城市	北京	西安	上海	广州
消费者特征	更注重产品的价格性能比	其消费特征较为保守	比较实际，既注重产品的价格、性能，又注重使用的方便、省时，而且比较看重时尚，赶潮心态明显	更注重产品使用时的省时省力，不太关心价格的因素。同时，因为广州地区气候炎热，人们换洗较勤，所以对于去污力强的功能难以形成关注的焦点
建议功能诉求点	产品功能的理性诉求及其比较	应侧重于去污力强，一物多用的消费承诺及价格优势	应重点在引领消费时尚上下工夫，兼顾价格	应侧重使用方便、引领时尚方面

六、当家吉祥物的形象设计意念与推广设想

1. 形象设计意念

独具个性特征的吉祥物的设计与推广对于树立产品的品牌形象，加强消费者对于产品的认知与好感有着积极的作用。我们建议：将吉祥物命名"SILO"，以突出产品自身的高科技、高品质的概念特征及独特功能，使消费者产生强烈印象。

2. 推广设想

当家吉祥物的推广应贯穿在当家产品的整体推广之中。充分利用当家吉祥物的可视性、亲和力和充分体现产品特点的科学内质，强化当家产品的品牌形象。具体包括：

（1）产品包装及各类广告媒介上的应用设计；

（2）吉祥物纪念品的形象设计；

（3）吉祥物人形包装的形象设计。

借助广告的发布、纪念品的派送与人形包装的现场展示，在消费者中间进行当家吉祥物的宣传推广。

七、促销活动实施设想

（一）实施建议

鉴于我们促销的产品是家庭日用品，促销的对象是普通的市民大众，所以，我们的促销活动将围绕家庭及普通的消费者来设计和实施。具体建议有：

（1）小包装、试用装社区派送；

（2）"当家"柜台现场促销；

（3）"自填数字，幸运抽奖"活动；

（4）"美好家庭，夫妻共建"活动；

（5）"完成一句话，获得大奖品"活动。

（二）小包装、试用装社区派送实施计划

1. 意图

通过面对直接消费群体的社区派送，发挥直销与口播广告的直接促销效果，有效提高产品的知名度，增加消费者对产品特殊功能的深刻认识，以此促成消费者对当家产品的指名购买和长期消费。

2. 区域选择

（1）厂矿企业比较集中的地区；

（2）层次较高的消费者集中的外企、学校、医院等家属、宿舍区；

（3）单身公寓与出租屋集中区域。

3. 实施

（1）在当地招聘派送人员，定量定地区分配任务；

（2）印制宣传单及消费者反馈意见表；

（3）上门收取消费者反馈意见表，交销售代理处；

（4）销售代理根据消费者的意见反馈，将销售计划和产品质量及包装的改进意见回馈给总公司。

4. 说明

派送活动要选择好区域重点，并尽可能铺开，以达到以点带面的目的。

（三）当家柜台的现场促销

1. 意图

集中在销售点进行的促销活动，可以制造销售热点，吸引目标消费者的强烈关注，通过直接的促销手段，达成可观的销售业绩。

2. 实施

（1）选择有代表性的消费区域，集中在大商场设立当家专柜；

（2）配合售点 POP、海报、宣传单以及街道护栏广告大造声势；

（3）选择大众媒介公布活动举办信息。

3. 方式

（1）优惠价销售、免费试用、现场示范、现场抽奖活动；

（2）当家吉祥物免费派送当家小包装或试用装产品。

4. 说明

现场促销活动可以选择在新产品上市、节假日等时间举行。

（四）"自填数字，幸运抽奖"促销活动实施方案

1. 主题

自填数字，幸运抽奖。

2. 时间

2×××年8月至12月。

3. 开展区域

当家产品销售的重点地区和次重点地区。

4. 活动程序

在当家销售的主要商场开展本次活动，活动设定每销售100瓶当家洗衣液成一个开奖组。消费者在购买当家洗衣液的同时，获得一个没有号码的奖券，由消费者在奖券的空白处在0~99任意填写一个数字，等100瓶当家洗衣液销售完毕，在公证人员的监督下进行抽奖，抽中的数字即为获奖的幸运数字。凡填写该数字的消费者均可获奖50元。

5. 活动支持点

（1）激发消费者的参与意识；

（2）获奖机会掌握在自己手中；

（3）避免传统抽奖的做法；

（4）获奖概率相同。

6. 媒介配合

在活动开展地刊发报纸广告。

（五）"美好家庭，夫妻共建"活动实施方案

1. 主题

美好家庭，夫妻共建。

2. 时间

2×××年10月1—15日。

3. 实施区域

当家产品重点销售城市的各大商场。

4. 内容

采取对号入座的抽奖形式，在当家产品销售现场举办"实地抽奖，永不落空"的活动，抽奖活动设立专柜，由专人主持。

5. 奖项、奖额和奖励办法

此项活动以鼓励夫妻共同参与家庭事务为核心，因此，最高奖项在夫妻均有参与的群体中产生。奖项分为四类，以即擦卡片的形式表示：

（1）即擦卡片上印有一对夫妻形象的，如与现场抽奖情况相符（现场是一对夫妻），抽奖者可当场获奖一大瓶当家洗衣液。

（2）即擦卡片上印有一男（或一女）的，如与现场抽奖情况相符，抽奖者可当场获赠 小瓶当家洗衣液。

（3）即擦卡片上印有"谢谢"字样的，可当场获赠一次性小包装当家洗

衣液一袋。

（4）凡与上述情况不符者，如一男（或一女）抽中一女（或一男）的，均归于"谢谢"档，奖励一次性小包装一袋。

6. 中奖比例

每100张卡片中，有10张印"夫妻"形象；各有20张分别印上"男"或"女"的形象，余下50张为"谢谢"。

7. 抽奖程序

在各大商场设立领奖专柜，由专人主持。消费者买完产品，凭产品到领奖处抽取卡片。由专柜主持人验证后，赠送相应的奖品。

8. 媒体配合

各商场专柜的POP揭示板、吊旗。

9. 活动支持点

（1）中奖比例大，且永不落空，有号召力。

（2）鼓励夫妻共同参与，有情趣和感染力。

（六）"完成一句话，获得大奖品"活动实施方案

1. 主题

完成一句话，获得大奖品。

2. 活动地区

北京、上海、广州、西安。

3. 时间

2×××年10—12月。

4. 内容

在每瓶当家洗衣液上，印上"会当家的人用当家洗衣液"这句话的一部分，比如"当家""用当""人"等，各瓶上的字数不等，用不透明胶条贴住。

购买当家洗衣液的人，若将瓶上的字凑成这句话或这句话有含义的一部分，如"会当家的人""用当家""当家洗衣液"，便可以根据凑成字数的多少领取不同档次的奖品。

5. 媒介配合

活动开始初期，在各城市的主要报纸上发布一次1/6版的广告。

6. 活动支持点

（1）该活动操作轻易、可行性强。

（2）这种活动，可以吸引消费者第二、第三次购买，以期获得奖品。

八、公关促销活动实施设想

（一）"我也来当一回家"（或：当家一日）

（1）主题：我也来当一回家。

（2）地址：北京、上海、广州、西安 4 大城市。

（3）时间：2×××年夏季。

（4）内容：在 4 大城市的不同区域各选择 1 所质量较好、知名度较高的小学，每个城市选择 10 所左右。

给学校每个孩子发一个制作精美的"当家"袋，袋内装有一张产品宣传单，一张精美小卡片和两包当家洗衣液试用装。让孩子回家帮妈妈当一回家，完成卡片上规定的家务活，帮妈妈洗衣、煮饭、扫地、擦桌子。卡片上所有评语空当由妈妈填写。孩子根据当天感受写一封给妈妈的信，连同卡片一并上交学校。参加统一评选，优秀作品将在当地电台少儿节目播出，并评一、二、三等奖。一等奖 10 名，奖品价值 100 元；二等奖 50 名，奖品价值 50 元；三等奖 200 名，奖品价值 5 元。各奖项均颁发证书。在活动前后，策动各大城市新闻报道，制造新闻热点。

（5）可行性分析：该活动可带动全体家庭成员参与，有针对性地在直接消费者群体里加强产品宣传促销，尤其在直接目标受众孩子们的妈妈心中树立良好产品形象，有助于产品的市场导入。同时，动用新闻、教育力量制造新闻热点，带有促销效果。

（6）费用预算：10 所学校管理费共 1 万元；"当家"制作 2 元/件，共 2 万元；奖品费用 4 500 元；电台播稿和软性新闻 2 万元。每个城市共计 54 500 元，4 个城市共 218 000 元。

（二）众说纷纭话"当家"与优秀当家人评选活动

联合新闻单位及妇联、工会等社会组织，以电视论坛、报刊征文、街谈巷议等形式，调动全社会对"如何当好家"为主题的婚姻、家庭问题的公开讨论，制造热点。

（三）派送产品，追踪报道

向易沾油污及其他污染工种的工人派送产品，同时策动新闻的追踪报道，造成社会的轰动效应。

九、软性广告开发设想

1. 软性广告的开发意义

软性广告和软性文章因为其发布载体（报纸、电视、杂志等）所具有的权威性和客观性，比较容易使消费者产生信赖与接受，比硬性广告的作用更大。

2. 软性广告的开发设想

（1）举办新闻发布会。新闻发布会容易集中相关新闻媒介发布企业信息，并能保证软性广告出街的统一性和时间性，有利于造成强势的宣传效应。

（2）举办液体洗衣趋势研讨会。组织专家学者对中国液体洗衣的发展趋势进行研讨，其目的在于借此活动树立起当家产品引领潮流的第一品牌形象，通过策动新闻界的积极配合，造成一定的社会影响。

（3）有关促销活动的新闻追踪和报道配合。

3. 软性广告的媒介选择

主要选择发行量大、深入大众普通家庭的晚报、有线电视及一些专门的家庭杂志等。

十、关于集团消费的若干问题

1. 集团消费对象

（1）厂矿劳保消费。

（2）星级宾馆消费。

2. 集团消费广告的区域分布

（1）北方大中型企业集中地区，如武汉、济南、兰州等。

（2）星级宾馆集中的大中城市，如北京、广州、上海等。

3. 集团消费的广告形式

（1）广告发布宜选择党报媒介，此类媒介对国有大中型企业的渗透力较强。

（2）可以配合直邮广告与宣传单的派送，并且可以采用邮寄声像宣传品的方式，以便让消费者更直观地了解产品的功能特点及企业的实力。

十一、广告媒介计划

（一）媒介组合

1. 主媒介

深入家庭的大众媒介，如有线电视、晚报、电视报、家庭杂志等。

2. 次媒介

（1）户外广告媒介，如灯箱、车体内外、候车亭等。户外视觉效果好，到达率高，价格相对低廉，主要突出产品品牌。

（2）邮递广告、招贴、海报、说明书、声像影带等。

（二）媒介组合策略

1. 时间组合策略

户外媒体先行，大众媒体跟进，其他媒体配合。

2. 空间组合策略

中央电视台先行，地方媒介为主，全国性媒介跟进。

鉴于当家洗衣液是一种定位于高消费阶层所使用的家庭日用品，媒体选择须尽可能根据不同的目标区域市场不同消费群体的不同特点，做出切合各地消费实际情况的最佳媒介组合形式。建议：前期的广告投放，主媒介选择地区性的媒介，全国性的媒介为辅；在媒介选择上可以考虑选择地区性但有全国覆盖的媒介，如《羊城晚报》《新民晚报》、各重点地区的卫星电视以及一些区域性但具全国影响的杂志。集中有限的广告费用重点突破四大区域市场，建立品牌的广泛认知度，提高产品的指名购买率，以区域性消费时尚的形成，有效带动全国市场消费风潮的兴起。中期和后期的广告投放则适当加大全国性媒介的投放力度乃至以全国性的媒介为主，以期迅速扩大销售业绩，抢占市场空当。

（三）媒介选择

1. 电视

选择目标市场省会城市的省台、省市有线电视台。

2. 报纸

选择目标市场的晚报、党报媒介。

3. 杂志

选择有全国影响、发行量超过 100 万份的《家庭》《女友》《知音》。

4. 广播

选择目标市场城市的经济台、音乐台。

十二、各阶段的媒介投放与费用预算（略）

资料来源：中国谈判网。

问题：

根据所学知识，结合本案例，请分析当家超浓洗衣液全国市场广告策划涉及的促销工具，并分析涉及的广告策划、促销策划、公关策划是否合理、恰当。

分析步骤：

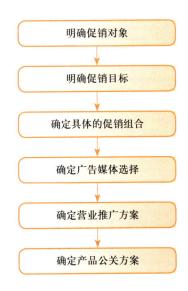

明确促销对象

明确促销目标

确定具体的促销组合

确定广告媒体选择

确定营业推广方案

确定产品公关方案

<<<<<<<<<<< 照 猫画虎 <<<<<<<<<<<<<<<<<<<<<<<<<<<<<<<<<<<<<<<<<<<<<<

促销活动策划

一、实训目标

    1. 能确立促销活动的目的。

    2. 能凝练活动的主题。

    3. 能设计创意突出的活动方式。

    4. 能撰写一份具有可执行性和可操作性的活动策划案。

二、背景资料（环境、情景……）

    各团队设立的公司经过近一段时间的运营，运行良好，逐渐走入正轨。但是公司产品销量一直不温不火，公司产品的知名度、美誉度也不高。公司迫切希望大力度提升销量，完成年度销售目标，寻求满足消费者追求更高生活品质的体验，通过终端促销活动促进消费者对自身品牌产品功能和服务的认同，在卖出产品的同时传递品牌价值，进一步扩大品牌的知名度和美誉度。面对年后第一个长假的来临，第一个销售高峰也随之到来，在这个春夏交接的时段，是一个消费较活跃的时期，各团队以模拟公司为单位，利用即将到来的"五一"，运用头脑风暴法，进行促销创意策划。本轮的促销活动，不仅要拉动新一轮的销售高潮，更要给消费者以实惠，以及给消费者以直接生活体验的现场感受，从而通过终端的促销活动赢得消费者的口碑。

三、实训要求

    根据实训背景资料，要明确本次促销活动的目标；确定活动对象、活动时间和地点；设计恰当的活动主题；规划整个活动过程；做好活动预算、效果评估。

    为此，本实训需要完成下列任务：

    1. 活动目的。

    2. 活动对象。

    3. 活动方式。

    4. 活动时间、地点。

    5. 广告配合方式。

    6. 活动前期准备、过程控制、后期延续。

    7. 活动预算。

    8. 活动效果预测。

四、实训步骤

    步骤一：促销活动目标的确定。团队在讨论的基础上，确定此次促销活动的目标。

步骤二：确定本策划活动的对象。团队在讨论的基础上，确定本策划活动的主要针对哪类人群。

步骤三：确定本策划活动的主题。团队在讨论的基础上，提炼出活动的主题。

步骤四：设计促销活动的方式。团队在讨论的基础上，设计出此次促销活动应当采取哪种方式。

步骤五：确定活动的时间地点。团队在讨论的基础上，确定此次促销活动的时间和地点。

步骤六：确定活动的广告及公关配合方式。团队在讨论的基础上，确定此次促销活动的广告及公关配合方式。

步骤七：确定活动的前期准备。团队在讨论的基础上，确定此次促销活动人、财、物方面的准备。

步骤八：活动的中期操作安排。团队在讨论的基础上，确定中期活动的纪律和现场的控制。

步骤九：活动的后期延续设计。团队在讨论的基础上，确定采取何种方式进行后续宣传。

步骤十：确定费用预算。团队在讨论的基础上，确定费用预算。

步骤十一：制定意外防范预案。团队在讨论的基础上，制定意外防范预案。

步骤十二：效果预估。团队在讨论的基础上，预测此次活动应该可以达到的效果。

五、注意事项

1. 各小组成员应了解、熟悉促销活动策划的内容、步骤、程序、方法，并掌握撰写促销活动策划方案的格式内容及技巧；

2. 各小组应充分交流合作、合理分工、互相讨论、互相启发，整合思路，探索完成企业促销活动策划方案。

六、实训报告

1. 在实训课中形成促销活动策划方案框架内容，课后撰写促销活动策划方案（3 000 字以上）；

2. 每个团队选 1 名代表面对全班同学陈述本团队策划的思路内容及感受（每组 5~8 分钟）。

七、评价与总结

1. 小组自评。

2. 小组成果展示介绍。

3. 组间互评。

4. 教师对团队总评（根据各组成果的优缺点，有针对性地点评，启发学生的创新思维；对各组普遍存在的问题进行重点分析；针对各团队具体项目的策划提出重点要注意的问题）。

稳扎稳打

（一）单选题

1. 以下不属于整体促销策划的是（   ）。

    A. 产品整体促销策划　　　　　B. 促销策略策划

    C. 公关促销策划　　　　　　　D. 市场进入策划

2. 美的空调的"原来生活可以更美的"采用了广告诉求的（   ）。

    A. 高级群体定位策略　　　　　B. 功效定位策略

    C. 比附定位策略　　　　　　　D. 生活情调定位策略

3. 促销的目的是引发、刺激消费者产生（   ）。

    A. 购买行为　　　　　　　　　B. 购买兴趣

    C. 购买决定　　　　　　　　　D. 购买倾向

4. 营业推广是一种（   ）的促销方式。

    A. 常规性　　　　　　　　　　B. 辅助性

    C. 经常性　　　　　　　　　　D. 连续性

5. 公共关系的目标是使企业（   ）。

    A. 出售商品　　　　　　　　　B. 营利

    C. 广结良缘　　　　　　　　　D. 占领市场

（二）多选题

1. 促销的四大工具为（   ）。

    A. 营业推广　　　　　　　　　B. 广告

    C. 人员推销　　　　　　　　　D. 销售竞赛

    E. 公共关系

2. 目前的广告媒体一般分为（   ）三大类。

    A. 触觉媒体　　　　　　　　　B. 视觉媒体

    C. 感觉媒体　　　　　　　　　D. 视听两用媒体

    E. 听觉媒体

3. 促销组合和促销策略的制定其影响因素较多，主要应考虑的因素有

（　　　　　）。

  A. 消费者状况   B. 促销目标

  C. 产品因素   D. 市场条件

  E. 促销预算

4. 企业外部公关的对象包括（　　　　　）。

  A. 顾客   B. 新闻媒介

  C. 政府及其管理部门   D. 社区

  E. 团体

5. 常用的公关工具包括（　　　　　）。

  A. 新闻   B. 公关活动

  C. 公关宣传资料   D. 人员交际

  E. 赞助

（三）简答题

1. 选择促销工具时主要应考虑哪些因素？

2. 何谓营业推广？营业推广的手段主要有哪些？

3. 公关策划的流程是什么？

 能 力测评 ‹‹‹

专业能力自评

	能/否掌握	专 业 能 力
通过学习本模块，你		四大促销工具
		广告媒体选择
		促销活动策划
通过学习本模块，你还		

注："能/否"栏填"能"或"否"。

核心能力与商业文化素养自评

	核 心 能 力	有 无 提 高
通过学习本模块，你的	观察思考能力	
	表达能力	
	学习能力	
	团队合作能力	
	创新能力	
通过学习本模块，你认识到的商业文化与素养	诚信	
自评人（签名）：　　　年　　月　　日	教师（签名）　　　　　年　　月　　日	

注："有无提高"栏可填写"明显提高""有所提高""没有提高"。

参 考 文 献

[1] 李学芝，庞玉书，沈莹．市场营销策划 [M]．北京：化学工业出版社，2007．

[2] 萨布哈什·C．杰恩．市场营销策划与战略 [M]．6 版．贾光伟，译．北京：中信出版社，2004．

[3] 孟韬，毕克贵．营销策划——方法、技巧与文案 [M]．3 版．北京：机械工业出版社，2016．

[4] 章金萍．新编市场营销实务 [M]．2 版．杭州：浙江大学出版社，2018．

[5] 方志坚，章金萍．营销策划实务与实训 [M]．北京：中国人民大学出版社，2011．

[6] 章金萍．市场营销实务 [M]．4 版．北京：中国人民大学出版社，2017．

[7] 杨明刚．营销策划创意与案例解读 [M]．上海：上海人民出版社，2008．

[8] 郑方华．营销策划技能案例训练手册 [M]．北京：机械工业出版社，2006．

[9] 朱迪·艾伦．活动策划实战全书 [M]．卢涤非，译．北京：旅游教育出版社，2017．

[10] 浅田和实．产品策划营销 [M]．陈都伟，译．北京：科学出版社，2008．

[11] 黄升民，段晶晶．广告策划 [M]．2 版．北京：中国传媒大学出版社，2013．

[12] 陈培爱．广告策划与策划书撰写 [M]．厦门：厦门大学出版社，2009．

[13] 邓镝．营销策划案例分析 [M]．2 版．北京：机械工业出版社，2014．

[14] 胡其辉．市场营销策划 [M]．大连：东北财经大学出版社，2006．

[15] 胡占友．现代企业营销方案写作 [M]．北京：机械工业出版社，2007．

[16] 夏武．市场营销策划 [M]．北京：中国经济出版社，2007．

[17] 周雪梅，岑詠霆．营销策划实训 [M]．2 版．北京：中国人民大学出版社，2016．

[18] 董新春．市场营销策划实务 [M]．北京：北京理工大学出版社，2010．

[19] 朱华锋．营销策划理论与实践 [M]．4 版．合肥：中国科学技术大学出版社，2017．

[20] 张建华．市场营销策划 [M]．北京：中国人民大学出版社，2010．

[21] 王学东．营销策划——方法与实务 [M]．北京：清华大学出版社，2010．

[22] 方志坚．营销策划技术 [M]．北京：中国农业大学出版社，2008．

[23] 陈民利，赵红英．营销策划项目教程 [M]．北京：机械工业出版社，2011．

主编简介 <<<<<<<<

章金萍，浙江绍兴人。浙江金融职业学院工商管理学院院长、教授，浙江省高职高专专业带头人。国家级精品资源共享课"营销策划技术"，国家职业教育市场营销专业教学资源库子项目"营销策划"主持人。近年来在国内核心期刊发表教育教学研究与学术论文10余篇，主持国家级、省部级教学与科研项目5项，主编"十一五""十二五""十三五"国家规划教材多部。

方志坚，云南墨江人。浙江金融职业学院市场营销专业讲师，"十二五""十三五"国家规划教材主编，国家级精品资源共享课"营销策划技术"、国家职业教育市场营销专业教学资源库子项目"营销策划"核心成员。

郑重声明

高等教育出版社依法对本书享有专有出版权。任何未经许可的复制、销售行为均违反《中华人民共和国著作权法》，其行为人将承担相应的民事责任和行政责任；构成犯罪的，将被依法追究刑事责任。为了维护市场秩序，保护读者的合法权益，避免读者误用盗版书造成不良后果，我社将配合行政执法部门和司法机关对违法犯罪的单位和个人进行严厉打击。社会各界人士如发现上述侵权行为，希望及时举报，本社将奖励举报有功人员。

反盗版举报电话　 （010）58581999　58582371　58582488
反盗版举报传真　 （010）82086060
反盗版举报邮箱　 dd@hep.com.cn
通信地址　北京市西城区德外大街4号
　　　　　高等教育出版社法律事务与版权管理部
邮政编码　 100120

资源服务提示

访问国家职业教育专业教学资源库共享平台"智慧职教"——职业教育数字化学习中心（http://www.icve.com.cn），以前未在本网站注册的用户，请先注册。用户登录后，可以访问市场营销专业教学资源库，检索资源或学习相关课程。

访问国家精品开放课程共享平台——爱课程网（http://www.icourses.cn），以前未在本网站注册的用户，请先注册。用户登录后，在"资源共享课"频道搜索本书对应课程"营销策划技术"进行在线学习。用户可以在爱课程网主页下载"爱课程"移动客户端，通过该客户端在线学习本书对应课程的教学视频。

授课教师如需获得本书配套辅教资源，可致电资源服务支持电话，或电邮至指定邮箱，申请获得相关资源。

资源服务支持电话：010-58581854　邮箱：songchen@hep.com.cn

高职市场营销教学研讨QQ群：20643826